담배 가게 성자

Pointers from Nisargadatta Maharaj
by Ramesh S. Balsekar
Copyright ⓒ 1982 by Chetana (P) Ltd.

Korean translation edition ⓒ 2009 by chaeksesang
Published by arrangement with Chetana (P) Ltd., Mumbai, India through Sibyllebooks, Seoul, Korea.
All rights reserved.

이 책의 한국어 판권은 시빌에이전시를 통해 저작권자와 독점 계약한 책세상에 있습니다. 저작권법에 의해 한국 내에서 보호를 받는 저작물이므로 어떠한 형태로든 무단 전제와 무단 복제를 금합니다.

마하라지의 마지막 가르침, 완전한 깨달음

담배 가게 성자

라메쉬 발세카 지음
이명규·송영훈 옮김 | 무위해공 감수·해설

책세상

차 례

머리말 8
저자의 말 19
책의 내용 23
편집자의 말 27

참나는 누구인가 32
의식, 오직 하나의 자산 37
죽음에 대하여 42
드러난 것과 드러나지 않은 것은 하나다 49
절대자각과 의식 54
시간과 공간의 구속 59
깨달은 사람은 세상을 어떻게 보는가 65
진리의 증거 69
라마의 본래성품 74
시비분별에 대하여 80
연극은 계속된다 85
이 세상은 한바탕 꿈이다 89
사랑과 신 94

누구의 관점에서 경전을 읽을 것인가   102
지혜로운 눈을 가진 눈먼 청년   107
어느 수학 교수의 방문   112
실체와 현상   123
근본에 대한 이해   131
진리 탐구와 삶의 문제들   137
스승의 은총은 따로 없다   145
의식, 모든 현상의 씨앗   153
깨달음에는 수고로움이 없다   165
아이를 낳지 못하는 여인의 아이   172
당신의 근원은 무엇입니까   177
우리의 참된 모습   182
삶은 한 편의 코미디   190
'나'라는 생각이 속박이다   195
당신은 영원합니다   200
깨달은 사람이란 없다   205
태어나기 전의 당신은 무엇이었는가   210
마하라지의 본성에 대하여   217

개인적인 체험 220

보는 자는 없고 오직 '봄'만 있다 227

완전한 일치 232

행위자는 없다 238

태어나지도 않고 죽지도 않는다 245

근원적 생각과 지엽적 생각 250

존재가 바로 신이다 254

나는 의식하는 실재다 260

절대에 대하여 268

환생은 없다 271

지성에 중독될 수 있다 278

거짓을 거짓으로 보는 것이 진리다 282

위험한 명상 289

오직 '참나'만이 존재한다 293

존재에 대한 부정 300

찾는 자가 찾던 대상이다 304

깊은 잠의 상태와 본래성품 311

나는 없다 315

현시에 성스러움은 없다 321

누가 고통 받는가 325

영적 탐구의 진보 331

고통에 대한 두려움 336

말이 성취하는 것 341

삶과 죽음에 대한 혼란 345

마지막 날의 가르침들 349

마지막 순간 377

부록

I. 가르침의 핵심 383

II. 의식에 대하여 404

III. 헌신과 지혜 그리고 개인 415

IV. 완전한 진리 428

머리말

지난 20세기에 인도에서 전 세계적으로 각광을 받으며 한 시대를 풍미했던 정신세계 지도자를 꼽으라 하면 오쇼 라즈니쉬와 크리슈나무르티를 빼놓을 수 없을 것이다.

그러나 드러나 보이는 화려함이나 인기와는 별개로 완전한 깨달음에 도달한 스승을 꼽는다면, 아루나찰나 산속에서 평생을 지내면서 제자들을 가르친 라마나 마하리쉬와 평생 가족을 부양하기 위해 뭄바이 시장 골목에서 잎담배를 팔면서 생을 마감할 때까지 좁은 다락방에서 하루도 쉬지 않고 제자들과 방문자들에게 가르침을 베풀었던 니사르가닷따 마하라지라고 말할 수 있다.

일견 극과 극으로 보이는 이 두 스승의 삶은 사실 서로 닮아 있다.

라마나 마하리쉬는 깨달음을 위해 17세에 집을 떠나 아루나찰나 산속으로 들어가 깨달은 이후 그곳을 벗어난 적이 없었다. 또한 평생 독신으로서 가정을 이루지 않고 제자들과 완전히 공개된 주거 공간에서 생활했다.

그에 반해 니사르가닷따 마하라지는 빈민가에서 태어나 초등교육 과정도 마치지 못한 채 세상에 뛰어들어 온갖 험한 일을 하면서 결혼을 하고 자녀를 두었다. 깨달은 후에도 가족들의 생계를 위해 잎담배 장사를 계속했다. 그리고 자신의 생활 터전인 뭄바이 시장 골목 한 켠에 있는 담배 가게 위 좁은 다락방에서 40년 넘게 가르침을 펼쳤다.

이처럼 두 스승의 삶은 너무나 다르지만 그들의 깨달음과 가르침은 매우 닮아 있다. 아니 똑같다고 해야 맞다.

그들은 오직 참나인 절대성에 대해서만 가르쳤다. 라즈니쉬나 크리슈나무르티처럼 화려한 언어를 사용하지도 않았다. 그렇기 때문에 지적 화려함에 현혹되거나 이분법적 사고로 훈련된 종교인이나 일반인들에게는 다소 어렵게 느껴지기도 한다. 두 스승이 말하는 진리는 항상 깊은 근원에 바탕을 두어서, 모든 것을 나누고 시비분별하는 이분법적 관점으로는 이해할 수 없기 때문이다.

그러나 순수진리를 추구하는 구도자들에게 두 스승의 글은 최고의 지침서가 될 것이다. 더구나 석가모니 붓다의 가르침이 오랜 세월이 흐르는 동안 변질되고 훼손되고 왜곡되어서 방향을 잡지 못한 채 어디로 가야 할 지 갈피를 못 잡고 방황하는 이 시대의 불행한 수행자들에게 두 스승의 출현은 캄캄한 밤하늘의 별이요, 사막 한가운데에 있는 오아시스라 아니할 수 없다.

두 스승의 글을 읽고 있노라면 마치 2500년 전 석가모니 붓다의 가르침을 생생하게 듣고 있는 것 같다.

개인적으로 나는 25년 동안 종교인으로서 무지와 맹신의 상태에서 벗어나지 못하고 방황하고 있을 때, 마하리쉬의 《나는 누구인가 The Spiritual Teaching of Ramana Maharishi》와 마하라지의 《담배 가게 성자 Pointers From Nisargadatta Maharaj》를 접하게 되었다. 너무나 충격적이었다. 모든 경전을 비롯해서 라즈니쉬, 크리슈나무르티의 책을 수없이 접하면서도 막연할 뿐 감도 잡히지 않던 참나의 절대성이 이해되기 시작했기 때문이었다.

두 스승의 가르침에 깊이 매료된 나는 수없이 반복하여 읽었다. 마하리쉬의 가르침은 멀리만 느껴지던 진리를 눈앞에 가져다준 망원경이었고, 마하라지의 가르침은 눈앞에 있는 진리를 세밀하게 관찰하도록 해준 현미경이었다.

이처럼 두 스승의 가르침은 나에게 조화롭고 절묘한 방법으로 진리에 대한 깨달음을 전해주었다. 그런데 만약 두 분 중 한 사람만 스승으로 선택해야 한다면 단연코 니사르가닷따 마하라지를 지목하겠다. 그만큼 마하라지의 가르침은 완벽하다. 그러나 안타깝게도 구도자들의 나침반이요 최고의 지침서인 이 책은 한국에서 1993년에 초판 발행된 후 더 이상 발간되지 못한 채 자취를 감추고 말았다. 구도자들에게 없어서는 안 될 소중한 책임에도 불구하고 출판되지 못해서 볼 수가 없다면 이보다 더한 불행이 어디 있겠는가. 안타까운 마음이 쌓여서 넘치는 지경에 이르러서야 제자들에게 새로 번역을 맡기고 일반인들도 쉽게 이해하도록 각 장마다 해설을 붙여서 세상에 내놓기로 결심했다.

그런데 재미있는 사실은 니사르가닷따 마하라지 선생을 한국에 처음 소개한 사람이 춤추는 구도자 홍신자 선생이라는 것이다. 1980년대 인도 여행을 마치고 귀국해서 국내 한 잡지사에 기고한 인도에서의 구도 여정을 기록한 글 중에 마하라지 선생과의 만남이 소개되었던 것이다.

이상하게도 나에게 책 한 권이 들어왔다. 제목은 《아이 앰 댓*I AM THAT*》. 지은이는 뭄바이에 사는데 크리슈나무르티와 같은 연령이고 아주 평범한 시민이었지만 그의 깨달음의 경지는 높다고 했다. 나는 책을 준 사람에게 왜 당신은 그를 만나보지 않느냐고 물었다. "나는 아직 준비가 되어 있지 않다. 그것은 마지막 길이기 때문에." 마지막 길이라고? 나는 귀가 번쩍 뜨였다. 내가 찾고 있던 마지막 길이 이 분이 아닐까?

그 책을 소중히 들고 숙소로 돌아와 열심히 읽었다. 그는 자기가 구루임을 자칭하지도 않았고 아슈람(인도식 명상센터)도 없고 제자도 없었다. 계속 찾아와 묻는 질문에 응답할 뿐이었다. 그는 분명하고 절대적인 차원에서만 대답하고 있었다. 나는 당장 뭄바이로 가야겠다고 결심했다.

다음 날 나는 아슈람에 들러 이 책을 라즈니쉬에게 전해달라고 부탁하고 푸나를 떠났다. 만 2년 만에…….

홍신자, 〈홍신자―라즈니쉬와의 만남〉, 《샘터》(1985)

이렇게 해서 광활한 인도 대륙에 묻혀 있던 20세기의 붓다 마하라지의 소중한 가르침이 한국의 구도자들에게도 알려지게 되었으니 참으로 귀한 인연이 아닐 수 없다.

이렇게 마하라지 선생의 가르침을 전한 책이 여러 권 한국에 소개되었지만, 그 중에서도 발세카가 쓴 이 책은 더욱 특별하다. 이 책은 단순히 마하라지 선생과 방문자의 대화를 녹취하여 편집한 수준이 아니기 때문이다.

마하라지의 수제자라 할 수 있는 발세카는 영국 유학을 마치고 인도 국영 은행의 은행장을 역임했던 지성인으로서, 인도철학에 정통한 상태에서 스승 마하라지를 만나게 되었다. 그 후 3년 동안 매일같이 스승의 곁에서 영어 통역을 하면서 그의 정신세계는 점점 깊어졌다. 이 책을 쓸 당시 그는 내면에서 모든 진리가 통합되어 저절로 기술되었다고 고백하고 있다. 그러므로 이 책은 마하라지 선생의 깨달음의 순수성과 발세카의 해박한 지성이 인위적이지 않은 상태에서 저절로 융합되어 펼쳐진, 보석보다 찬란한 진리의 조화라 할 수 있다.

마지막으로 붓다 마하라지의 보잘것없는 삶을 소개하고자 한다. 정작 마하라지 자신은 태어난 적이 없다고 주장하지만 그의 뒤를 따라가는 후학들에게는 아무 의미 없는 그의 발자취조차도 때에 따라서는 캄캄한 밤바다에 한 줄기 등대 불빛이 될 수 있기에 간략히 기록하고자 한다.

니사르가닷따 마하라지는 인도 뭄바이에서 태어난 후 시골 마을 칸달가온에서 아주 가난한 농부의 아들로 성장했다. 그의 아버지인 쉬브람판트는 뭄바이 근처에 있는 어느 부호의 집에서 하인으로 일하면서 조금씩 모은 돈으로 칸달가온에 자그마한 땅을 마련하여 농사를 지었지만, 겨우겨우 생계를 이어가는 정도였다.

마하라지는 1897년 3월 15일에 태어났는데 그날은 하누만 자얀티의 축제일이었다. 하누만은 원숭이 신으로서 마루티라고도 불리는데, 그 이름을 따서 그의 이름을 마루티라고 지어 주었다. 마루티는 평범한 시골 아이로 성장했다. 집안일을 거들 수 있는 나이가 되자, 아버지의 농사일을 도와 소여물도 먹이고 밭에 나가 일도 하면서 보통 아이들처럼 어린 시절을 보냈다. 그러나 너무 가난하여 교육은 거의 받을 수가 없었다.

그러다가 마루티가 열여덟 살이 되었을 때 그만 아버지가 돌아가시고 말았다. 안그래도 어렵던 집안 형편이 더욱 어려워져, 마루티는 일자리를 찾아 뭄바이로 떠나야 했다. 그가 처음 갖게 된 직업은 어느 회사의 사환이었는데 보수도 너무 적고 일도 뜻과 같지 않아 그만 두고 장사를 시작했다. 빈민들이나 시골 사람들이 피는 비디(잎담배)를 손수 만들어 팔았는데 그럭저럭 장사가 잘 되었다.

차츰 생활이 안정되자 그는 결혼을 했고, 슬하에 1남 3녀를 두게 되었다. 그렇게 평범한 상인으로 살던 어느 날, 그의 인생에 커다란 변화를 가져온 계기가 생겼다. 그의 친구 중 한 사람이 자신의 스승에게 마루티를 억지로 데려간 것이다.

그날 저녁 마루티는 비록 단 한 차례의 만남이었지만, 스승의 인품과 깨달음에서 나오는 놀라운 가르침에 깊은 감동을 받았다. 스승은 마루티에게 이렇게 말했다.

"내 말을 믿어라. 너는 신성한 존재이다. 너의 기쁨도 신성하고 너의 고통도 신성하다. 모든 것은 참나에서 나오기 때문이다. 항상 그것을 명심하라. 참나만이 존재하며, 참나는 모든 감각과 상상 너머에 존재하는 초월적 실재이다. 너에게 간단한 명상법을 주겠으니 잘 새겨두고 그렇게 하라. 의식을 순수한 '내가 존재함'에 맞추고 그곳에 머물도록 하라. 그리하면 너 자신이 초월적 실재요, 유일의 존재임을 알게 될 것이다."

마루티는 스승께 신뢰와 존경의 예를 표하고 스승께 자신의 전부를 맡겼다. 그는 여전히 가족의 생계를 위하여 장사를 하면서도 남는 시간은 명상에 마음을 다 쏟았다. 그러던 어느 날 마루티에게 이상한 일이 일어났다. 갑자기 알 수 없는 목소리가 들리고 빛이 보이더니 여러 신들이 출현한 것이었다. 마루티는 그 신들과 대화를 나누었다. 그러한 신비 체험은 한동안 계속되었다. 그러나 스승으로부터 "오직 너만이 궁극의 실체다"라는 가르침을 받고 난 연후에 그러한 체험은 더 이상 일어나지 않았다. 대신 더욱 고요해지고 단순해졌고 앎과 욕망이 점점 더 엷어져 갔다.

스승은 얼마 지나지 않아 돌아가셨다. 그러나 스승의 죽음은 마루티에게 아무런 영향도 주지 못했다. 스승의 육신은 사라졌지만 스승의 가르침은 마루티의 가슴에 깊이 새겨져 있었고 이미 그의 명상 또한 깊어져 있었다. 마루티는 자주 삼매에 빠졌고 그런 날들이 점점 더 많아져 갔다. 이제 삶 자체가 그의 스승이 되었고 그의 관념은 완전히 사라져 그냥 존재하기에 이르렀다. 그리하여 스승을 만난 지 3년 만인 1936년(40세)에 깨닫게 되었다. 갑자기 그의 내면에서 무엇인가가 폭발하여 절대성의 체험이 순간적으로 일어난 것이었다.

그 오래되고 하염없던 추구는 마침내 끝이 났다. 무언가를 추구할 '나' 마저 사라졌고 '내가 존재한다'라는 분별조차 없어졌다. 그는 속임수에서 완전히 벗어난 것이다. 이제 개체로서의 마루티는 완전히 사라졌다.

깨달음의 체험이 있고 나서도 그는 계속 장사를 했다. 그는 여전히 세상 속의 담배 장수였으나 그가 진정으로 머무는 곳은 세상을 넘어선 절대의 자리였다. 얼마간의 시간이 지난 후 그는 장사를 그만두고 가족을 떠나 순례자가 되었다. 순례 도중에 문득 히말라야로 들어가 여생을 보내야겠다는 생각이 일어나 길을 떠났다가 부질없는 일이라 생각하고 고향으로 돌아왔다.

그 후 뭄바이 시장 골목에 있는 낡고 초라한 그의 집 다락방은 진리를 추구하는 진지한 구도자들의 순례처가 되었다. 그는 스승임을 자칭하지 않았으나, 그의 깨달음의 향기는 멀리멀리 퍼져나가 많은 사람들이 그를 찾았다. 사람들이 찾아와 물으면 그는 대답했다. 교육을 받지 못한 그였으나 그의 말은 놀라울 정도로 정확했고 분명했다. 그의 가르침으로 그를 방문했던 많은 사람들의 영혼이 일깨워지자 더 많은 사람들이 그를 찾아왔고, 그의 다락방은 진리의 안식처가 되었다.

그의 가르침을 담은 《아이 앰 댓》이 그를 따르는 사람들의 손에 의해서 발간되자 더욱 더 많은 사람들이 그를 찾아왔다. 멀리 미주, 유럽, 아시아 등 전 세계에서 그의 가르침을 받기 위해 사람들이 몰려들었다. 그러나 마하라지는 여전히 그의 좁은 다락방에서 그들을 맞았다. 그러던 그에게 심상치 않은 징조가 보였다. 그의 건강이 악화되고 있었던 것이다. 주위 사람들의 요청으로 진찰을 받은 결과는 후두암이었다. 그러나 그는 전혀 개의치 않았다. "태어난" 것은 시간이 다하면 "죽어야" 한다는 것이었다. 또한 죽어야 할 '나'는 있지도 있을 수도 없으며, 본질은 태어나고 살아가고 죽는 것이 아니라고 했다. 그렇지만 그의 몸 상태는 점점 더 나빠지고 있었다.

그가 후두암으로 고생하고 있다는 사실이 알려지자 더 많은 사람들이 그를 보기 위해 몰려들었다. 그러는 중에도 대화 모임은 계속되었다. 앉아 있기도 힘들어 보였지만 그는 유쾌하게 큰소리로 이야기하곤 했다. 그러나 그의 육신을 침입한 가혹한 병은 그의 열정을 시기라도 하듯 날이 갈수록 그의 몸을 괴롭혔다.

급기야 말하기 어려울 정도가 되었고 사람들은 그의 얼굴을 보는 것으로 만족해야만 했다. 그러나 그 어려운 중에도 마하라지는 질문이 있으면 하라며 마지막까지 방문객들을 가르치기 위해 애를 썼다. 그즈음 마하라지는 내내 침대에 누워 있었다. 이제 강의는 불가능해 보였고 마하라지 자신도 그것을 아는 듯 했다. 간병인은 그의 곁에서 마사지를 했고, 그는 입으로 숨쉬기조차 힘들어했다.

1981년 9월 8일. 아침에 의사가 다녀갔고 마하라지의 안색은 잠깐 동안 더 좋아 보였으나, 그날 저녁 7시 32분 산소 호흡기에 몸을 의지한 채 마침내 열반에 들었다. 니사르가닷따 마하라지는 84세의 나이로 주어진 배역을 마친 것이다. 진리의 스승 마하라지는 이 땅의 수많은 구도자들에게 꺼지지 않는 불빛을 밝혀주고 영원한 침묵에 들었다.

이 책은 주제별로 나누어 57장으로 구성되어 있다. 대단히 심오한 내용이기에 독자들의 이해를 돕기 위해서 각 장마다 간단한 해설을 덧붙였다.

이 책이 나오기까지 다양한 방법으로 수고를 아끼지 않은 나의 사랑하는 제자들, 능조, 반야, 동재, 무영, 초유, 리라, 이명, 무위, 절대무아, 여여, 보리수, 휴안, 지행, 아타, 풍이에게 고마움을 전하며 무엇보다 마하라지 선생과의 소중한 만남을 가능하게 해준 홍신자 선생과 번역자 이명규 선생께 감사드린다.

마지막으로 《나는 없다》에 이어서 이 책을 흔쾌히 출판해주신 책세상 대표 고담 김직승 선생과 수고해주신 편집부 여러분께 깊은 감사를 드린다.

용인에서 2009년 9월
무위해공

저자의 말

나는 스리 니사르가닷따 마하라지의 가르침에 대한 책을 쓰려고 생각한 적이 없었다. 이 책의 내용은 거역할 수 없는 내면적 힘에 의해, 내 존재를 채우는 기분 좋은 열광 상태에서 자발적으로 기술되어 나온 것이다. 스승의 심오한 말씀에 대해 이해한 요점을 언어로 바꾸어 쓸 수밖에 다른 방도가 없었다. 사실 나는 글을 쓴다기보다 듣고 있었다. 나의 펜이 내 앞에 놓인 종이 위에 단어와 문장을 만들어 나가고 있었다. 첫 번째 글을 완성했을 때, 나는 내 생각이 그것을 쓰는 것보다 훨씬 더 앞서 나가고 있음을 알았다. 그리고 그렇게 쓴 글은 다시 읽어보지도 않고 폴더에 넣어 저장해두었다. 이렇게 씌어진 글들이 50여 개에 이르게 될 거라고는 전혀 생각하지 못했다. 매번 마하라지가 다루었을 만한 특정 주제에 대해 쓰고 싶다는 충동이 일어났고 그때마다 씌어진 글들을 다시 고치거나 다시 읽어보지도 않은 채 폴더에 저장해버렸다. 15개 정도의 글이 모아졌을 때 홍콩의 열렬한 동료 구도자인 케키 분샤가 나의 집을 방문하게 되었다. 특정 주제에 대해 논의하던 중 나는 바로 그 특정 주제에 대해 얼마 전에 글을 쓰게 되었다고 말했다. 물론 예리한 케키는 내가 한 말을 놓치지 않았고 그 글을 자기도 읽게 해달라고 요청했다. 그리고 당연히 다른 글들도 읽게 되었다. 그는 그 글들을 타자로 쳤고 한 부는 자기가 가졌다. 마하라지에게 이 직관적 글에 대해 한마디도 말하지 않았던 나는 그때 내가 곤경에 빠졌음을 알게 되었다. 사실 나는 이것에 대해 어느 누구에게도 말하지 않았다. 심지어 나보다 훨씬 먼저 마하라지의 가르침을 통역해왔던, 나의 절친한 친구이자 동료인 사우미트라 물라파탄Saumitra Mullarpattan에게조차 말하지 않았다.

내가 물라파탄에게 이 직관적 글과 내가 처한 곤경에 대해 이야기했을 무렵에는 그 글의 개수가 25개에 이르고 있었다. 글에 대한 영감은 부정기적으로 찾아왔다. 나는 충동적으로 단번에 대여섯 개의 글을 완성하기도 했지만, 그 이후로는 며칠 동안 아무 일도 일어나지 않은 적도 있었다.

어느 날 아침 일상적인 대화 시간이 끝난 후 물라파탄과 나는 마하라지와 함께 차를 타고 가고 있었다. 그때 물라파탄이 갑자기 이 글에 대한 이야기를 꺼냈다. 그는 나와 마찬가지로 마하라지가 일반적으로 그의 제자들에게 그의 가르침에 대해 글을 쓰거나 가르치는 것을 금하고 있음을 알고 있었다. 짐작하건대 여기에는 두 가지 이유가 있었다.

    1. 쓰는 사람이 그 주제에 대해 충분히 이해하지 못했거나, 피상적으로만 이해하고 있거나, 아니면 전혀 이해하지 못하고 있을 수 있기 때문이다.
    2. 그리고 그것이 그 사람으로 하여금 자기를 스승에 준하는 사람으로 착각하게끔 만들어 주변에 심각한 피해를 줄 수 있기 때문이다.

그래서 물라파탄은 재치 있게 이야기를 풀어나갔다. 모든 글이 그 성질상 자발적으로 이루어졌으며, 의도적으로 펜과 종이를 준비하고 특정 주제에 대해 쓰기 위해 책상에 앉았던 것이 아니라 마치 단어가 종이 위에 폭포처럼 쏟아지듯 씌어진 것이지 일부러 궁리해서 쓴 것이 아니라는 점을 강조하여 말했다. 나는 앞좌석에 앉아 있었고 물라파탄과 마하라지는 뒷좌석에 앉아 있었다. 물라파탄이 이 모든 것을 이야기하는 동안 마하라지는 아무런 말도 하지 않았다. 어떤 소리도 내지 않았다. 나는 몹시 당황하여 뒤를 돌아보았는데, 마하라지는 느긋하게 좌석에 기대어 눈을 감은 채 매우 흡족한 미소를 짓고 있었다. 무슨 뜻인지 분명했다. 그는 그 글에 대해 만족해했다. 물라파탄이 이야기를 마치자 그는 앉음새를 바로하며 말했다.

"계속 쓰게, 글이 저절로 나오는 대로 말일세. 중요한 것은 저절로라네. 집착하지도 말고 거부하지도 말게."

이때 물라파탄은 이 글을 출판하자고 제안했고 나는 내가 그저 쓰는 도구일 뿐이라는 것을 잘 알고 있었으므로 익명으로 내자고 덧붙였다. 그러자 마하라지는 출판하는 것에 찬성했지만 저자의 이름을 명백히 밝혀야 한다고 주장했다. 그러면서 그는 덧붙였다.

"모든 글이 의식으로부터 저절로 나오며 따라서 글은 있어도 저자는 없다는 것을 자네들이 알고 있다고 해도 말일세."

마하라지가 이제 그 글에 대한 모든 것을 알았을 뿐만 아니라 기뻐했고, 그것을 축복해주었기에 나는 크게 안도감을 느꼈다.

책의 내용

1. 이 책에 수록된 마하라지의 가르침은 대화 시간에 녹음된 내용을 그대로 옮긴 것이 아니다.

2. 이 책의 내용은 본질적으로 물라파탄이 통역하고 내가 들었거나, 내가 직접 통역했거나, 대화 모임에서 논의되었던 주제에 관한 것이다.

3. 각 장의 주제는 대화 시간에 한 마하라지의 마라티어〔Marathi. 서인도 마하라슈트라 주(州)에서 사용하는 언어이다. 인도인의 9% 정도가 사용하고 있으며, 아리안족의 고어(古語)인 산스크리트에서 분화된 방언이다―옮긴이〕를 그저 영어로 번역한 것이 아니라 훨씬 심도 있게 다룬 것이다. 각 장의 내용은 특정 강좌 시간에 논의된 것을 기본으로 하지만, 내용을 좀 더 명확하고 완전하게 다루기 위해 같은 주제가 논의되었던 다른 강좌의 내용을 가져와 덧붙였

다. 이런 자유가 없었다면 지금처럼 심도 있게 주제를 다루지 못했을 것이다.

4. 마하라지의 마라티어를 다른 언어로 아무리 잘 번역하더라도, 마하라지가 말할 당시의 효과나 정확한 의미까지 그대로 전달하는 것은 불가능하다. 이 책에서는 마하라지의 말씀을 그대로 번역하면서, 상상력이 풍부하면서도 힘차고 간결하며 박력 있는 마하라지의 마라티어에 함축되어 있는 뜻 또한 포함시켰다.

5. 여러 장에서 마하라지의 똑같은 말들이 반복되는 것을 보면서, 독자들은 아마도 반복되는 부분은 빼버렸어도 좋았으리라 생각할지도 모른다. 그러나 반복을 피할 수는 없었다. 다음과 같은 이유 때문이었다.

1) 마하라지의 표현에 따르면, 반복이란 개인을 따로 떨어진 개별적 존재로 인식하게 하여 진리를 보지 못하게 만드는 엄청난 껍질에 대한 망치질이다.

2) 마하라지는 가지에 매달려 뿌리를 잊어버리는 일이 없도록 항상 명심하라고 우리에게 요구한다. 이런 이유로 그는 우리를 반복적으로 뿌리와 근원으로 되돌리는 것이다. "태어나기 이전에 당신은 무엇이었는가?"

3) 이 글은 소설처럼 처음부터 끝까지 연속적으로 읽도록 만든 것이 아니다. 각각의 글은 그 자체로 완전히 독립적인 글이 되도록 했다.

여기서 마하라지가 자주 하는 주장에 대해 언급하자면, 마하라지의 가르침 중 하나만이라도 깊고 확실하게 이해한다면 전체 진리에 대한 통각에 이르게 된다는 것이다.

아울러 그가 자주 반복해서 말하는 주의사항에 대해서도 언급해야겠다. 진리에 대한 통각은 오직 통각하고자 하는 자아가 사라질 때, 말하자면 자신을 실체라고 믿는 찾는 자 자신이 사라질 때에만 가능하다고 그는 말한다. 어떤 지식도 오직 의식 안에서만 얻을 수 있으며, 의식 자체는 개념에 지나지 않는다는 것을 알아야 하며, 모든 지식의 기초는 개념이라는 것이다.

나의 친애하는 친구인 사우미트라 물라파탄에게 특별히 감사한다. 그는 마하라지에게 이 글에 대해 이야기를 꺼냈고, 이 책이 은혜로운 축복을 받게 해주었다. 그뿐만 아니라 이 글이 완성되는 동안 항상 건설적인 제안으로 나를 격려해주었다. 수다까르 딕쉬뜨에게 특히 감사하고 싶다. 그는 마지막 단계에서 이 글을 읽고 글을 수정하는 데 도움을 주었다. 딕쉬뜨는 마하라지의 가르침에 대한 열렬한 추종자이며,《아이 엠 댓》을 출판한 체타나 출판사의 사장이다. 내가 마하라지에 대한 글을 쓴 것을 알게 된 그는 나를 찾아와 내가 쓴 글을 잠시 훑어보고 그것을 출판할 것을 제안했다. 나는 이 글이 가장 적당한 사람의 손에 들어갔다는 사실에 행복했다. 전문 출판인으로서 그는, 특히 철학 분야에서의 풍부한 편집 경험과 탁월한 소양으로 국제적으로도 잘 알려지고 인정받고 있었기 때문이다.

뭄바이에서 1982년 2월

라메쉬 발세카

편집자의 말

재능 있는 새로운 작가를 발견하는 것은 무한히 넓은 하늘에서 새로운 별이나 행성을 발견하는 것과 같다. 이 글을 쓰면서 나는 윌리엄 허셜William Herschel도 천왕성을 발견했을 때 나와 같은 기분이었으리라고 상상한다.

이 책의 저자인 라메쉬 발세카는 자신의 재능에 무관심하지만, 대단히 중요한 비전(秘傳)적 저술이라는 의미에서 이 책은 신비한 창공에 찬연히 빛나는 새로운 발광체다. 그와 나를 동시에 알고 있는 한 친구가 가져온 원문의 몇 장을 읽어보고 나는 그를 만나 매우 감명 깊었다고 말했고, 그는 덤덤히 나를 바라보았다. "내가 쓴 것이 아닙니다. 출판을 위해서 이 글을 쓴 것도 아닙니다. 나 스스로 스승님의 가르침을 더 명확하게 이해하기 위해서 더 깊은 깨우침과 나 자신의 기쁨을 위해서 쓴 것입니다"라고 그는 말했다. 자신의 기쁨을 위해서 쓴 글이지만 책으로 출판되면 많은 사람들에게 도움이 될 것이라고 그를 설득하느라 힘들었다. 그는 입가에 뜻 모를 미소를 띠고 정중한 태도로 아무런 내색도 없이 묵묵히 듣고만 있었다. 60대였지만 섭생을 잘했기 때문에 안색이 좋고 잘생긴 그는 친근감이 있었으나 천성적으로 과묵한 편이었다. 그는 마치 은행장이 돈을 꾸러 온 사람에게 이야기하듯이 신중하면서도 거리를 두고 대화를 진행했는데, 나중에 그가 실제로 인도 유명 은행의 간부로 있다가 은퇴했다는 사실을 알고 놀랐다. 분명히 돈을 꾸러 온 사람과 입장이 같았던 나는, 결국 돈을 꾸러 온 사람처럼 나의 끈질김을 증명하고 말았다. 발세카에게서 마하라지의 가르침에 열광하는 한 사람으로서, 나 스스로의 공부를 위함이라는 명분으로 그의 글을 며칠간 빌리는 데 성공했기 때문이다. 글을 읽으면서 기대했던 것 이상임을 알게 된 나는 지체 없이 그를 방문하여 출판을 제안했다. 약간의 침묵이 흐른 뒤 그는 무표정하게 고개를 끄덕여 승낙했다. 나는 편집인으로서의 성향은 접어둔 채 깊은 흥미를 느낀 독자의 입장에서, 매우 신중하게 다시 한 번 원문을 읽었다. 글을 읽어나가자, 섬광처럼 순간적으로 내가 생각했거나 겉으로 드러나 보이던 것과는 다른 나의 진정한 본성을 경험했다. 전에는 이런 경험을 전혀 한 적이 없었다. 수년 전 마하라지 선생의 대화록인 '아이 앰 댓' 이라는 제목의 책을 편집하고 출판하는 행운을 얻었을 때도 그의 창조적 독창성과 소크라테스와 같은 논리에 감명을 받았으나, 지금과 같은 진리나 진실 혹은 나의 진정한 본성에 대한 확실한 낌새를 느낄 수는 없었다. 발세카가 단순히 마하라지의 말을 그대로 반복한 것이 아니라 깊은 통찰과 명료함과 심원한 이해로 해석해냈기 때문이다. 그는 마하라지 자신으로부터 나오는 힘과 내재적 권위를 가지고 글을 썼다. 그는 논쟁하지 않으며 선언한다. 그의 주장은 스승을 대신한 선언적 성격을 띠고 있다.

나는 마하라지를 정기적으로 방문하지는 않았지만 일에서 해방되어 시간이 날 때마다 그를 방문했다. 당시에는 마하라지의 열렬한 제자이며 마라티어와 영어에 능통한 사우미트라 물라파탄이라는 사람이 통역으로 일하고 있었다. 가끔은 내가 잘 모르는 사람이 통역할 때도 있었다. 질문자에 대한 마하라지의 답을 위엄 있는 목소리로 전하는 그의 태도에 나는 놀라지 않을 수 없었다. 그는 앉은 채 눈을 감고 마하라지의 지혜의 말씀을 스승만이 보여줄 수 있는 단호함을 갖고 즉각 통역했다. 마치 마하라지가 영어로 이야기하는 것 같았다. 누군가가 그 통역자는 마하라지의 새로운 제자인 발세카라는 사람이라고 대답해주었다. 모임이 끝나고 사람들이 돌아갈 때, 나는 그에게 마하라지의 말씀을 어쩌면 그렇게 훌륭하게 통역하느냐고 칭찬했다. 그러나 그는 마치 나의 이야기를 듣지 못한 것처럼 아무 반응이 없었다. 그런 그의 완고한 모습에 놀란 이후, 나는 최근 이 책과 관련되어 그를 만나기 전까지 그를 잊고 지냈다.

이제야 내가 그를 잘못 판단하여 실수를 저질렀음을 깨닫는다. 그는 칭찬이나 비방을 초월한 다른 차원의 의식 수준에서 살고 있음을 이해했어야만 했다. 그의 글이 그것을 증명하고 있다. 그의 글의 매 페이지에서 우리는 마하라지의 존재를 본다. 그의 탁월한 두뇌 회전, 정밀한 논리적 결론, 통시적 사고, 다양성으로 나타나는 그의 완벽한 단일성과의 일치. 발세카가 이 책의 머리말에서 자신의 저작권을 거의 부정하는 것이 흥미롭다. 그는 이 책의 내용이 저절로 나왔으며, 그의 존재를 충만하게 하는 삼매 상태에서 거부할 수 없는 충동적 힘에 이끌려 받아썼다고 말한다. 나는 그의 말을 믿는다. 그리고 나는 독자들도 이 글을 읽어감에 따라 그 말에 동의할 것으로 생각한다. 왜냐하면 이 글에는 저자 자신의 어떠한 사견이나 즉흥적인 견해도, 경전으로부터의 인용구도 없기 때문이다. 즉 어떠한 종류의 장신구도 빌려 오지 않았다.

'마하라지의 마지막 가르침, 완전한 깨달음' 이란 제목의 이 책에서 마하라지는 표출되고 또 표출된다. 사실 이 책은 《아이 앰 댓》을 이미 읽은 독자들을 위한 대학원 과정일 수도 있다. 이것은 스승이 초기에 가르친 것을 훨씬 더 넘어선 가장 탁월한 수준의 스승의 마지막 가르침으로 이루어져 있다.

나는 감히 이 책에 있는 내용보다 더 높은 가르침은 정말 없다고 자신 있게 말한다. 그리고 발세카만이 이 가르침을 설명할 수 있다고 말한다. 마하라지 곁의 어떤 사람도 발세카만큼 그의 가르침을 깊이 이해하지 못했다. 내가 아는 마하라지의 몇몇 제자들은 20년 이상 그의 가르침을 들어왔다. 그러나 그들의 심리적 상태는 변화가 없었으며 20년이 지난 뒤에도 20년 전과 똑같은 존재로 남아 있었다. 한편 발세카가 마하라지의 가르침을 받은 것은 3년밖에 되지 않는다. 그러나 그러한 영적 교류를 시간으로 측정할 수 있는 것은 아니다. 가르침을 받은 기간보다 더 중요한 것은 발세카의 강점인 특정 형태의 수용력이다. 그의 어깨 위에 마하라지의 영적 은총이 내려온 것은 의심할 여지가 없다. 발세카는 스승의 역할을 대신할 의향은 전혀 가지고 있지 않지만 더 나은 표현이 없으므로, 발세카야말로 마하라지의 살아 있는 분신이라고 말하고 싶다. 이 책에 의하면 그는 마하라지가 쏟아놓은 지혜에 깊이 충만하였음이 분명하다. 마하라지의 독특한 사상의 모든 면을 설명하는 '가르침의 핵심'이라는 제목의 그의 글(부록 I)과 매우 어려운 주제인 의식에 대한 그의 설명(부록 II)에 주목하기 바란다. 모든 독자가 읽지 않으면 안 될 글이다.

편집인
수다까르 딕쉬뜨

참나는 누구인가

방문자 나는 정말 열심히 일했고 그 결과 지금은 나 자신을 성공한 사람으로 자랑스럽게 생각합니다. 나는 나의 성공에 매우 만족하며, 내가 성취한 것에 강한 자부심도 가지고 있습니다. 이것이 잘못된 것일까요?

어느 날 저녁 외국에서 온 한 방문자가 니사르가닷따 마하라지의 강의를 듣고 난 후 이렇게 말했다. 40대 중반의 이 남자는 아주 자신감에 차 있었으며 약간 공격적이었다. 대화는 다음과 같이 이어졌다.

마하라지 무엇이 옳고 그른지 따지기에 앞서 누가 이 질문을 하는지 말해보십시오.

방문자 (약간 당황하며) 뭐라고요? 물론 나입니다.

마하라지 그게 누구입니까?
방문자 나입니다. 선생님 앞에 앉아 있는 바로 나입니다.

마하라지 그것이 당신이라고 생각하는군요.
방문자 선생님도 나를 보고 있고 나도 나 자신을 봅니다. 여기에 무슨 의심이 있습니까?

마하라지 내 앞에 있는 그 몸뚱이를 말합니까? 그것은 한낱 대상에 불과합니다. 당신이 자신이라고 생각하는 그 몸뚱이에 대한 최초의 기억은 무엇입니까? 가능한 가장 최초의 기억을 떠올려보세요.
방문자 (잠시 생각하더니) 가장 최초의 기억은 아마도 어머니가 쓰다듬어주고 귀여워해주던 존재일 겁니다.

마하라지 아주 어린 아기를 말하는군요. 오늘의 성공한 어른이 바로 그 연약한 아기와 같다고 말한 겁니까?
방문자 의심할 여지없이 같습니다.

마하라지 좋아요. 이제 좀 더 거슬러 올라가서 생각해봅시다.

당신이 기억할 수 있는 그 아기가 어머니로부터 태어난, 너무나 연약하여 무슨 일이 일어나는지 알지도 못하고, 배고프거나 고통스러우면 그저 울기나 했던 바로 그 아기입니까?

방문자 네, 내가 그 아기였습니다.

마하라지 그럼 그 아기가 태어나기 전에 당신은 무엇이었습니까?

방문자 모르겠습니다.

마하라지 당신은 알고 있어요. 생각해보세요. 어머니 뱃속에서 무슨 일이 일어났나요? 무엇이 9개월이라는 기간을 거치면서 뼈와 피와 골수와 근육 등을 갖춘 몸으로 자라게 했나요? 그것은 여성의 자궁에서 난자와 결합하여 새 생명을 시작하고, 또한 그 과정에서 수많은 위험을 겪는 남성의 정자가 아니었나요? 누가 이 위험한 기간 동안 새 생명을 보호해 주었나요? 이 아주 극미하게 작은 정자 세포가 지금 자기 업적을 자랑스러워하는 바로 그것 아닌가요? 누가 특별히 당신을 원했나요? 어머니? 아버지? 그들이 특별히 당신을 아들로 원했나요? 이 특정한 부모에게서 태어나는 데 당신이 어떤 관여를 했나요?

방문자 아마도 그런 생각은 전혀 해본 적이 없었던 것 같습니다.

마하라지 맞습니다. 이제 그런 식으로 한번 생각해보세요. 그러면 아마도 당신의 진정한 실체에 대한 어떤 아이디어를 갖게 될 것입니다. 그런 다음에 당신이 성취한 것에 대해 자랑스러워할 수 있는지 생각해보세요.
방문자 선생님께서 의도하시는 바를 이해하기 시작한 것 같습니다.

마하라지 좀 더 깊이 들어가면, 육체의 근원인 남성의 정자와 여성의 난자는 그 자체가 부모에 의해 섭취된 음식의 정수라는 것을 알게 될 것이고, 우리의 몸은 음식을 구성하는 5대 요소로 이루어지고, 음식에 의해 유지된다는 것을 알게 될 것이며, 또한 한 생명체의 몸은 다른 생명체의 먹이가 된다는 것을 알게 될 것입니다.
방문자 그렇지만 분명히 나는 먹이가 되는 육체가 아닌 다른 어떤 것일 겁니다.

마하라지 진실로 그렇습니다. 그러나 어떤 '것' 은 아닙니다. 지각력이 있는 존재에게 지각을 주고, 그것 없이는 외부세계는 물론이고 나 자신이 존재하는 것조차 알 수 없게 되는,

그것이 무엇인지 찾으세요. 그리고 궁극적으로 더 깊이 들어가 이 존재, 이 의식 자체가 시간의 영역에 속한 것인지 알아보세요.

방문자 지금까지 내가 이런 영역에 대해 한 번도 생각해본 적이 없음을 고백합니다. 선생님께서 열어주신 새로운 세계에 대한 무지로 인해 현기증을 느낄 정도입니다. 하지만 이제부터 선생님께서 제시하신 여러 의문에 대해 생각해보겠습니다. 다시 찾아뵙겠습니다, 선생님.

마하라지 언제라도 환영합니다.

해설 ǀ 진리의 절대성이나 현상적 무아연기 법칙에 대하여 전혀 들어본 적도 없는 것 같은 사람이다. 오직 지금까지 살아온 삶 속에서 이룩해놓은 작은 성공을 내세우며 자랑스러워하는 60억 인류의 99%에 해당하는 지극히 인간다운 삶을 살아가는 사람이다. 발세카는 기본도 되어 있지 않은 이 외국인으로 시작한다. 바닥에서부터 올라가겠다는 뜻이다. 생각해보면 모든 구도자들도 맨 처음 시작은 바로 '현기증 나는 무지의 극치'에서부터였다. 그러나 이 책을 마치게 될 때쯤이면 우리의 몸과 마음은 '진리의 용광로' 속에서 완전 용해되어 사라질 것이다. 자, 이제 출발이다. 참나를 찾으러 가자.

의식, 오직 하나의 자산

　마하라지는 지각력 있는 존재가 가지고 태어나는 오직 하나의 자산은 의식이라고 자주 강조한다. 태어난 것이 육체 같지만 그것은 외관상 그렇게 보일 뿐이라고 그는 말한다. 실제로 태어나는 것은 의식이며, 의식은 자기를 나타내 보일 유기체를 필요로 하는데 그 유기체가 바로 육체라는 것이다.
　지각력 있는 존재에게 감각을 느끼고 자극에 반응할 수 있는 능력을 부여하는 것은 무엇인가? 산 사람과 죽은 사람을 구분 짓는 것은 무엇인가? 그것은 존재감, 즉 존재를 인식하는 의식sense of being이며, 육체의 물리적 구조에 생명력을 불어넣는 역동하는 의식이다. 스스로를 개별적 형태로 드러내고 거기에 존재성을 부여하는 것은 사실 의식이다. 이러한 드러남을 통하여 사람에게 개별적 '나'라는 개념이 일어난다.

각 개인에게 있어서 절대는 존재함으로 반영되고, 그리하여 순수 존재의식이 자기인식 또는 개체의식이 되는 것이다. 물질우주는 끊임없이 흘러가면서 수많은 형태를 투영하고 용해시킨다. 하나의 형태가 만들어지고 생명이 부여될 때마다 절대의 반영에 의해 의식이 동시에 저절로 나타난다. 의식이란 사물의 표면에서 반사되는 절대의 굴절 현상이며, 그로 인해 분리감이 초래된다는 점을 분명히 이해해야 한다. 이것과 달리 순수의식인 절대 상태는 시작과 끝이 없고 스스로 존재하기에 그 무엇에도 의지할 필요가 없다. 순수의식은 부딪쳐서 반영될 대상이 있을 때만 개체의식이 된다. 순수 존재의식과 개체성으로 덧씌워진 개체적 존재의식 사이에는 마음이 넘어갈 수 없는 벽이 있다고 마하라지는 말한다. 한 방울의 이슬에 비친 태양은 진정한 태양이 아니다!

현시된 의식은 그것이 깃들어 있던 물질의 형태가 소멸됨과 동시에 사라지므로 시간을 초월할 수 없다. 그러나 마하라지에 의하면 그것이야말로 지각 있는 존재가 가지고 태어나는 유일한 자산이다. 그리고 현시된 의식은 절대와의 유일한 연결 고리이며, 지각 있는 존재가 자신이라고 믿는 개체로부터 본래 있지도 않은 해방을 염원하는 유일한 수단이 된다. 자신의 의식과 하나가 되어 그것을 자신의 생명의 근원으로 여김으로써, 전혀 길이 없다고 여기던 것을 달성할 수 있다고 기대하게 되는 것이다.

활기를 불어넣는 이 의식의 실체는 무엇인가? 의식은 물질적 형태가 없으면 존재할 수 없으므로, 의식 역시 물질적 존재일 수밖에 없다. 현현된 의식은 그 거처인 육체가 건강하여 거기에 머물 만한 상태를 유지해야만 존재할 수 있다. 의식은 절대의 반영이긴 하지만 시간의 제약을 받고, 육체를 구성하고 있는 다섯 가지 요소로 이루어진 음식물에 의해서만 유지될 수 있다. 의식은 오직 건강한 육체에만 함께할 수 있고 육체가 쇠하여 소멸될 때 함께 사라진다. 태양의 반영은 깨끗한 이슬방울에서만 볼 수 있을 뿐 흐린 이슬방울에서는 볼 수 없는 것이다.

마하라지는 의식의 성질과 기능을 우리가 날마다 경험하는 깊은 수면 상태, 꿈꾸는 상태 그리고 깨어 있는 상태에서 관찰할 수 있다고 자주 말한다. 깊은 잠 속에서 의식은, 말하자면 휴식 상태로 물러난다. 의식이 없으면 이 세상과 그 안에 사는 모든 것, 구속이나 해방에 대한 생각은 물론 자신의 존재나 현존에 대한 느낌조차 없다. 바로 인식할 수 없기 때문에 그렇다. 약간의 의식이 작용하기 시작했으나 아직 완전히 깨어나지 않은 꿈의 상태에서는, 순식간에 의식 안에서 산과 계곡, 강과 호수, 그리고 빌딩, 그리고 꿈꾸는 자신을 포함하는 다양한 연령층의 사람이 사는 도시와 마을 같은 온 세상이 창조된다. 여기에서 보다 중요한 점은, 꿈꾸는 사람이 꿈에 나타난 형상들의 움직임에 대해 아무런 통제 능력도 가지고 있지 않다는 점이다! 그 단순한 약간의 의식작용에 의해 기억과 상상으로 만들어지는 새로운 살아 있는 세계가 일순간에 창조되는 것이다. 그러므로 마하라지는 단지 미미한 작용만으로도 전 우주를 포괄하고 투영할 수 있는 의식의 비범한 힘을 상상해보라고 말한다. 꿈꾸는 의식이 깨어나면 꿈의 세계와 꿈속에 나타난 형상들은 사라진다.

깊은 잠과 꿈의 상태가 끝나고 다시 의식이 현상세계를 인식하면 어떻게 되는가? 즉각적인 감각은 존재 그 자체에 대한 현존감이다. '나'의 존재가 아닌 존재감 그 자체다. 그러나 곧 정신이 들고 나라는 관념과 개체에 대한 동일시가 생겨난다.

우리는 자기 자신을 의식을 가진 개체라고 생각하는 데 너무 익숙하여 진실을 받아들이거나 이해하는 것마저 매우 어렵게 느끼고 있다고 마하라지는 되풀이해서 말한다. 실제로 스스로를 수많은 육체 속에 현현시키는 것은 의식이다. 따라서 태어남과 죽음은 시공 속의 하나의 사건과 같은, 찰나에 일어난 의식의 움직임의 시작과 끝에 불과하다는 것을 깨닫는 것이 중요하다. 우리가 이것을 깨달을 수만 있다면, 본래의 근원 상태에서는 존재 그 자체로서 지복이며, 의식과 접촉할 때는 의식의 다양한 활동을 목격하고 있을 뿐 그 활동과 완전히 분리되어 있음을 깨닫게 될 것이다. 이것은 논란의 여지가 없는 사실이다. 분명히 인식자는 자기가 인식하는 대상이 될 수 없다. 인식하는 자는 그가 인식하는 대상과 별개여야만 한다.

해설 ▎ 진리를 깨닫는 측면에 있어서 의식에 대한 이해는 대단히 중요하다. 의식을 온전히 이해할 수만 있다면 절대성의 90% 이상을 이해한 것이다. 보통사람들이 이해하는 '의식'이란 개체의식을 말한다. 하지만 진리적 차원에서 다루어지는 '의식'은 순수의식, 즉 본래성품을 말한다. 이 점을 명확히 인식하지 못하면 앞으로 한 발짝도 나갈 수 없을 것이다.

진리란 무엇인가?

나의 근원이면서 너의 근원이고 우주 삼라만상 모든 것의 근원을 진리라 한다. 그러므로 진리는 오직 하나다. 오직 하나인 진리는 나누어질 수 없기에 절대다. 그 절대진리가 자기 자신을 인식하는 순간 '의식'이 된다. 그와 동시에 본래 하나인 절대는 주체적 인식자와 객체로서 인식 대상으로 나누어진다. 이것이 상대적 현상세계다. 의식이 인식작용을 하고 있는 현상세계에서는 본래 하나로서 나누어질 수 없는 절대를 둘로 나누어진 상대세계로 착각하게 되는 것이다. 그러므로 모든 것을 이것과 저것으로 분별하고 주체로서의 나와 객체인 너를 나누고 매사에 선악이라는 개념을 끌어들여 시비를 일삼는 것이다. 그러나 이러한 시비분별은 의식이 현상세계를 인식하는 동안에만 적용될 뿐이고, 현상세계를 인식할 수 없는 죽음 앞에서는 모든 것을 둘로 나누고 시비하던 착각도 사라진다. 개체의식의 탄생과 더불어 생한 시비분별은 개체의식의 죽음과 더불어 저절로 멸한다.

죽음에 대하여

방문자 며칠 전 하나밖에 없는 아들이 교통사고로 죽었습니다. 저는 아들의 죽음을 철학적으로 담대하게 받아들이지 못하겠습니다. 물론 이렇게 아들을 잃는 것이 저만 겪는 일이 아니라는 것도 압니다. 사람은 모두 언젠가는 죽는다는 것도 압니다. 저는 이러한 곤경에 처했을 때 자신과 타인을 위로하는 그런 통상적인 방법으로 마음의 위안을 얻으려 하였습니다. 그렇지만 잔인한 운명이 한창때인 제 아들로부터 모든 것을 앗아갔다는 참혹한 현실에 다시 직면하게 됩니다. 왜? 왜냐고 계속해서 자신에게 묻습니다. 선생님, 이 슬픔을 저는 견딜 수가 없습니다.

마하라지 (잠시 눈을 감고 앉아 있다가) '내'(개체로서의 나)가 없으면 '타인'도 없습니다. 그러므로 당신 안에 나타난 슬픔은 당신이 그려낸 것이므로 "나는 슬프다"라고 말하는 것은 쓸데없고 헛된 일입니다. 친척이나 친구들로부터 많은 위로의 말을 들었을 터이니, 그저 위로를 받으려고 나를 찾아온 것은 분명 아닐 겁니다. 기억하십시오. 사람들은 일상의 즐거움을 누리고 일상의 고통을 겪으면서 매일매일 살아가지만, 한 번도 인생을 진실한 관점에서 바라보지 못합니다. 진실한 관점이란 무엇일까요? 그것은 이러합니다. '나'도 없고 '너'도 없습니다. 어떤 실체도 있을 수 없습니다. 모든 사람이 이것을 이해하고, 이런 이해를 바탕으로 살아갈 용기를 가져야 합니다. 나의 친구여, 당신은 그런 용기를 갖고 있습니까? 아니면 당신이 당신의 슬픔이라고 부르는 것에 빠져 언제까지 몸부림치고 있을 겁니까?

방문자 마하라지 선생님, 용서하십시오. 선생님의 말씀을 잘 이해하지 못하겠습니다. 그렇지만 선생님의 말씀에 놀라움을 느끼고 충격을 받았습니다. 저의 존재의 핵심을 드러내주셨으며, 선생님께서 힘주어 말씀하신 그 부분이 인생의 황금열쇠라고 여겨집니다. 지금 말씀하신 내용을 좀 더 자세히 말씀해주시겠습니까? 제가 해야 할 일이 정확히 무엇입니까?

마하라지 한다고요? 할 일은 아무것도 없습니다. 그저 지나가는 것은 지나가는 것으로, 실재가 아닌 것은 실재가 아닌 것으로, 틀린 것은 틀린 것으로 보면 됩니다. 그러면 당신의 진정한 본성을 깨닫게 됩니다. 당신은 당신의 슬픔에 대해 이야기했는데, 당신의 슬픔을 정면으로 바라보고 그것이 진정 무엇인지 이해하려고 한 적이 있습니까? 무척 사랑했던 사람이나 물건을 잃으면 슬퍼질 수밖에 없습니다. 죽음은 완전한 최후의 소멸이기에 그것으로 인한 슬픔도 엄청나게 클 것입니다. 그러나 이런 커다란 슬픔조차도 그것을 침착하게 살펴보면, 오래가지 않는다는 것을 알 수 있습니다. 당신은 정확히 무엇에 대해 슬퍼합니까? 처음으로 돌아가봅시다. 당신과 당신의 부인은 아들을 갖게 되었습니다. 그 아이가 특정 운명을 지니고 태어날 것으로 누군가와 어떤 협약이라도 맺은 적이 있었나요? 그 아이를 임신한 것 자체도 우연이 아니었던가요? 태아가 자궁에서 여러 위험을 이겨내고 살아남은 것도 또 다른 우연이었습니다. 그 아기가 사내아이였다는 것도 우연이었습니다. 다시 말해 당신이 당신의 아들을 만난 것이 우연의 연속이었으며, 단 한 번이라도 이러한 우연이 당신의 뜻대로 일어난 적은 없었습니다. 그리고 이제 그 우연이 막을 내렸습니다.

당신은 정확히 무엇에 대해 슬퍼합니까? 당신의 아들이 미래에 겪게 될 약간의 기쁜 경험과 많은 슬픈 경험을 못하게 된 것에 대해 슬퍼합니까? 아니면, 그가 당신에게 줄 기쁨과 편안함을 잃게 된 것을 슬퍼합니까? 이 모든 것은 관점에서 비롯된 것임을 아십시오. 어쨌든 지금까지의 말이 이해되나요?

방문자 정말 놀라운 말씀을 들은 것 같습니다. 지금까지 말씀하신 것을 잘 이해했습니다. 그런데 선생님께서 이 모든 것이 잘못된 관점에서 비롯되었다고 하신 말씀은 무슨 뜻입니까?

마하라지 아! 이제야 진실에 도달할 수 있겠군요. 당신이 개체가 아니라는 것을 이해하도록 하십시오. 우리가 나라고 생각하는 개체는 상상의 산물에 지나지 않으며, 자아는 이러한 착각의 희생물입니다. 개체가 존재하며 그 존재를 인식하고 있다고 믿고 착각하는 것이 바로 자아의식입니다. 당신의 관점을 바꾸십시오. 이 세상을 당신 바깥에 있는 어떤 것이라고 보지 마십시오. 당신이 당신 자신이라고 상상하고 있는 사람을 당신 의식 속에 나타나는 어떤 것으로, 곧 꿈의 세계 속에서 펼쳐지는 한 부분으로 바로 알고 그냥 지켜만 보십시오. 그리고 이 세상에서 벌어지는 현상 전체를 이 세상 밖에서 바라보십시오. 참된 당신은 의식의 내용물에 지나지 않는 몸-마음이 아니라는 것을 기억하십시오. 당신이 자신을 몸-마음이라고 여기는 한, 당신은 슬픔과 고통을 겪을 수밖에 없습니다. 의식 너머에 아버지나 아들, 이것 또는 저것이 아닌, 그냥 존재하는 참나가 있습니다.

참나는 시간과 공간을 초월하여 있습니다. 지금 여기에서 시공과 함께 존재한다는 착각은 모두 몸과 마음을 자기 자신이라고 생각하기 때문입니다. 참된 당신은 어떤 경험으로부터도 상처 받지 않습니다. 이것을 이해하고 슬픔조차도 그냥 받아들이세요. 이 세상에 당신 것이라고 말할 수 있거나 말할 필요가 있는 것이 하나도 없다는 것을 깨달으면, 당신은 이 세상을 밖에서 바라보게 될 것이며, 무대에 올려진 연극이나 스크린에 비춰진 영화를 보면서 찬탄하고 즐거워하기도 하고 때로는 슬퍼도 하겠지만 깊은 내면에서는 어떤 동요도 없을 것입니다.

해설 ┃ 사람으로 태어나 겪게 되는 수없이 많은 일들 중에 가장 슬프고 고통스러운 것은 바로 죽음의 문제일 것이다. 정작 죽는 당사자보다 사랑하는 사람(부모형제, 배우자, 자식, 친구 등 특별한 관계)을 떠나보낸 남겨진 사람의 슬픔과 고통이 더 클 것이다. 슬픔을 이겨내지 못하면 오랜 세월 몸과 마음에 상처를 입고, 병들거나 심하면 따라서 죽기까지 하니 말이다. 그런데 죽음이라는 현상이 정말 그렇게 슬프고 고통스러운 것인지 냉철하게 살펴볼 필요가 있다.

현상세계는 상대성으로 이루어져 있기 때문에 하나의 생명이 태어나는 순간 동시에 죽음이라는 쌍둥이를 달고 나온다. 이것이 누구도 피할 수 없는 현상세계의 진리인 생멸 법칙이다. 이것을 모르는 사람은 아무도 없다. 그럼에도 불구하고 사람들은 탄생은 기뻐하고 죽음은 슬퍼한다. 탄생은 축복이요 죽음은 저주라고 생각한다. 사실은 태어나는 것도 진리요 죽는 것도 진리인데 말이다. 같은 진리인데 어느 것은 좋아하고 어느 것은 싫어하는 시비분별이 왜 일어날까? 바로 에고 때문이다. 이놈을 진짜 나라고 착각하기 때문에 죽음을 '나의 부재'로 받아들이게 되니 얼마나 당황스럽겠는가! 이런 두려움 때문에 인간은 죽음을 순리로 받아들이지 못하고 급기야 종교를 만들어 죽음 이후의 삶까지 보장 받고자 한다. 도 잘 닦아서 신선이 되면 영생한다는 사람들, 예수 믿으면 죽어서 천국 간다는 사람들, 덕을 많이 쌓으면 다음 생에 좋은 인연으로 윤회한다고 믿는 사람들은 허상체인 이놈을 나라고 착각한 상태에서 일어나는 에고적 발상의 희생자들이다. 죽음도 탄생처럼 축제로 받아들일 수는 없는가. 태어나고 죽는 개체적 존재는 참나가 아니다. 모든 고통의 뿌리는 이놈을 나라고 착각한 채 그것에 집착함으로써 발생한다. 나로부터 시작한 집착은 영역을 넓히면서 내 가족, 내 학교, 내 직장, 내 고향, 내 종교, 내 민족 등 특별한 관계를 형성한다. 그리하여 그들의 죽음은 곧 '나의 상실'이 되는 것이다.

장자는 자기 부인이 죽었을 때 북을 치면서 덩실덩실 춤을 추었다. 동네 사람들은 모두 장자가 미쳤다고 손가락질 했지만 그는 죽음도 탄생과 더불어 삶을 완성하는 하나의 축제로 받아들였던 것이다.

허깨비에 불과한 개체에 매달리지 말고 멀리 떨어져서 있는 그대로 바라보면 이 현상세계는 생멸로 가득 찬 축제장임을 알게 된다. 더불어 참나는 찰나간에 생멸하는 개체가 아니라 무한한 영원성으로서 절대 임을 깨닫는다.

드러난 것과 드러나지 않은 것은 하나다

'나'는 각기 다른 수준——드러남과 드러나지 않음——에 상관없이 영원한 존재인가? 이 질문은 여러 가지 방법으로, 다른 표현으로, 그리고 여러 사람에 의해 자주 마하라지에게 던져지는 질문이다. 질문 자체는 다르지만 그 요체는 같다. 마하라지는 종종 자신이 한 개인으로서 다른 개인에게 이야기하고 있는 것이 아니라, 의식으로서 의식에게 의식의 성질에 대해 이야기하고 있음을 명심하라고 말하곤 하는데, 그럴 때면 가끔 용감한 방문자가 강의를 시작하자마자 바로 이 질문을 제기하기도 한다. 마하라지에 의하면 '나'는 의식의 수준에서 세 가지 양상으로 이해할 수 있다고 한다.

1. 드러나지 않은 절대 : 무의식Avyakta, 모든 감각과 경험이 끊어져 스스로를 자각하지 못하는 공의 상태로서의 절대.

2. 드러난 절대 : 순수 존재의식Vyakta, '나는 존재한다' 와 같은 순수의식 안에서 스스로를 자각하는 색의 상태로서의 절대(현상을 전체성으로 인식).

3. 개체로서의 나 : 분리 개체의식Vyakti, 생명 현상의 구조물, 스스로를 독립된 몸-마음으로 착각하는 의식상태(현상을 독립된 개체로 인식).

마하라지는 그러나 이러한 구분이 그저 개념적인 것일 뿐 실제로는 존재할 수 없다고 반복하여 자주 강조했다. 마치 빛과 햇빛 사이에 본질적으로 아무런 차이가 없는 것처럼, 본질적으로 나타남(色)과 나타나지 않음(空) 사이에는 차이가 없다. 우주는 빛으로 가득 차 있지만, 햇빛처럼 표면에 반사되기 전에는 그 빛은 보이지 않는다. 그 햇빛이 나타내 보여주는 것이 개체로서의 나ego다. 육체의 형태를 가진 개인은 항상 대상이다. 목격자로서의 의식이 주체이고 그들은 상호 의존하는 관계다. 의식은 육체라는 기관이 없이는 나타날 수 없고, 육체는 의식 없이는 지각력을 가질 수 없다는 사실이, 의식과 육체는 기본적으로 일체라는 것을 증명하고 있다. 그 둘은 서로 같은 의식이며 하나는 변화된 다른 하나다. 그리하여 서로가 상대를 인식하는 같은 의식인 것이다.

나타난 우주 전체는 오직 의식 안에서만 존재한다. 개념화된 과정은 다음과 같을 것이다. 의식은 어떤 특별한 원인이나 이유도 없이, 순수한 절대 안에서 그냥 저절로 일어난다. 마치 바다 표면에 물결이 일어나듯이 의식 안에서 이 세상이 나타나고 사라진다. 우리는 이렇게 말할 수 있다. 존재하는 모든 것이 바로 '나'다. 모든 것이 시작되기 전에도, 모든 것이 끝난 후에도 나는 거기에 있다. 나, 너 그리고 그는 오직 의식 안에서의 나타남일 뿐이다. 모든 것이 근본적으로 바로 '나' 이다.

이 세상이 현상적으로 존재하지 않는다는 말이 아니다. 의식 안에서 출현한 이 세상은, 무지라는 가능성 위에 우리가 아는 것의 총합이다. 이 세상은 나타난다고 말할 수는 있지만 존재한다고 말할 수는 없다. 물론 나타남의 지속은 시간 단위의 다양한 척도에 따라 달라질 것이다. 이 세상이 깊은 잠에 빠지면 사라지고, 깨어나면 다시 나타난다는 사실을 무시하더라도 나타남의 지속은 각자에게 주어진 수명에 따라 다양하다. 하루살이에게는 몇 시간이 주어지고 장수하는 생명체에게는 오랜 시간이 주어지지만, 몇 시간이든 오랜 시간이든 궁극적으로 나타나는 모든 것은 끝이 있으며 실체가 아니다.

이러한 숭고한 주제에 대해, 근본 주제에서 벗어남이 없이 다양한 면에서 접근하는 마하라지의 설명 방식은 정말 놀랍다. "자각은 드러나지 않은 절대에서 드러난 절대인 존재성으로 스며든다. 의식이 있으므로 모든 지각력 있는 존재는 인식하기는 하지만, 자각하지 못하므로 개체로서의 나는 깨어 있지 않은 전체성의 일부다"라고 마하라지는 말한다.

본질적으로 순수 그 자체인 절대에는 어떠한 객관도 있을 수 없다. 이 단순 명백한 사실은, 절대는 어떠한 경험도 있을 수 없음을 또한 밝혀준다. 모든 경험의 수단은 내부의 자아의식에 의해서이다. 절대는 경험을 가능하게 하는 잠재력만을 제공하고 의식은 경험이라는 실제 움직임을 할 뿐이다.

개체의 절대자각과의 접촉은 오직 이분법적 대상화가 없을 때만 가능하다. 그때서야 개념화 과정이 멈추기 때문이다. 의식이 고요해지면 의식은 실체를 반영한다. 의식이 완전히 잠잠해질 때 대상화는 녹아버리고 오직 실체만이 남게 된다. 마하라지가 의식과 하나가 되어야 한다고 거듭 주장하는 이유가 바로 여기에 있다. 의식이 분리되면 실체는 사라지고 의식이 분별하지 않으면 실체가 나타난다. 마하라지는 다른 방식으로 이렇게 설명한다. 절대자각은 물질적 형태의 대상을 만나면 관찰자가 된다. 동시에 대상과의 자기 동일시 현상이 나타날 때는 개체가 된다. 실체에는 오직 하나의 상태만이 있다. 자기 동일시에 의해 손상되고 왜곡되면 개인ego이 되고, 존재감으로 색칠되면 관찰자가 되며, 왜곡되거나 색칠되지 않은 본래의 순수성으로 남게 되면 지고지순한 절대다.

개념적일지라도 절대자각과 그 안에서 우주가 나타나는 의식 사이의 차이에 대해서 명확히 할 필요가 있다고 마하라지는 반복해서 강조한다. 하나는 다른 하나의 반영일 뿐이다. 그러나 이슬방울 안의 태양의 반영은 태양이 아니다. 깊은 잠에서와 같이 대상화가 없으면 현상세계는 사라지지만, 의식이 깨어나면 다시 존재한다. 우리가 존재한다는 것은 명백히 현상세계가 존재한다는 것이고 현상세계가 존재한다는 것은 우리가 존재한다는 것이다. 나타나면 둘이고 사라지면 하나다. 지각되는 순간 개념적으로는 어쩔 수 없이 분리되지만, 지각되지 않으면 무조건 하나다.

해설 ▮ 절대와 상대는 하나다. 색과 공은 하나다. 나와 너는 하나다. 모든 것은 본래 하나다. 그것이 절대진리의 성품이다. 본래 하나인 절대성이 현상세계에 드러나는 순간 둘로 나누어진 상대성이 된다. 그래서 절대는 공(空)의 성품과 색(色)의 성품을 동시에 갖게 되었다. 그런데 공의 성품은 시비분별이 드러날 수 없기 때문에 문제될 것이 없지만, 색의 성품은 계속 나누어져서 시비분별이 끊임없이 이어진다. 그러나 색의 성품이 끊임없이 분열하면서 시비분별을 일으킨다 할지라도 그 모습 그대로가 진리임을 알아야 한다. 왜냐하면 선과 악이 비빔밥이 되어 돌아가는 모습 자체가 연기 법칙에 의해서 저절로 펼쳐지는 절대의 모습이기 때문이다.

이 세상에 진리가 아닌 것은 아무 것도 없다. 다만 연기적 존재로서 주체도 없이 생해서 인연 따라 잠시 살아가다가 때가 되면 멸해서 사라질 수밖에 없는 이 개체적 허상을 '나'라고 집착하고 매달리는 착각만이 진리가 아니다. 이러한 무지와 맹신에서 벗어나려면 고타마 붓다가 전해주신 '무아연기 법칙'을 깨달아야 한다.

절대자각과 의식

　마하라지가 방문객들과 나누는 대화의 두드러진 특징은 그의 말 한마디 한마디가 아주 자연스럽고 즉각적이며 자발적이라는 점이다. 대화 전에 어떤 주제가 정해진 것도 아닌데 그의 말은 언제나 신선하고 통쾌하다. 최근 몇 년간 일요일도 거르지 않고 날마다 하루 두 번씩 강의를 하는데 아무런 사전 준비도 없이 그토록 명쾌하게 강의할 수 있다는 사실은 놀라운 일이 아닐 수 없다. 이러한 특징과 더불어 또 한 가지를 말한다면 마하라지는 언제나 재미있는 웃음을 띠면서 이야기한다는 점이다. 무엇에 대해 이야기하는가? 오직 한 가지, 언제나 같은 주제인 당신과 나 그리고 모든 것의 본래성품에 대해서만 이야기한다.

　일반적으로 마하라지는 자신이 떠올린 주제에 대해 이야기하려 할 때 청중을 기다리게 하지 않는다. 가끔 그의 작은 다락방은 불과 15분 정도의 짧은 시간 안에 가득 차버리기도 한다. 그에 비해 겨우 서너 명밖에 없을 때도 있지만, 그런 것은 그에게 아무런 영향도 미치지 못한다. 심지어 단 한 명밖에 없더라도 하기로 마음먹으면, 그는 열정적으로 가르침을 베풀고 그것을 각자에게 연관시키며 그것을 바른 시각으로 보도록 만든다. 그는 언제나 전체적 관점에서 말한다. 그의 생각은 통섭적(統攝的)이다.

어느 날 아침 나 이외에 오직 두 사람 만이 있었는데, 마하라지가 갑자기 이야기를 시작했다. "절대와 의식 사이에 차이가 있다면 그것은 무엇인가?" 이런 일이 벌어지면 대부분의 사람들은 그가 대답을 바라는 건지, 아니면 그저 큰소리로 생각하고 있을 뿐인지 가늠하기가 어렵다. 사람들은 혹시 그의 생각의 흐름을 방해하지나 않을까 하여 대답하기를 망설인다. 그때 그는 이렇게 말하기도 한다. "왜 대답하지 않는가?" 그러나 그날 아침은 대답을 기다리지 않고 바로 말하기 시작했다.

마하라지 절대자각은 근원적인 것으로 세 가지 구나(Guna, 속성)를 초월한 것인 반면, 의식은 음식으로 구성된 몸에 의해 유지되고 제한 받는 것입니다. 음식으로 유지되는 몸-마음이 소멸되면 의식도 사라집니다. 아무도 죽지 않는다는 것을 주목하십시오. 다섯 가지 요소로 구성된 몸-마음은 생명이 사라지면 다섯 가지 요소와 섞여버리며, 세 가지 구나에 종속되는 의식은 그 구나로부터 해방됩니다.

절대자각은 시간과 공간의 개념에 선행하는, 이유도 지지도 필요 없는 근본적인 본래의 상태입니다. 그러나 본래의 상태에서 의식이 나타나는 순간, '나는 존재한다'는 생각이 일어나고 상대성의 조건을 야기합니다. 의식은 형체와 같이 있고 그 표면에서 반사되는 절대자각입니다. 태양 없이 태양의 반사가 있을 수 없습니다. 그러나 의식이 없어도 절대는 있을 수 있습니다. 예를 들면 깊은 잠 속에서는 의식이 없지만 절대자각은 분명 거기 있습니다. 왜냐하면 잠에서 깨어나면 잠을 잤다는 것을 알게 되기 때문입니다. 그러나 오직 깨어났을 때만 그것을 알 수 있습니다.

오직 의식만이 우리의 변함없는 친구며, 의식의 흐름에 지속적으로 주의를 기울이는 것이 우리를 근원이며 삶, 사랑, 기쁨인 절대자각으로 데려다준다는 것을 잊어버리면 안 됩니다. 의식하고 있음을 인식하는 것 자체가 이미 절대를 향한 움직임입니다. 의식은 그 속성상 외부 지향적이며, 항상 물질 자체에서 근원을 찾으려는 경향이 있습니다. 그러나 의식이 내면의 근원으로 방향을 바꾸면, 그것은 새로운 삶의 시작과 같습니다. 순수의식이 개체의식을 대신하게 됩니다. 개체의식의 착각인 '나는 존재한다'가 사라집니다. 절대자각에는 착각이 없으며 오직 전체적 의식일 뿐입니다.

마하라지는 가만히 앉아서 마음의 표면에 떠오르는 것을 관찰하는 것이 가장 훌륭한 수행이라고 말합니다. 우리가 생각이라고 부르는 것은 수면의 물결과 같습니다. 생각은 항상 옳고 그름을 따지며, 그것은 기존 개념의 결과로써 진정한 이해를 방해합니다. 마치 물결이 없을 때 수면이 잔잔해지듯이 의식도 생각에서 벗어나 전적으로 수용적일 때 고요해집니다. 의식이라는 거울에 온갖 것이 나타나 잠시 머물다가 사라질 것입니다. 가만히 오고 가는 것을 지켜보세요. 깨어 있지만 끌려가거나 배척하지 말아야 합니다. 빠져들지 않는 것이 중요합니다. 이런 조용한 관찰이 마치 원치 않는 손님이 무시당하듯 모든 쓸데없는 분별심을 서서히 몰아내는 효과를 발휘할 것입니다. 이와 같이 '내가 존재함'에 머물면서, 마치 감정이 없는 관찰자처럼 판단이나 간섭함이 없이 의식의 흐름을 관찰해야 합니다. 그러면 미지의 깊은 곳에 있는 근원이 의식의 표면으로 떠올라, 당신으로 하여금 근원의 신비를 이해할 수 있도록 지금까지 쓰이지 않았던 무한한 에너지를 풀어놓을 것입니다.

해설 ▎진리는 결코 언어로 표현될 수 없다. 그래서 선불교에서는 불립문자(不立文字), 언어도단(言語道斷)을 주장하기도 한다. 그럼에도 불구하고 언어를 쓰지 않고는 개념이 서지 않아서 서로 뜻이 통할 수 없다. 그래서 진리를 전달하는 깨달은 사람은 노자의 말처럼 "도를 도라고 말하면 그것은 이미 항상한 도가 아니다"라는 전제 하에 언어를 방편으로 사용한다. 보는 이들이 손가락에 매달리지 않기를 바랄 뿐이다.

절대자각Awareness은 본래성품, 순수의식, 의식 그 자체를 의미하고 의식consciousness은 현시된 의식으로서 자아가 존재한다고 생각하는 존재의식, 개체의식을 의미한다. 절대자각은 현상적으로 의식이 있거나 없거나 관계없이 영원히 지속되는 의식 그 자체로서 전체성을 표현한 것이다. 그에 반하여 의식이란 절대에서 투영된 전체성을, 나누어진 수천 조의 개체로 인식하고 그것들 중의 하나를 독립적으로 존재하는 '나'라고 착각하는 개체존재의식을 말한다. 그러므로 개체존재의식은 하나의 개체가 생해서 존재하는 동안에만 있다가 개체가 멸하는 순간 동시에 사라지는 한시적 상태인 것이다. 그러나 찰나에 생멸하는 개체는 허상이요 참나는 오직 영원한 절대임을 깨닫게 되면 개체존재의식은 사라지고 순수존재의식이 머무르게 된다.

시간과 공간의 구속

방문자 사람이 구속 받는 까닭은 시간과 공간의 결합 때문이라고 어디선가 읽은 기억이 있습니다. 그 후로 시간과 공간이 어떻게 구속을 낳는가 하고 의심해 왔습니다.

마하라지 먼저 우리가 말하려는 것에 대해서 명확히 해봅시다. 당신이 말하는 구속이란 것은 정확히 무엇입니까? 누가 구속 받는다는 겁니까? 당신이 실재라고 생각하는 이 세상에 만족한다면 당신이 말하는 구속이 어디 있을까요?

방문자 세상이 실재적으로 보인다는 것은 인정합니다만, 제가 이 세상에 만족하고 있다는 건 사실이 아닙니다. 대부분의 사람들은 뚜렷한 목적도 없이 일상적으로 살아가고 있습니다. 하지만 저는 그저 그렇게 살아가는 삶 이상의 것이 틀림없이 있다고 깊이 확신하고 있습니다. 이러한 관점에서 삶 그 자체가 구속이라고 생각하는 것입니다.

마하라지 당신이 '나'라고 말할 때 그것은 정확히 무얼 의미하는 겁니까? 당신은, 어렸을 때는 장난감을 갖고 놀며 즐거워하는 한낱 어린 아이에 불과했고, 점차 성장하여 코끼리와 상대할 만큼 힘이 센 젊은이가 되었을 때는 이 세상 어느 것도 두려워하지 않았습니다. 중년이 된 지금은 조금 늙긴 했지만 가족과 함께 삶이 주는 기쁨을 누리면서, 당신은 자신을 축복 받은 행복하고 성공적인 사람으로 생각하고 있습니다. 지금의 당신은 젊었을 때 당신이 상상했던 이미지와는 전혀 다릅니다. 그와 같이 10년 후나 20년쯤 후의 당신의 모습을 상상해보세요. 그때의 당신의 이미지는 그 이전의 어떤 이미지와도 다를 겁니다. 이 많은 당신의 이미지 중에 어떤 것이 진정한 당신입니까? 이것에 대해 생각해본 일이 있습니까? 이 중에 항상 당신 곁에 남아 변한 적도 없고, 앞으로도 변하지 않을 진정한 당신이라고 부를 만한 특별한 실체가 있습니까?

방문자 선생님의 말씀대로 저 자신에 대해 잘 생각해보지도 않고 '나'라는 단어를 쓴 것 같습니다. 제가 저라고 생각했던 것은 모두 세월이 흘러감에 따라 변하는 것이었군요.

마하라지 그 숱한 세월에 다른 모든 것이 변하였지만, 변하지 않은 어떤 것이 있습니다. 그것은 바로 시종여일한 존재감, 당신이 '존재한다'는 의식입니다. '나는 존재한다'는 이 느낌은 변한 적이 없습니다. 이것이 바로 당신의 변함없는 모습입니다. 당신은 지금 내 앞에 앉아 있습니다. 이것은 굳이 다른 사람의 확인을 받을 필요도 없고 의심할 나위도 없는 사실입니다. 마찬가지로 당신도 당신이 존재한다는 것을 잘 알고 있습니다. 어느 때, 당신이 존재한다는 것을 느끼지 못하는지 말해보세요.

방문자 잠잘 때나 의식이 없을 때는 내가 존재한다는 사실을 모릅니다.

마하라지 그렇습니다. 더 나아가봅시다. 당신이 아침에 잠에서 깨어나는 첫 순간, 의식이 다시 막 돌아오는 그 순간에 의식의 존재감, 개체인 사람으로서가 아닌 존재한다는 존재감 그 자체를 느끼지 않나요?

방문자 네, 그렇습니다. 제 몸과 주변의 다른 것들을 보게 될 때 비로소 개체로서의 내가 존재하게 된다고 말할 수 있습니다.

마하라지 당신이 사물을 본다는 것은, 실제적으로는 당신의 감각들이 외부, 즉 당신의 육체 바깥에서 온 자극에 대해 반응한 겁니다. 그리고 당신의 감각들이 받아들이고 마음이 해석해낸 것은 의식 속에 투영된 것에 불과합니다. 그러나 이 의식 속의 나타남은 시간과 공간으로 확장되어 하나의 사건으로 해석됩니다. 모든 나타남은 시간과 공간이라는 개념이 아주 강하게 얽어진 상태에 의존하여 일어납니다. 다시 말해서, 시간과 공간이라는 조합이 없이는 어떠한 나타남도 의식 안에서 일어날 수 없습니다. 내 말이 이해됩니까?

방문자 선생님의 말씀 잘 이해하겠습니다. 그러나 그 과정에서 개체로서의 제가 끼어드는 곳은 어디입니까?

마하라지 그것이 바로 문제의 핵심입니다. 모든 존재는 끊임없는 대상화 과정에 있습니다. 우리는 단지 상대방의 대상으로만 존재합니다. 따라서 우리를 인지하는 의식 안에서만 존재합니다. 깊은 잠 속에서처럼 대상화가 중단될 때에는 대상으로서의 현상세계는 사라져버립니다. 사람이 자신을 전체에서 분리된 한 개체로 생각하는 한, 개체일 수 없는 실체의 전체적 모습을 볼 수 없습니다. 자신을 분리된 개체로 보는 것은, 나타남을 인지할 수 있게 하는 매개물에 불과한 시간과 공간이라는 환상 때문입니다. 시간과 공간은 저 스스로는 존재할 수 없는 개념에 불과합니다. 어느 때건, 오직 하나의 생각이나 느낌 혹은 지각만이 의식 안에서 반영될 수 있습니다. 그러나 생각이나 느낌 혹은 지각은 순차적으로 옮아감으로써 존속이라는 착각을 낳습니다. 개체로서의 나는, 지금을 과거와 연계시키고 미래로 투사하는 기억 때문에 존재하게 됩니다. 과거나 미래가 없는 찰나로 당신 자신을 생각해보십시오. 그때 개체로서의 나는 어디에 있습니까? 이런 식으로 당신 자신을 찾아보세요. 과거나 미래라는 것은 없습니다. 과거의 기억이나 미래의 추측조차도 지금 여기에서 이루어질 뿐입니다. 그리고 이러한 모든 정신적 상태는 관찰대상으로 작용합니다.

방문자 이해할 것 같습니다. 이제 고요히 앉아서 새로운 생각의 방식을 완전히 받아들이도록 해야겠습니다.

마하라지 의식과 함께, 나타남을 지각할 수 있도록 해주는 시간과 공간이 어째서 범인인지, 이제 이해하겠어요? 당신이 진실로 말할 수 있는 것은 '실체로서 나는 존재한다I AM THAT' 입니다. 분리된 개체로서의 '나' 라는 생각이 떠오르는 순간, 바로 구속이라고 부르는 것이 존재하게 됩니다. 이것을 깨닫는 것이 모든 구도의 끝입니다. 당신이 당신 자신이라고 생각하는 모든 것이 기억과 기대에 기초하고 있을 뿐임을 깨닫게 될 때, 당신의 탐색은 끝나고, 착각을 착각으로 바로 보는 전적인 깨달음으로 우뚝 서게 될 것입니다.

해설 ┃ 인간의 의식은 태어나는 순간부터 우주현상계의 틀 속에 제한된다. 우주의 틀 안에서는 시간과 공간이라는 개념이 없이는 그 무엇도 존재할 수 없으므로 인간의 의식은 시간과 공간을 필요에 의해 만들어진 개념이 아닌 실재하는 것으로 착각하게 되는 것이다. 꿈을 예로 들어보자.

잠을 잘 때 의식이 열리면 한순간에 의식 안에 꿈의 세계를 투영시킨다. 꿈속에 등장하는 사람이나 사물을 인식하기 위해서 시간과 공간이라는 개념이 필요하게 된다. 꿈은 실체가 없는 환상임이 분명한데도 말이다. 이처럼 꿈속의 등장인물들은 거짓으로 꾸며진 시간과 공간을 실재하는 것으로 착각한 채 그 속에서 삶을 펼쳐 나가고 있다. 그러나 의식이 깨어나는 순간 시간과 공간은 홀연히 사라지고, 그뿐 아니라 그것들을 필요로 했던 꿈의 세계 자체가 사라져버리는 것이다. 인간은 절대진리가 꾸는 우주라는 꿈의 세계에 들어 있는 허깨비이기 때문에 시간과 공간을 실재하는 것으로 받아들인다. 꿈속의 존재가 꿈속에 펼쳐진 시간과 공간이 단지 환상에 불과하다는 것을 알 수 없듯이 우주라는 현상세계에서 하나의 독립적인 실체로 살아가고 있다고 확신하고 있는 사람들 역시 시간과 공간뿐만 아니라 자기 자신을 비롯한 우주 전체가 단지 절대진리가 꾸는 한순간의 꿈이라는 것을 모른다.

깨달은 사람은 세상을 어떻게 보는가

한 여자 방문객이 뭄바이(서인도에 위치하여 유럽과 가장 왕성한 교류가 이루어지는 항구도시로서 영국의 지배를 받으면서 200여 년 동안 봄베이로 불리다가 독립 후 1995년 7월 28일에 인도식 이름인 뭄바이로 개명되었다. 이 책의 원문에는 봄베이로 되어 있으나, 현재의 지명에 따라 모두 '뭄바이'로 수정했다—옮긴이)에서의 마지막 날임을 들어, 스스로 생각해봐도 '어리석은 질문'이지만 해도 괜찮겠느냐고 마하라지의 허락을 구했다.

마하라지 모든 생각이나 욕망 또는 성스러운 것과 그렇지 않은 것 등의 구분은 모두 자기 자신으로부터 나오는 것입니다. 지금 당신이 말하는 "어리석은"이라는 것도 마찬가지입니다. 그게 다 행복해지고자 하는 욕망에서 나오는 것이며

'나는 존재한다'는 생각에 기초하는 것입니다. 그것들의 수준은 개인의 의식 상태와 세 가지 구나의 우세한 정도에 따릅니다. 타마스Tamas는 구속과 타락을 만들어내며, 라자스Rajas로는 힘과 열정을 만들어내고, 사트바Sattva로서 조화와 다른 사람들을 행복하게 하려는 충동을 만들어냅니다. 자, 당신의 질문은 뭔가요?

방문자 지난 며칠 동안 선생님의 말씀을 들으며 시간이 너무나 빨리 흘러가버린 것이 안타까웠습니다. 선생님의 말씀은 아무런 사전 준비도 안 되어 있던 제 가슴에 스며들었습니다. 저는 줄곧 선생님은 바로 앞에 앉아 있는 사람을 포함하여 눈에 보이는 대상을 어떻게 보시는지 궁금했습니다. 오늘이 제가 함께할 수 있는 마지막 날이기에, 어리석은 질문이지만 꼭 여쭤봐야겠다고 생각하였습니다.

마하라지 대체 왜 내가 당신을 대상으로 보고 있다고 생각합니까? 당신은 내가 사물을 볼 때, 당신이 알지 못하는 특별한 상태로 본다고 가정하고 있습니다. 당신의 질문은, 있는 그대로 볼 줄 아는 깨달은 사람들에게 사물들은 어떻게 인지될까 하는 것입니다. 대상이 존재한다는 것은 그것을 인지하는 사람의 인식작용에 의한다는 것을 기억하세요. 그러므로 뒤집어 말하면 대상을 인지하는 것이 대상입니다. 이것을 이해하도록 하세요. 어떠한 대상이 대상으로 보이려면 대상이 아닌 주체가 있어야만 합니다. 그러나 깨달은 사람이 인지할 때에는 보는 주체도 없고 보여지는 대상도 없습니다. 오직 '봄'이 있을 뿐입니다. 다시 말해서 깨달은 사람의 의식은 감각 기능의 해석을 통하여 나타나는 분별심 이전의 전체성입니다. 현상세계의 대상화 과정이 일어나더라도 깨달은 사람은 근원에 입각하여, 거짓을 거짓으로 바로 봅니다. 깨달은 사람은 통각 상태에서, 보는 자와 보이는 대상이 오직 의식 안에서 일어나는 단순한 물리적 작용에 의한 것임을 인지합니다. 만들어내는 것과 인지하는 것, 둘 다 의식 안에서 의식에 의해 이루어집니다. 이것을 이해하도록 하십시오.

간단히 말해서 깨달은 사람의 바라봄은 통각의 바라봄이요, 내면의 바라봄이며, 직관의 바라봄이자 대상이 없는 바라봄입니다. 그리고 그러한 바라봄이야말로 속박으로부터의 자유입니다. 이것이 다음과 같이 말할 때 내가 의미하는 뜻입니다.

"나는 보되 보지 않는다."

이것이 어리석은 당신의 질문에 대한 어리석은 대답입니다.

해설 ❙ 실제로 강의를 하다보면 이와 유사한 질문들을 많이 받게 된다. 이러한 궁금증은 그동안 모든 종교에서 깨달은 사람을 신비스럽고 성스러운 개체적 존재로 믿게 하고, 깨달음의 상태를 비현실적 초월성으로 부각시켜, 일반 대중의 인식 체계를 혼란에 빠뜨린 데 기인한다. 그러나 단도직입적으로 말해서 깨달은 사람이라고 해서 보통사람들과 다른 점은 단 한 가지도 없다. 밥 먹으면 똥 싸야 하고 맞으면 아프다. 기쁘면 웃고 슬프면 운다. 산을 보면 산이라 하고 물을 보면 물이라 한다. 사물을 바라보고 인식하는 것은 똑같다. 단 한 가지 다른 점은 모든 사람들이 실재라고 믿고 있는 세상과 사물과 대상 그리고 그 모든 것을 관찰하고 있는 나라는 존재가 허상임을 안다는 것이다. 우주를 포함한 모든 존재는 연기적 존재(스스로 존재할 수 없고 혼자 존재할 수 없다)이기 때문에 주체적 자아라고 말할 수 있는 개체는 없다(무아). 그래서 범부는 산을 볼 때 독립적 실체로서 산을 보고 물을 볼 때 또한 독립적 실체로서 물로 인식하지만 깨달은 사람은 산을 볼 때 연기적 존재로서 실체가 아닌 투영된 현상으로서 산을 보고 물을 볼 때도 단순한 현상으로서 물을 본다.

마하라지가 "나는 보되 보지 않는다"고 말한 것의 의미는 보는 현상만 있을 뿐 보는 자는 없다는 뜻이고 행위라는 현상만 있을 뿐 행위자는 없다는 뜻이다. 이것은 무아연기 법칙을 깨달은 사람만이 인지할 수 있는 통각법이다. 관찰자로서 대상을 보는 분별법이 아니라 나와 너, 여기와 저기, 이것과 저것을 통째로 묶어서 전체성을 동시에 바라보는 관법이다. 이것을 깨달으면 산은 현상으로 또렷한 산이요, 물도 현상으로 또렷한 물일 뿐 그 안에 주체가 없으므로 더 이상 실체라고 속지 않게 된다.

진리의 증거

"진리를 증명할 수 있을까?" 때때로 마하라지는 자기 자신에게 묻듯 이렇게 질문을 던진다. "과연 지성으로 진리를 파악할 수 있을까?" 구도자는 진리의 기본 핵심을 파악하기 위해 예리한 지성은 제쳐두고 믿음을 가져야 한다고 마하라지는 말한다. 그리고 이 믿음은 스승의 말을 진리로 받아들일 정도의 믿음이어야 한다. 믿음은 구도의 첫걸음이며, 우선 이 첫 발을 내딛지 않고서는 더 이상 나아갈 수가 없다. 예리한 지성을 갖지 못했을지라도 믿음이 깊고 순수한 의식을 가진 사람들이 있다. 그들에게 마하라지는 만트라Mantra를 주어, 그들의 의식이 진리를 받아들일 수 있을 정도로 정화될 때까지 낭송Chant하고 명상하라고 가르친다.

그러나 지적인 사람과 대화할 때에는 다른 방법을 써야 한다. 그들은 여러 종교에서 전하는 바와 거기에서 말하는 윤리와 도덕,

또한 거기에서 말하고자 하는 형이상학적 개념들을 이해하고 있다. 그러나 그들은 여전히 깨닫지 못한 채로 남아 있다. 그들이 진정으로 찾고자 하는 것은 어떠한 변화에도 좌우되지 않는 불변의 진리이다. 더 나아가 진리의 증거를 찾고자 한다. 그러나 어떠한 종류의 증거가 자신을 만족시켜줄지에 대해서는 말을 하지 못한다. 그런 증거들이란 그 자체가 시간과 공간에 종속되는 것들이고, 지적인 사람들은 이런 사실들을 잘 알고 있다. 진리란 시간과 공간의 제약을 벗어난 것이어야 한다. 진리가 진리로 되기 위해서는 시공을 초월해야만 한다.

마하라지는 말한다. "어떠한 지적인 사람이라 할지라도 존재의 느낌인 '나는 존재한다'가 모든 지각력 있는 존재가 알 수 있는 유일한 것이고, 그들이 가질 수 있는 유일한 증거임을 인정해야 한다"라고. 그러나 단순히 존재한다는 것은 진리와 동일시될 수 없다. 존재함 자체는 실재처럼 시간과 공간을 초월하는 것이 아니기 때문이다. 눈 먼 사람이 이렇게 물을 수 있을 것이다. "색깔이 있다는 것을 증명해보세요. 만약 그렇게 한다면 당신이 말하는 무지개에 대한 온갖 아름다운 묘사를 믿겠습니다." 마하라지에게 이러한 질문이 놓일 때마다 그는 다음과 같이 답한다. "뭄바이, 런던, 뉴욕 같은 곳이 있다는 것을 나에게 증명해보세요. 모든 곳은 같은 지구이며 똑같은 공기와 물과 불과 하늘입니다. 다시 말해 대상으로는 진리를 구할 수도 없으며 묘사할 수도 없습니다. 진리는 암시되거나 방편으로 가리켜 보일 수는 있지만 말로 표현될 수 없습니다. 왜냐하면 진리는 이해할 수 있는 것이 아니기 때문입니다. 이해된 것은 대상이 되겠지만 진리는 대상이 아닙니다." 마하라지의 표현대로 진리라고 증명되고 날인된 어떤 물건으로서의 진리를 구입할 수는 없다. 진리의 증거를 찾고자 하는 시도에는 주체와 객체로 나누어진 마음이 내재되어 있으며, 설사 그렇게 하여 뭔가 답을 얻었다고 해도 그것은 진리가 될 수 없다. 왜냐하면 근본적으로 순수 주체인 진리에는 대상이 없기 때문이다.

이러한 모든 과정이 마치 자신의 꼬리를 잡으려고 맴도는 강아지와 같다고 마하라지는 말했다. 이 수수께끼에 대한 해답을 찾기 위해서는 문제 자체를 분석해야만 한다. 진리나 실체의 증거를 원하는 사람은 과연 누구인가? 우리는 우리가 무엇인지를 명확히 이해하고 있는가? 모든 존재는 대상이다. 우리 모두는 의식 안에서 나타나는 대상으로서만 존재한다. 다른 사람의 의식이 지각하는 대상으로서가 아닌, 실체의 증거를 찾고자 하는 '나'(개체성)라는 것이 존재한다는 어떠한 증거가 과연 있을까?

진리의 증거를 찾고자 시도하는 것은 마치 그림자가 실체의 모습을 찾고자 하는 것과 같다. 그러므로 마하라지는 거짓을 거짓으로 보면 진리를 찾는 일은 더 이상 없을 것이라고 역설한다.

"내가 이야기한 것을 이해하겠습니까?" 그는 묻는다. "상황이 직감으로 느껴지지 않습니까? 찾고자 하는 대상이 바로 찾는 사람 자신입니다. 눈이 눈을 볼 수 있습니까?" 그는 다음과 같이 말한다. "참나는 시간과 공간을 넘어서 있기에 감각으로 지각할 수 없습니다. 우리가 분리된 대상으로 나타나 보일 때, 일시적이고 한정되고 감각으로 지각되는 것입니다. 당신이 태어나기 전에는 어떠했는가를 생각해보십시오. 그 상태에서 어떤 증거가 필요했나요? 상대적 존재 안에서만 증거에 대한 의문이 일어납니다. 그리고 상대적 존재라는 테두리 안에서 얻어지는 모든 증거는 오직 거짓일 수밖에 없습니다!"

해설 ┃ 구도자들은 수행을 할 때 자신을 관찰자로 진리를 대상으로 놓고 탐구하고 깨달으려 한다. 그래서 시공을 초월한 상태를 궁금해 하고 말없이 통한다는 이심전심 법이나 선악을 초월해서 행한다는 무애자재행, 상대방의 마음을 훤히 꿰뚫어보는 것 등의 육신통을 갈구한다. 그리고 마침내 한 개체가 이 모든 과정을 무사히 통과하게 되면 드디어 성불한다고 믿는다. 불교에서는 깨달음을 '성불' 이라고 말하는데, 그 뜻은 '부처를 이루었다' '부처가 됐다' 는 것이다. 그래서 한 개인으로서 석가모니가 깨달은 사람, 즉 붓다가 되었다고 믿는다. 그리고 석가모니가 진짜 깨달은 사람임을 증명하기 위해서 경전에서는 석가모니를 온갖 신통술을 부리는 요술쟁이로 표현해 놓았다. 그러나 정작 붓다 자신은 깨달은 진리가 무아연기임을 설파하면서 개체로서의 자신을 부정했다.

"이 세상 모든 존재는 타에 의해 생해서 타와 더불어 존재하다가 타에 의해서 멸할 수밖에 없는 존재이므로 주체성이 없는 허상이기에, '나'라고 말할 수 있는 것은 없다."

즉 석가모니 자신을 비롯한 모든 존재가 무아연기적 허상체임을 바로 아는 것이 깨달음이라는 것이다. 자아를 완성시켜 성불한다는 생각은 개체인 이놈을 '주체로서의 나'라고 착각한 상태에서 일어나는 에고적 발상이다. 참나인 절대성은 의식이 시비분별의 착각에서 완전히 벗어난 상태를 말한다. 이것이 절대의식이다. 즉 내가 태어나기 이전 상태, 시공의 제한을 초월한 상태, 시비분별에 속지 않는 의식 상태로서 모든 것이 하나인 절대성이다.

라마의 본래성품

　여러 부류의 사람들이 서로 다른 목적을 가지고 마하라지를 찾아온다. 대개 마하라지는 대화를 시작하기 전에 새로 방문한 사람들의 신상에 대해서 묻는다. 가족 관계라든가 직업, 그리고 영적 수행에 대해 얼마 동안이나 관심을 가져왔고 어떤 방식으로 공부해왔는지, 또한 자신을 방문한 이유 등에 대해서 말이다. 그런 방법으로 그들을 어떻게 도와야 할지 알아보는 것이다. 동시에 이는 다른 방문객들에게도 도움이 되도록 하려는 마하라지의 배려이다.

　대부분의 방문객들은 질문된 사항에 대해서만 간단히 대답하였고, 그들 중 다수의 사람들이 마하라지의 책 《아이 앰 댓》을 읽었으며, 직접 만나서 그의 말씀을 듣고 싶어 왔노라고 말했다. 그럴 경우 마하라지는 미소를 지으며 고개를 끄덕였다. 누군가 특별한 질문을 하고자 하면 대화가 좀 더 쉽도록 가까이 다가와 앉으라고 하였다. 질문이 없는 사람들은 뒤쪽에 앉았다.

한번은 대화가 막 시작될 즈음에, 두 명의 중년 신사가 걸어 들어와 마하라지에게 경의를 표하고 앉았다. 그 중 한 사람은, 자신은 정부의 고위관리인데 영적인 문제에는 관심이 없노라고 마하라지에게 말했다. 그는 단지 영적인 문제에 깊은 관심을 가지고 있는 자기 동생을 소개하려고 방문한 것이었다. 같이 온 그의 동생을 소개한 후에 그는 떠났다.

동생이 이어서 마하라지에게 자신은 수년 동안 한 스승을 섬겨왔는데 지금은 돌아가셨다고 말했다. 그는 스승으로부터 라마 Rama라는 만트라(주문)를 받았고, 그 말을 가능한 한 자주 반복해서 외는 것이 최선의 수행이라는 말을 듣고 그 가르침에 따라 수행해왔다고 말했다. 그리하여 모든 것에 라마가 내재하고 모든 것이 라마인 경지에 도달했으며 말로서는 표현할 수 없는 평화와 기쁨을 얻었노라고 말했다. 그는 이 모든 것을 마치 마하라지를 포함하여 그 방 안에 있는 모든 사람들을 위해서 자신이 큰 비밀이라도 누설하는 것처럼 말했다. 말을 마치자, 그는 자기 말이 어떤 효과를 나타냈는지 살펴보기 위해 주위를 둘러보고는 기분 좋은 자기만족으로 미소 지으며 눈을 지그시 감고 앉아 있었다.

마하라지는 평온하고 잠잠한 표정이지만 특유의 눈빛을 발하면서 자신이 어떻게 해야 도움이 될 수 있겠느냐고 공손히 물었다. 그러자 그 신사는 거절의 표시로 오른손을 내저으며, 자신은 어느 누구의 도움도 필요로 하지 않고 다만 몇몇 사람들이 한 번만이라도 꼭 참석해보라고 강권해서 와본 것뿐이라고 말했다. 마하라지는 그러면 그의 수행에 특별한 목적이 있느냐고 물었다.

방문자 명상에 들어 있으면, 사랑스러운 라마 신(神)의 모습을 자주 보게 되고 지고의 기쁨을 누립니다.
마하라지 명상을 하지 않을 때는 어떤가요?
방문자 라마에 대해 생각하고 모든 사람과 모든 것에서 라마를 봅니다.

마하라지는 즐거운 표정으로 그의 이야기를 듣다가 다시 그 특유의 눈빛을 반짝이기 시작했다. 마하라지를 자주 방문하는 우리들은 무슨 일이 일어날지 바로 알아챘다. 그 특유의 눈빛은 마하라지가 가끔 헛된 주장이나 환상을 깨뜨려주는 일침을 가하기 직전에 나타내 보이는 모습이었기 때문이다.

마하라지 '라마'가 뭘 의미합니까?
방문자 무슨 말입니까? 라마는 라마일 뿐입니다.

마하라지 나에게서 라마를 보고 개나 꽃에서도 라마를 본다면, 그 라마가 도대체 뭘 의미하는 겁니까? 정확히 어떻게 라마를 봅니까? 전통적인 형상으로 활을 어깨에 걸치고 화살 통에 화살을 넣어 가지고 있는 모습입니까?

방문자 (약간 당황하여) 예, 그래요.

마하라지 당신이 명상 속에서 라마를 보며 느낀다는 평화와 기쁨이란 게, 보통 사람들이 작열하는 태양 아래서 땀을 뻘뻘 흘리며 오랫동안 걷다가 커다란 나무 그늘 아래 앉아 시원한 바람을 맞으며 얼음냉수를 마시는 그런 기분과 같지 않나요?

방문자 그 둘은 비교할 수 없습니다. 하나는 육체적인 것이고 다른 하나는 영적인 것이기 때문입니다.

마하라지 좋습니다. 그러면 당신의 수행이 당신의 진정한 본성을 명확히 이해할 수 있게 해줍니까?

방문자 무엇 때문에 그런 것을 따져야 합니까? 라마는 신이고, 나는 그 신에게 순종하는 연약한 인간이란 말입니다.

마하라지 순종 그 자체는 매우 훌륭하고 효과적인 수행입니다. 그러나 우리는 순종이라는 말이 진실로 무엇을 의미하는지 명확히 이해해야만 합니다. 당신은 라마가 왕자로 태어나긴 했지만 당신과 같은 평범한 인간이었고, 현명한 바시쉬타Vasishtha의 가르침을 받고 깨달은 후에야 신으로 추앙받게 되었다는 사실을 알고 있나요? 그렇다면 바시쉬타가 젊은 라마에게 전수해준 가르침은 무엇이었을까요? 그것이 바로 우리의 진정한 본성에 대한 지혜가 아니었겠어요?

당신이 수년간에 걸쳐 얻은 모든 환상적 개념들을 내던지고, 당신 자신에서부터 시작하길 바랍니다. 이런 것들을 생각해보세요. 나의 진정한 본성은 무엇인가? 내가 가지고 태어난 자산은 무엇이며, 내가 존재한다는 인식을 가진 후에도 충실하게 변함없이 나에게 남아 있는 것은 무엇인가? 어떻게 해서 프라나Prana(생명력)와 함께 육체를 얻게 되었고, 나에게 존재감을 주는 의식을 얻게 되었는가? 이 모든 것이 얼마나 지속될 것인가? 이 몸이 생겨나기 전에 나는 무엇이었는가? 이 몸이 흩어진 후 나는 무엇이 되는가? 누가 진정 태어났고 누가 죽는가? 나는 무엇인가? 라마를 인간에서 신으로 변화시킨 것은 바로 이러한 지혜였습니다.

이쯤에 이르자 그 신사는 자신의 수행에 무언가 크게 부족한 것이 있다는 것을 가슴 깊이 깨닫게 되었다. 그는 수행의 궁극적 목적에 대해서 깊이 생각해보지도 않은 채 수행을 해왔던 것이다. 그는 마치 깨달은 사람인 양 허세를 부리던 자세를 버리고, 아주 공손한 태도로 뭄바이에 머무는 며칠간 다시 찾아뵈어도 좋겠냐고 물었다. 마하라지는 자신을 다시 찾아오겠다는 열망의 성실함과 진지함이 있다면 언제든지 허락한다고 따뜻하게 말했다.

해설 ▎ 인도에 가면 정말 신의 나라에 온 듯한 환상에 빠진다. 12억에 달하는 인간들이 그 넓은 땅덩어리 방방곡곡에 신전을 지어놓고 성스러운 분위기를 연출하며 매일 신에게 경배하는 모습을 볼 수 있다. 힌두교의 신은 지역마다 달라서 그 숫자가 공식적인 것만도 2~3만에 달한다고 한다. 그 종류도 다양해서 영적인 신, 인격적인 신, 동물신, 자연신, 물질신 등 개념화할 수 있는 온갖 종류의 신을 만날 수 있다. 인도에서의 삶은 이처럼 평생을 이름도 다 알 수 없는 신들을 경배하면서 흘러간다.

현대인들의 정신세계를 휘어잡고 있는 양대 종교는 서양을 대표하는 기독교와 동양을 대표하는 불교라 할 것이다. 기독교는 애초부터 "예수를 믿어야만 천국에 갈 수 있다"라고 주장하는 타력신앙이니까 거론할 필요조차 없다. 그러나 불교는 다르다. 붓다는 결코 신이 아니다. "나를 믿으면 너희를 고통에서 구원시켜주겠다"고 말한 적이 없다. 오히려 죽기 직전에 "너희들은 나를 믿지 말고 법을 등불 삼고 자기 자신을 등불 삼아 정진하라"고 당부했다. 불교는 자력으로 수행해서 깨달음에 이르는 종교다. 그러나 현대 불교는 붓다를 경배의 대상인 신으로 만들어놓고 염불이나 하면서 복을 빌고 있다. 이러한 오늘날의 불교 모습을 보면서 인도에서 체험한 맹신의 열기가 느껴지는 것은 무슨 까닭일까?

시비분별에 대하여

 마하라지는 이야기의 주제가 무엇이든 질문과 대답이 주제에서 벗어나지 않도록 이끌었다. 누군가 주제에서 벗어난 질문을 하게 되면 단호하면서도 부드러운 어조로 본래의 주제로 되돌려 놓았다. 그러나 가끔 어떤 일로 마하라지가 자리를 비울 때가 있다. 그런 잠깐 사이에, 누군가가 그날 조간신문에 난 유명한 정치가에 대한 이야기를 꺼냈다. 그는 자신이 그 정치가를 개인적으로 아는데 아주 교만한 뚱쟁이라고 했다. 그러자 또 한 사람이 즉각 반박하고 나섰다. 그 정치가는 흠잡을 데 없는 신사이며 그를 험담하는 것은 중상모략일 뿐이라며 핏대를 세웠다. 두 사람의 언쟁이 불붙으려 할 때 마하라지가 돌아왔다. 방 안은 이내 조용해졌다. 갑작스러운 침묵을 감지한 마하라지는 무슨 일이 있었느냐고 물었고, 그들의 상반된 의견을 듣고서는 아주 재미있어했다. 마하라지는 잠시 동안 조용히 앉아 있더니 입을 열어 이렇게 말했다.

마하라지 어째서 이러한 상반된 견해가 생길까요? 총체적인 인식에 서 있지 않고 개인적인 관점에서 보았기 때문에 이러한 상반된 견해가 일어난 것입니다. 똑같은 사람에 대한 두 가지의 이미지는 단지 보는 사람의 상상에 의해 일어나며, 둘 다 그들의 정신적 산물로서 기본적으로 논쟁 대상이 된 그 사람과는 전혀 관련이 없습니다. 이런 이미지가 만들어지는 것은 나와 남을 둘로 보는 분별심 때문입니다. 이것이야말로 진정 원죄라고 불리는 것이며, 나와 너라고 둘로 나누는 분별이 속박입니다. 해방이라는 것이 만약 있다면 바로 이러한 나와 너라는 관념으로부터의 해방입니다.

본래 우리에게 정말 필요한 것은 대상으로서의 사물에 대해 개념적으로 판단하는 일을 그치고, 의식을 절대 근원 쪽으로 되돌리는 것입니다. 어린 아이와 같은 상태로 돌아가고, 더 나아가서 이 육체가 태어나기 이전의 자신은 무엇이었는지 생각해야 하며, 개념화를 멈추고 정신적 이미지에 불과한 것에 말려들지 말아야 합니다.

이때 한 방문객이 말했다.

방문자 선생님께서 말씀하시고자 하는 바를 명확히 알겠습니다. 그러나 사람의 삶이라는 것이 모두 의식에 의해 일어나는 건데 어떻게 이런 상대적 인식인 개념화에서 벗어날 수 있겠습니까?

마하라지는 질문한 사람을 뚫어지게 응시하다가, 그의 질문을 마라티어로 통역하는 것이 채 끝나기도 전에 호통을 쳤다.

마하라지 어리석기는! 당신은 내 말을 전혀 이해하지 못했군요. 만일 이해했다면 그런 질문이 나올 수 없습니다.

그러고 나서 그는 객관화 과정에 대하여 설명해나갔다.

마하라지 당신의 감각이 인식하고 마음이 해석해낸 것들 모두는 의식 안에서 시공으로 확장되어 나타난 것이며, 지각된 대상을 자기 자신과 분리되어 있다고 인식하는 착각 때문에 대상화된 것입니다. 모든 잘못이 바로 여기에 있습니다. 이 과정에서 인식이 전체적이지 못하게 되는 것입니다. 필요한 것은 전체적으로 보는 것입니다. 분리된 마음인 개체적 마음으로 보는 것이 아니라, 내면으로부터 보는 것, 근원으로부터 보는 것입니다. 현상으로 나타난 것으로 보는 것이 아니라 모든 것을 보는 그 근원으로부터 보는 것입니다. 그때, 오직 그때에만 전체적인 인식, 바른 봄과 이해가 있게 됩니다.

마하라지는 자신이 말한 것이 매우 중요하며, 단지 말로만 토의할 것이 아니라 이것에 대해 깊이 숙고하고 명상할 필요가 있다며 말을 마쳤다.

해설 ▍ 절대진리가 자기 자신을 인식하는 순간, 본래 하나였던 것이 관찰자와 대상으로 나누어진다. 본래 하나인 절대진리가 현상세계에 그 모습을 드러낼 때는 반드시 상대성의 모습으로 나타난다. 그러므로 현상세계에 투영된 개체적 존재는 양면 중에 한쪽에 속할 수밖에 없다. 나는 네가 될 수 없고 너는 내가 될 수 없다. 본래 하나인데도 현상세계에 나타나면 나누어져서 따로따로 존재하는 것처럼 착각하게 되어 있다. 이것이 바로 참나인 절대와 거짓나인 개체적 존재의 관계성이다.

개체적 존재는 의식도 개체의식으로 제한되어 있어서 자신이 본래 절대진리라는 사실을 모른 채 존재하게 된다. 개체의식은 자기중심적 사고방식을 가지고 있기 때문에, 모든 것을 자기 의식수준에서 옳고 그름을 따지게 된다. 그런데 사람마다 의식수준과 가치기준이 다르기 때문에 어떤 인물이나 어떤 사건에 대한 평가의 절대적 기준이란 것은 없다. 각자의 기준에 의한 평가가 난무하다 보니 항상 시끄럽고 싸움이 끊이지 않는 아수라장이 되는 것이다. 시비하고 분별 짓는 연속된 어리석은 삶을 벗어나려면 '나는 본래 절대'라는 사실을 깨달아야 한다. 그러면 매사에 한쪽으로 치우친 의식상태가 아닌 전체를 동시에 꿰뚫어 보는 통찰력이 생긴다. 모든 것을 있는 그대로 볼 뿐 개체의식이 분별 지어 놓은 허상, 그 상대적 개념에 의한 상대적 인식은 더 이상 없게 된다.

연극은 계속된다

놀라운 일일지 모르지만 마하라지는 매우 훌륭한 배우다. 그의 용모는 아주 생기발랄하며 그는 또한 표정이 풍부한 커다란 눈을 가졌다. 어떤 일에 대해서 이야기할 때나 어떠한 주제를 놓고 토론을 할 때, 그의 얼굴 표정은 그의 말과 행동에 맞게 반응한다. 그의 말은 아주 조리가 있고 상황에 합당한 여러 동작을 취한다. 따라서 테이프로 녹음된 그의 말을 듣는 것과 적절한 동작을 수반한 변화무쌍한 강의를 직접 듣는 것과는 아주 큰 차이가 있다. 그는 진정 훌륭한 배우다.

어느 날 아침, 유명한 유럽 배우가 방문하여 함께 자리했다. 마하라지는 사람들이 자기 자신에 대해 가지고 있는 이미지가 얼마나 믿을 수 없는 것인지에 대해서 설명하던 중이었다. 자기 이미지는 환경에 따라 시시각각 변한다. 젖만 빨며 다른 것은 일체 바라지 않는 영아기, 건강과 미에 넘쳐 세계를 정복하고자 야망을 꿈꾸는 십대, 사랑에 고민하는 외로운 청춘, 가족 부양에 대한 책임에 빵을 구하느라 지친 중년, 늙고 병들어 입도 움직이지 못하고 몸조차 가누지 못하는 노년. 마하라지는 이렇게 전 생애에 걸쳐 갖게 되는 자기 이미지에 대해 묘사하며, 보통사람이 살아가는 긴 인생 여정을 언급했다.

"각기 다른 이미지 중에 어느 것이 진정한 그대입니까?"

마하라지의 말은 인생의 여러 단계에 맞는 적절한 몸짓과 음향 효과로 생동감이 넘쳤다. 정말이지 한 편의 드라마였다. 우리는 감동하여 넋을 잃은 채 그의 말을 들었고, 그 유럽 배우도 깜짝 놀랐다.

"이렇게 멋진 연기는 내 생애 결코 본 적이 없습니다."

마하라지가 구사하는 마라티어를 단 한 마디도 알아듣지 못했지만, 그는 이렇게 감탄했다. 그는 마치 마법에 홀린 사람 같았다. 마하라지가 장난기 어린 눈으로 그를 보면서 말했다.

"이만하면 나도 훌륭한 배우라고 할 만하지 않소?" 그러고는 이어 말했다. "헌데, 내가 무엇을 이야기하려고 했는지 정말 이해하나요? 당신이 지금 본 것은 내가 펼쳐내고 있는 연극의 극히 작은 부분도 되지 않아요. 이 우주 전체가 내 연극무대라오. 나는 연기만 하는 것이 아니라 무대를 꾸미고 장비를 설치하며 대본을 쓰고 배우들을 감독하기도 합니다. 그래요! 나는 수백만의 역할을 하는 일인 배우입니다. 더구나 이 연극은 끝이 없어요. 대본은 계속 씌어지고 새로운 역할들이 주어집니다. 수많은 상황마다 새로운 무대가 가설됩니다. 나야말로 가장 멋진 배우이자, 감독, 제작자가 아닌가요?"

마하라지는 덧붙여 이렇게 말했다.

"여러분 모두가 자기 자신에 대해 이와 똑같이 말할 수 있습니다. 그러나 참으로 모순되게도, 일단 당신이 확신하게 되면 개체로서 당신의 연극은 끝이 납니다. 이 세상에 있는 그토록 수많은 배역의 모든 역할을 행하는 것이 오직 당신뿐이라는 사실을 감지할 수 있습니까? 아니면 당신은 당신이 당신에게 맡긴 제한된 하나의 배역에 자신을 한정시켜 그저 그런 사소한 역할이나 하면서 살다 죽으렵니까?"

해설 ┃ 흔히 인생을 연극에 비유해서 말들을 한다. 그러나 그것은 어디까지나 개체성의 범주를 뛰어넘지 못한다.

오늘 마하라지는 선언한다. 이 엄청난 우주현상계 전체가 참나인 절대의 모습이라고. 우주 안에서 각자 독립적으로 존재하는 것처럼 보이는 모든 것들은 오직 하나인 절대의 화현이라고 말이다. 그러므로 참나는 수백억의 캐릭터 중에 하나가 아니다. 인간, 동물, 식물, 물질, 비물질 등으로 표현되는 모든 것을 연기하는 배우는 절대다. 절대 혼자서 수천

억의 캐릭터와 그들이 뛰어놀 수 있는 무대를 연출하고 일사분란하게 연출을 지휘하는 감독까지 다 해내고 있는 것이다. 참나인 절대는 영원히 지속되는 모든 것이다.

이 세상은 한바탕 꿈이다

　방문자들 대부분이 그저 한두 번 호기심에 마하라지를 방문한다. 그저 누군가로부터 마하라지가 훌륭한 사람이라는 말을 들었거나, 특별히 더 좋은 일이 없어서 그냥 한번 가보자고 생각한 것이다. 그러나 마하라지 가르침의 한 주제에 깊은 관심을 갖고 있는 사람들도 많다. 그 중 극히 일부의 사람들은 여러 번 강의를 듣고 나서 마하라지가 그토록 열심히 설명하고자 하는 것을 확실히 파악하게 되었다고 나름 믿는다. 마하라지가 전달하려 했던 내용을 이해했다고 하면서도 "네, 확실히 알겠습니다. 그런데 마지막으로 하나의 질문이……"라고 말하는 상황도 가끔 벌어진다.

　그 마지막 질문은 통상, 궁극의 실체에서 어떻게 이 세상이 출현하게 되었냐는 것이다. 질문자는 이렇게 묻는다.

방문자 선생님께서 말씀하시기를, 절대는 의식이 작용해서 '내가 존재한다I am' 라는 첫 생각이 떠오르기 전까지는 그 자신을 자각하지 못한다고 하셨습니다. 그리고 일체가 이원성으로 나뉘어져서 우주의 현시가 일어난다고 하셨습니다. 제 의문은 이겁니다. 왜 첫 생각이 일어났고, 왜 현시가 일어나게 되었습니까?

그러면 마하라지는 동시에 여러 느낌이 나타나는 표정을 지으며 질문한 사람을 바라본다. 질문자의 간절함에 대한 일종의 연민, 요점을 어느 정도 알아들었다는 데 대한 기쁨, 그럼에도 불구하고 질문자가 전혀 핵심을 이해하지 못했다는 데 대한 실망감이 뒤섞인 복잡한 표정으로 천천히 말을 꺼낸다.

마하라지 지금 들은 것을 정말로 이해하지는 못했군요. 당신은 들었지만 머리로 들었어요. 통째로 들은 게 아니라, 내가 말한 것을 부분 부분의 집합으로 이해한 겁니다. 말하자면 전체가 하나 된 마음으로 그 의미를 들은 것이 아니라 개체의 분리된 마음으로 단어를 들었다는 말입니다. 자신을 구루(스승)와 합일시켜 들은 게 아니고 개별적인 듣는 자로서 들은 겁니다. 내가 말하는 구루란 육체적인 개별적 스승을 말하는 것이 아니라, 당신 자신에 내재하는 사드구루

sadguru(내면의 스승, 즉 진아―옮긴이)를 말하는 겁니다. 그렇지 않았다면 이런 질문은 생기지도 않았을 거예요. 그러나 나는 이런 질문을 좋아합니다. 왜냐하면 그런 질문을 통해 일반적인 사고방식을 드러내기 때문입니다. 아니 생각 그 자체를 드러낸다는 말이 더 정확한 표현이겠지요.

그 질문이 누구에게 일어났습니까? 어디에서 일어났나요? 자신을 독립적으로 존재하는 실체라고 여기는 당신에게서 일어났습니까? 의식 안에서 일어난 것이 아닌가요? 의식이 없다면 당신이 실체라고 믿고 있는 자아도 없습니다. 의식은 어떤 물질적 특성도 없고, 따라서 현상적 존재도 아닌 개념에 불과합니다. 이렇게 볼 때 우리가 도달할 수 있는 결론은 이렇습니다. 의식이 바탕 되지 않고는 나타남도 없으며 마땅히 어떤 질문을 하는 개별적 가아(假我)도 없습니다. 그리고 의식은 단지 개념에 불과합니다. 그러므로 나는 모든 나타남(현시)을 아이를 낳지 못하는 여인의 아이라고 말하는 겁니다. 이런 상황에서 어떻게 사물의 본질과 우리의 본성이, 개념에 불과한 가아의 왜곡된 마음에 의해 이해될 수 있겠어요? 사실 이러한 거짓 '나'가 사라져야만 모든 의문이 스스로 풀립니다. 왜냐하면 찾는 자가 바로 찾고자 하는 대상이기 때문입니다. 더욱이 당신의 질문은 기본적으로 나타남과 나타나지 않음을 서로 다른 것으로 보고 있지만 사실은 그렇지가 않습니다. 그 둘은 본질적으로 같은 상태입니다. 마치 넓은 수면 위에 일렁이는 물결처럼 '존재감'에 의해 덧칠이 되면 제한된 현상으로 나타나는 존재의식이 되고, 덧칠된 것이 없어 제한되지 않으면 스스로를 분별하지 않는 순수의식 그 자체로 머무는 것입니다. 현상이란 실재가 거울에 비친 모습일 뿐입니다. 본질이란 마치 전구나 선풍기나 모터 같은 전자제품 속을 흐르는 전기와 같고, 달리 표현하자면 수많은 거울에 비치는 빛의 근원이 하나인 것과 같습니다. 의식이 수백만의 지각력이 있는 형태를 통해 자신을 나타내는 것입니다.

이제 자신의 질문을 바른 관점에서 볼 수 있겠어요? 그림자가 '왜'라며 알고 싶어 하나요? 한 배우가 여러 가지 역을 맡아 공연하는 모노드라마의 한 배역이 '왜' 하며 그 원인을 알고 싶어 하나요?

대답은 '질문 불가' 입니다. 거기에 어떤 질문도 있을 수 없습니다. 개념만 둥둥 떠다니는 현상적 나타남이란 사실 꿈과 같습니다.

해설 ▎ 의식에는 유의식과 무의식이 있다. 일반적으로 사용하고 있는 의식상태란 유의식을 말한다. 의식화된 절대는 유의식 상태이거나 무의식 상태, 둘 중 하나의 상태로 머문다. 마치 인간이 깨어 있는 유의식 상태이거나 깊이 잠든 무의식 상태에 있는 것처럼 말이다. 사람이 자신과 세상을 인식하지 못하는 무의식 상태에 있다고 해서 존재 자체가 없는 것이 아니다. 단지 인식을 못할 뿐이다. 마찬가지로 절대진리도 의식이 깨어나서 인식작용이 일어나면 본래 하나였던 성품이 상대성으로 나누어진 현상세계로 투영되는 것이다. 그러다가 다시금 깊은 잠과 같이 아무것도 인식할 수 없는 무의식 상태가 되면, 인식하기 위해 잠시 사용했던 시비분별심도 저절로 사라져 순수의식 상태로 머물게 되는 것이다. 비현시 상태의 무의식과 현시 상태의 유의식은 모두 절대가 상황에 따라서 방편으로 취하는 진리의 양면성이다. 거기에는 어떤 목적도 어떤 의미도 없다. 오로지 순수존재의식만 있을 뿐이다. 마치 사람이 깨어서 활동하는 것과 깊이 잠들어서 휴식하는 것이 저절로 이루어지듯이 말이다.

사람들은 끊임없이 왜냐고 묻는다. 순수한 절대성을 가슴으로 온전히 받아들이지 못하고 머리로만 따지기 때문이다. 참나인 절대성은 너무나 순수해서 어리석은 사람들이 좋아하는 목적의식이나 동기부여, 거룩한 뜻 같은 쓰레기는 갖고 있지 않다. 현상세계의 드러남과 사라짐은 오직 있는 그대로의 모습으로서 저절로인 것이다.

사랑과 신

어느 날 저녁 룽기와 얇은 쿠르타(룽기는 허리에 둘러 발목까지 늘어뜨리는 치마 형태의 옷. 인도 남부의 남성 전통복장이었지만 오늘날은 남녀 모두 입는 대중적인 옷이다. 쿠르타는 긴소매의 무릎 정도까지 내려오는 윗옷으로, 인도 북부지방 남성들의 전통복장이었지만 지금은 엉덩이까지만 내려 입기도 한다—옮긴이)를 걸쳐 입은 캐나다 청년이 방문했다. 그 청년은 자신이 스물세 살이라고 했으나, 이제 겨우 십대를 막 벗어난 것처럼 보였다. 목에는 은 십자가가 달린 멋진 목걸이를 하고 있었다. 그는 삼일 전 뭄바이의 한 서점에서 《아이 앰 댓》이라는 책을 우연히 접하게 되었다고 말했다. 그 책을 몇 페이지 읽자마자 그는 마하라지를 개인적으로 만나고 싶은 충동에 사로잡혔으며, 밤을 세워가며 계속해서 그 책을 읽었고, 바로 몇 시간 전에 모두 읽었다고 말했다.

마하라지 아주 젊구나! 언제부터 영적인 공부에 관심을 두었는지 궁금하구나.

방문자 선생님, 제가 기억하기로는 사랑과 신에 대해 깊이 관심을 갖고 나서부터 입니다. 그 둘은 다른 것이 아니라는 것을 강하게 느꼈습니다. 제가 명상하고 앉아 있을 때면 종종…….

마하라지 잠깐만, 자네가 말하는 명상이란 정확히 무엇을 뜻하는 건가?

방문자 정확히는 잘 모르겠습니다. 저는 다만 가부좌하고 앉아 눈을 감고 아주 조용히 있습니다. 그러면 몸은 이완되어 거의 녹아 없어지고, 나의 마음, 아니 존재, 아니 그 무엇이라 표현할 수 없는 상태 속으로 빨려 들어가 사념 활동이 점점 중지됩니다.

마하라지 그래, 좋구나. 계속해보렴.

방문자 명상 중 자주 지극한 행복감과 함께 억제할 수 없는 황홀한 사랑의 느낌이 가슴 속에서 차오릅니다. 그것이 뭔지는 모르겠어요. 인도에 오고자 하는 충동도 그런 가운데 생겨났습니다. 그래서 제가 여기 있습니다.

마하라지 뭄바이에 얼마나 머무를 건가?

방문자 잘 모르겠습니다. 저는 거의 계획을 세우지 않습니다. 절약해서 생활한다면 한 보름 정도 생활할 돈은 가지고 있고요. 돌아갈 비행기 표도 있습니다.

마하라지 그래, 알고자 하는 게 뭔지 정확히 말해보게. 무슨 특별한 질문이라도 있나?

방문자 뭄바이에 도착했을 때 기분이 혼란스러웠습니다. 거의 제정신이 아니었어요. 왜 제가 그 서점에 가게 되었는지도 모르겠습니다. 저는 책을 별로 안 읽거든요. 우연히 《아이 앰 댓》을 집어든 순간, 명상 중에 느꼈던 것과 똑같은 강렬한 힘을 느꼈습니다. 책을 읽어나가자마자 제 안에 있던 무거운 짐들이 빠져 나갔습니다. 그리고 제가 여기 이렇게 선생님 앞에 앉아 있지만, 마치 저 자신에게 말하고 있다는 느낌이 듭니다. 이런 느낌은 마치 제가 신성을 모독한 것처럼 여겨집니다. 저는 사랑이 곧 신이라는 확신을 가지고 있었습니다. 그러나 이제 사랑은 확실히 개념이며, 사랑이 개념이라면 신도 역시 개념임에 틀림없다고 생각합니다.

마하라지 그래서 뭐 잘못된 거라도 있나?

방문자 (웃으며) 그렇게 말씀하시니 신을 하나의 개념이라고 인식을 바꾸는 것에 죄의식을 느끼지 않게 됩니다.

마하라지 사랑이 곧 신이라고 말했는데, 자네가 말하는 사랑이란 뭘 의미하는 거지? '사랑'을 '증오'의 반대 개념으로 생각하나? 아니면 또 다른 의미가 있나? 물론 '신'을 설명할 적절한 단어가 마땅하지 않지만 말일세.
방문자 아닙니다. 제가 말하는 '사랑'이란 미움의 반대되는 개념이 아닙니다. 제가 말하는 것은 나와 남이라는 차별이 없는 겁니다.

마하라지 다른 말로 하면 '존재의 합일'을 의미하나?
방문자 예, 그렇습니다. 그러면 제가 기도드리는 신이란 무엇입니까?

마하라지 기도에 대해서는 나중에 얘기하기로 하지. 자, 그러면 자네가 말하는 신이란 정확히 무언가? 신이란 바로 의식 그 자체, 누구나 가지고 있는 '존재'의 느낌이 아닐까? 왜냐하면 자네가 그것에 대해 질문을 할 수 있기 때문이지. '나는 존재한다', 그 자체가 신이야. 자네가 가장 사랑하는 게 무엇인가? 그건 바로 '나는 존재한다'라는 것, 어떤 대가를 치르더라도 지키고자 하는 의식하는 현존이 아닐까? 신을 찾는 자가 바로 신이야. 찾는 과정 속에서, 자신이 이 몸-마음 복합체와 별개라는 것을 알게 될 걸세. 만일 자네에게 의식이 없었다면 세상이 자네에게 존재할까? 신이라는 생각 자체가 가능했을까? 그리고 내 안에 깃든 의식과 자네 안에 있는 의식이 서로 다를까? 개념상으로만 분리되어 있을 뿐, 나누어졌다는 생각 없이 일체를 추구하는 그것이 바로 사랑이 아닐까?

방문자 이제야 "나 자신보다 신God이 나에게 더 가깝게 있다"라는 말을 이해할 수 있게 되었습니다.

마하라지 또한 "실체가 되는 것만큼 실체를 증명해주는 것은 없다"라는 말을 명심하게. 자네가 바로 실체이고 그러므로 언제나 존재했었네. 의식이란 것은 몸-마음이 멸하면 함께 사라져버리고 마는 한시적 제약에 불과하다네. 그럼으로써 몸-마음이 소멸되면 의식과 나타남의 기본이 되는 이원성도 떠나는 거야.

방문자 그러면 기도는 무엇이며 그 목적은 무엇입니까?

마하라지 흔히 말하는 기도란 단지 뭔가를 구하는 것뿐이야. 그러나 참된 기도는 합일과 교감의 요가야.

방문자 이제 모든 게 명백해졌습니다. 제게서 엄청난 쓰레기가 다 빠져나가 소멸된 것 같습니다.

마하라지 이제 모든 것이 명백히 보이는 것 같다는 얘긴가?
방문자 아닙니다. 보이는 것 "같다"가 아닙니다. 명백합니다. 너무도 명백해서 그동안 이것을 명백하게 볼 수 없었다는 것이 그저 놀라울 뿐입니다. 성경에서 읽었던, 중요하다고는 여겼지만 그 뜻을 몰랐던 구절들이 이제 수정처럼 투명합니다. "아브라함 이전에 내가 있었다." "나와 아버지는 하나다." "나는 스스로 있는 자다."

마하라지 좋군. 이제 실체가 무엇인지 알았으니 속박 속에서 자네를 자유롭게 하기 위해 어떤 수행을 하려나?
방문자 오! 마하라지 선생님. 지금 저를 놀리시는군요. 아니면 저를 시험해보시는 건가요? 확실히 저는 태어나기 전부터 늘 있어왔고 앞으로도 영원히 있게 될 '바로 그것'임을 알고 깨달았습니다. 이제 할 일 또는 하지 않을 일이 뭐가 더 있습니까? 누가, 무슨 목적으로 수행을 하나요?

마하라지 훌륭하다! 그냥 존재하여라.
방문자 진정 그리 하겠습니다.

그 캐나다 젊은이는 감사와 기쁨의 눈물을 흘리며 마하라지에게 엎드렸다. 마하라지는 다시 오겠느냐고 물었고 그는 솔직히 잘 모르겠다고 대답했다. 젊은이가 떠나자 마하라지는 입가에 부드러운 미소를 띠고 잠시 눈을 감고 조용히 앉아 있었다. 그리고는 아주 부드럽게 말했다.

"아주 보기 드문 젊은이야."

나는 그 젊은이를 다시 보지 못했고 가끔 그가 생각났다.

 **해설** ▎아루나찰라 산의 붓다 라마나 마하리쉬는 자신을 찾아온 구도자들의 의식 수준에 대해서 다음과 같이 설명했다.

1. 물 먹은 장작 : 아무리 애써도 불은 붙지 않고 연기만 요란하게 난다.
2. 잘 마른 장작 : 조금만 정성을 들이면 불이 잘 붙어서 오랜 시간 잘 타다가 재를 남긴다.
3. 다이너마이트 : 불을 붙이는 순간 바로 최대의 화력으로 폭발해서 재도 남기지 않고 승화한다.

오늘의 주인공인 캐나다 청년은 그 의식이 너무나 순수해서 다이너마이트처럼 마하라지 선생이 불을 댕기는 순간 폭발해버렸다.

이런 의식 상태의 사람들은 진리를 전해들을 때 머리로 재고 따지는 헛된 짓을 하지 않는다. 마치 한 방울의 물도 놓치지 않고 빨아들이는 강력한 스펀지처럼 진리를 흡수한다.

의식이 순수한 사람의 특징은 다음과 같다.

1. 기존의 편협한 거짓 진리에 세뇌되어 있지 않다.
2. 자기중심적인 고정된 틀을 가지고 있지 않다.
3. 모든 종교, 사상, 이념, 가치관으로부터 마음이 열려 있다.
4. 거짓을 거짓으로 진실을 진실로 받아들인다.
5. 분리의식으로 시비분별 하지 않는다.

이렇게 의식이 순수한 사람은 백만 명 중의 하나 정도로 만나기 어렵다.

누구의 관점에서 경전을 읽을 것인가

한번은 눈에 뜨이는 용모를 한 여성 방문자가 《바가바드기타 Bhagavadgītā》에 대해서 질문했다. 그녀가 적절한 단어로 질문을 가다듬는 도중, 갑자기 마하라지가 되물었다

마하라지 어떤 관점에서 《기타》를 읽습니까?
방문자 《기타》가 구도자에게는 아마도 가장 중요한 안내서일 것이라는 관점입니다.

마하라지 왜 그런 어리석은 대답을 합니까? 물론 《기타》는 구도자에게 가장 중요한 안내서입니다. 허구적인 내용이 아니니까요. 내 질문은 '누구의 관점에서' 그 책을 읽느냐는 것입니다.

이때 다른 방문객이 말했다.

방문자 저는 신으로부터 진리에 대한 가르침을 받는 이 세상에 속한 아르주나의 한 사람으로서 기타를 읽습니다.

마하라지가 다른 대답이 또 있는지 둘러보았으나 그 답이 맞다는 웅성거림이 있을 뿐이었다.

마하라지 왜 크리슈나의 입장에서 기타를 읽으려고 하지 않습니까?

마하라지의 이러한 파격적인 제안에 놀란 두 명의 방문객은 상반된 반응을 동시에 드러냈다. 한 명은 신성모독의 충격을 받은 거부의 외침이었고, 다른 한 명은 아르키메데스Archimedes가 외친 '유레카'와 같은 깨우침의 반사 반응으로 손뼉을 한 번 탁 치는 행동이었다. 두 사람은 반응이 부지불식간에 동시에 나왔다는 것과 그 반응이 서로 완전히 상반되었다는 사실에 무척 당황했다. 그러자 마하라지는 손뼉을 친 사람에게 긍정의 눈길을 주고는 이야기를 계속했다.

마하라지 대부분의 경전은 깨달은 사람의 말을 기록한 것입니다. 그런데 깨달은 사람이라 할지라도, 다른 사람들이 납득할 수 있는 어떤 개념을 바탕으로 말할 수밖에 없습니다. 《기타》의 주목할 만한 특징은 신 크리슈나가, 자신이 현시된 모든 것의 근원이라는 입장에서, 다시 말해 현상이 아닌 본체의 입장에서, "나타난 모든 것이 나 자신"이라는 입장에서 이야기했다는 것입니다. 이것이 《기타》의 독특한 점입니다. 그러면 고대 경전이 기록되기 전에 어떠한 일이 있었겠는가 생각해봅시다. 모든 경우에 있어서 깨달은 사람에게는, 어쩔 수 없이 말로 표현할 수밖에 없었던 생각이 있었고, 거기에 사용된 말들은 자신의 생각을 정확히 전달하는 데 적절하지 않았을 수도 있습니다. 스승의 말은 그것을 들은 사람의 손에 의하여 쓰이게 됩니다. 그 기록은 분명히 기록한 사람 자신이 이해하고 해석한 바에 따른 것입니다. 그리고 이렇게 처음으로 쓰인 기록은, 후에 많은 사람들의 손을 거치며 등사되었을 것이고 그 과정에서 많은 오류가 생겼을 것입니다. 다시 말해서 어느 시대의 누군가가 그것을 읽고 이해하고자 할 때, 그 내용은 원래의 스승이 진정 말하고자 했던 것과는 사뭇 다를 수도 있다는 것입니다. 이뿐만 아니라 수세기에 걸쳐 여러 학자들이 실수 또는 고의로 첨가한 것을 감안한다면 내가 말하고자 하는 문제점들을 이해할 수 있을 것입니다.

내가 듣기로는 붓다는 오직 '마가디어Maghadi'로만 말했는데, 그의 가르침은 모두 팔리어나 산스크리트로 기록되어 있다고 합니다. 그것도 아주 오랜 세월이 지난 후에 기록된 것입니다. 따라서 오늘날 우리가 가지고 있는 그의 가르침은 수많은 사람들의 손을 거쳐온 것임에 틀림없습니다. 그 긴 세월을 거쳐오면서 변경 혹은 첨가된 것이 얼마나 많았을 것인지 한번 상상해보십시오. 오늘날 붓다가 말한 것 또는 말하고자 했던 것에 대하여 많은 의견과 논쟁이 있는 것이 놀랄 일이겠습니까?

이러한 경우를 감안하여 나는 여러분에게 《기타》를 읽을 때는 크리슈나 신의 관점에서 읽으라고 하는 것입니다. 또 읽을 때 자신이 '몸과 마음의 복합체body-mind complex'라는 관념을 즉시 내려놓으라고 하는 것입니다. 나는 여러분이 크리슈나로부터 지각을 부여 받은 현상적 대상으로서가 아닌, 생명을 불어넣어주는 의식, 즉 크리슈나의 의식의 관점에서 읽으라고 합니다. 그래야 《기타》의 지혜가 진실로 당신에게 열립니다. 그러면 신 크리슈나가 아르주나에게 보여준 것은 크리슈나의 참나(스바루파)만이 아니고 아르주나 자신의 참나요, 따라서 《기타》를 읽는 모든 사람들의 참나임을 알게 될 것입니다. 한마디로 말해서 《기타》를 크리슈나의 관점에서 읽으십시오. 그러면 현상이란 스스로 존재할 수 있는 것이 아니기 때문에, '자유로워질 수' 있는 것이 아 니라는 사실을 알게 됩니다. 그것은 단지 환상이요 그림자에 불과합니다. 이러한 맥락으로 《기타》를 읽으면, 스스로를 몸-마음의 복합체라고 잘못 인식한 의식은 그 본성을 깨닫고 자신이 본래 절대임을 알게 됩니다.

해설 ▎ 모든 종교가 안고 있는 가장 위험한 요소가 바로 무지와 맹신이다. 종교란 깨달은 사람의 지혜로운 가르침을 배우고 따르는 것이다. 그런데 어찌하여 종교에 깊이 빠지면 빠질수록 지혜와는 거리가 먼 무지와 맹신의 노예가 되고 마는 것일까? 바로 배우는 자들의 관점에 잘못이 있기 때문이다. 한 가지 예로 깨달은 사람이 '나'라고 할 때는 본래성품인 '절대'를 의미하는데, 그 말을 보고 듣는 사람들은 '나'를 현상세계에 투영된 그림자에 불과한 '개체적 자아'로 받아들인다. 불경을 읽을 때는 붓다의 관점에서 읽고, 성경을 읽을 때는 예수의 관점에서 읽어야 그들의 가르침을 제대로 이해할 수 있는 것이다. 복을 비는 신앙인의 관점으로는 백년 천년을 공부해도 참뜻을 이해할 수 없다. 이처럼 진리를 바라보는 관점이 중요하기에 부처님은 팔정도 중에서도 제일의 덕목으로 정견(正見)을 내세운 것이다.

지혜로운 눈을 가진 눈먼 청년

한번은 꽤 길었던 대화 및 강연의 끝에 마하라지가 질문을 던졌다. 강연 중 그는 그의 기본적인 가르침의 요점인 "나는 존재한다는 현존의식이 바로 모든 것이 나타나는 원천개념이며 이러한 개념 자체도 단지 환상일 뿐이다"는 것을 반복하여 환기시킨 후에 이렇게 물었다.

"내가 말하고자 하는 것을 이해하시겠습니까?"

모두 조용한 가운데 한 사람이 대답했다.

"예, 선생님. 이해합니다. 그러나……."

그 대답을 듣고는 마하라지는 희미하게 웃었다. 아마도 그 사람이 이해한다고 대답은 했으나 정말로 이해하지는 못했다는 것을 알았기 때문일 것이다. 이윽고 마하라지는 알기 쉽게 항목별로 나누어서 그 주제에 대하여 다음과 같이 부연 설명했다.

1. '나는 존재한다I am' 라는 인식은 지각력 있는 존재가 가지고 있는 유일한 자산이다. 의식이 없으면 지각이 있을 수 없다.

2. 깊은 잠 속에서와 같이 '나는 존재한다' 가 없을 때에는 몸도 없고 외부 세계도 없고 신도 없다. 따라서 이 작은 한 점의 의식이 전 우주를 품고 있다는 사실은 명백하다.

3. 그럼에도 불구하고 의식은 몸-마음이 없이는 존재할 수 없다. 몸-마음은 일시적인 존재고, 따라서 거기에 의지하고 있는 의식도 일시적인 것일 수밖에 없다.

4. 결국 의식은 영속적이지 못한 일시적인 것이므로 의식이라는 매체를 통해 얻어지는 일체의 지식은 진리가 될 수 없다. 따라서 그것들은 궁극적으로 버려야 할 것들이다. 다시 말하면 서로 상반된 것, 지식과 무지는 모두 앎의 영역에 속하며 진리가 아니다. 진리는 오로지 인지할 수 없는 영역에 존재한다. 일단 이러한 사실들이 분명하게 이해되면 더 이상 할 일이 없어진다. 사실 무엇인가를 하는 존재는 없다.

마하라지는 이렇게 말을 하고는 침묵하고 눈을 감았다. 작은 다락방이 눈부신 평화 속에 잠긴 것 같았다. 아무도 말이 없었다.

왜일까? 나는 반문했다. 왜 우리 대부분은 마하라지가 우리에게 반복해서 설명하는 진리의 찬란함을 보지도 느끼지도 못하는 걸까? 그리고, 왜 우리 중에 아주 극소수만이 섬광처럼 그걸 보는 걸까?

얼마 후 마하라지가 눈을 떴고 모두 원래의 상태로 돌아왔다. 누군가가 마하라지에게 최근 마하라지의 아침 강연과 그날 저녁 강연, 단 두 번의 강연에 참석하고 나서 자유로워졌다고 말한 가난한 눈먼 젊은이에 대해 이야기했다.

모임이 끝날 무렵 그 젊은이가 마하라지에게 다가와 작별 인사를 올렸다. 마하라지는 "모든 것을 다 이해했느냐?"라고 물었고, 젊은이는 확신에 차서 "네!"라고 대답했다. 다시 마하라지가 "무엇을 이해했느냐?"라고 묻자 젊은이는 잠시 조용히 앉아 있더니 이렇게 말했다.

"선생님, 진리가 무엇인지 이처럼 너무나 명확하고 간단하게, 이렇게도 빨리 보여주신 것에 대해 무어라고 감사의 말씀을 드려야 할지 모르겠습니다. 선생님의 가르침을 이렇게 요약할 수 있겠습니다.

첫째, 선생님께서는 '나는 존재한다'는 인식과 함께 이 몸을 갖기 이전, 즉 '태어나기 이전'에 제가 무엇이었는지를 생각해보라고 일러주셨습니다.

둘째, 이 몸-마음은 제가 알지 못한 채 제게 주어졌고, 따라서 '참나'는 '태어난' 적이 없었다고 말씀해주셨습니다.

셋째, 이 몸-마음은 시간에 의지하여 '태어난' 것이고, 일시적인 것으로서 할당된 시간이 지나 사라지면, 항상 지금 여기로서 나타남이 없는 원래의 상태로 돌아갑니다.

  넷째, 그러므로 나는 의식이 아니며 또한 의식을 깃들이게 하는 물리적 구조물도 아닙니다.

  다섯째, 결론적으로 오직 여여(如如)한 '참나' 만이 존재할 뿐이며, 나라든가 내 것, 또한 대상으로서 너 등은 존재하지 않습니다. 오직 '존재 그 자체'로서 근원만이 존재할 뿐이라고 이해합니다."

  눈 먼 젊은이로부터 절대적으로 확신에 찬 이 같은 답변을 다 듣고서 마하라지는 무한한 사랑의 시선을 보내며 물었다.

  "이제 무엇을 하려는가?"

  그는 대답했다.

  "선생님, 저는 진실로 선생님의 말씀을 이해했습니다. 할 일은 아무것도 없습니다. 삶은 계속되겠지요."

  그러고는 마하라지에게 지극한 자세로 절을 올렸다. 그가 떠난 후 마하라지는 말했다.

  "그 젊은이는 진짜 눈먼 사람이 아닐세. 그는 진실로 지혜로운 눈을 가졌어. 그와 같은 사람은 거의 보기 드물지."

해설 ┃ 인도라는 환경에서 가난한 시각장애인으로 살아간다는 것은 대단히 힘겨운 삶이 아닐 수 없을 것이다. 그는 눈이 멀었으니 경전을 많이 읽지도 못했을 것이다. 또한 마하라지 선생의 《아이 앰 댓》도 읽지 못했을 것이다. 완전한 깨달음은 아닐지라도 진리에 대한 그의 이해는 확고하다. 오히려 캐나다 청년보다 더 뛰어나다. 그는 눈 있고 귀 있는 사람들보다 훨씬 강력하게 마하라지의 가르침을 흡수해버렸다. 마하라지의 다락방을 찾아오는 사람들 중에는 몇십 년씩 된 사람들도 있다고 했다. 그들은 여전히 헤매고 있는데 눈먼 젊은이는 단 두 차례 가르침을 듣고 모든 것을 이해한 것이다. 도대체 무엇이 다를까? 그것은 바로 간절함이다. 진리에 대한 순수한 간절함이 있을 때 참스승을 만나면 그 자리에서 바로 꽃을 피우는 것이다.

어느 수학 교수의 방문

　마하라지와 방문객 사이에서 이루어지는 대화에 한동안 참여하다 보면, 질문의 광범위함과 그러한 질문들에 대한 마하라지의 자연스럽고도 쉬운 대답에 놀라게 된다. 질문과 대답은 모두 가능한 한 정확하게 통역된다. 마하라지는, 그가 유창하게 사용할 수 있는 오직 하나의 언어인 마라티어로 통역된 질문에 기초하여 대답하게 된다. 그런데 그는 질문에 대답함에 있어, 종종 질문을 통역하는 데 사용된 단어를 교묘하게 비틀어 쓴다가 단어 자체를 약간 바꾼다가 하여, 보통 사용하는 말뜻과는 완전히 다르게 표현하기도 한다. 이러한 단어의 중요성을 정확히 통역하여 나타내는 것은 불가능하다. 마하라지는 가벼운 기분으로, 질문하는 사람의 정신적 수준이나 질문에 숨어 있는 의도를 들추어내기 위해, 마라티어를 그렇게 구사하는 것이라고 솔직히 인정한다. 만일 질문하는 사람이 이러한 모임을 재미로 여기면, 더 좋은 주제나 말 상대가 없을 경우 마하라지도 기꺼이 그 장난에 동참한다.

때로 그를 찾아오는 사람들 중에는 매우 예리한 지성을 지녔지만 황량한 허무주의로 단단히 무장된 이례적인 유형의 사람도 있다. 그런 사람들은 자신이 열린 마음과 꿰뚫을 듯한 지적 호기심을 지녔다고 자부한다. 그래서 종교적 스승들이 강연에서 자주 쓰는 모호하고 선명치 않은 말에 넘어가지 않으려 한다. 물론 마하라지는 그런 타입의 사람을 얼른 알아채고 대화를 신랄하게 이끌어 그 사람을 어리벙벙하게 해 놓는다. 마하라지의 말 속에 깔려 있는 직관적 인식이 그런 지식인들이 내놓는 형이상학적인 허구성을 일축해버린다.

결코 누구에게도 지지 않는다고 굳게 믿고 있는 의심 많은 불가지론자나 현학적인 학자들이, 제대로 된 교육도 받지 못한 마하라지의 상대가 되지 못하는 것을 보고 사람들은 놀란다.

마하라지의 말은 항상 충격적이고 기지가 번뜩인다. 그는 결코 산스크리트나 다른 언어로 쓰인 경전들의 권위 있는 말을 인용하는 법이 없다. 누군가가 경전의 꽤 유명한 구절을 인용하면, 마하라지는 그것을 마라티어로 통역해줄 것을 요청한다. 그의 직관적 인식은 다른 어떤 권위 있는 말을 사용하는 것과 같은 지원이 필요 없다. 사실 그의 심원한 내면은 한계가 없다. 마하라지는 이렇게 말한다.

"내가 말하는 모든 것은 스스로 서 있다. 어떤 도움도 필요 없다."

한번은 자주 찾아오는 사람 중 하나가 자기 친구를 데리고 와서, 이 사람은 어떤 것이라도 그것을 기정사실로 받아들이지 않고 모든 것을 질문해보는 아주 날카로운 지성을 갖춘 사람이라고 소개했다. 마하라지는 그를 만나게 되어 기쁘다고 했다. 그 사람은 수학 교수였다.

마하라지는 그 사람에게 일체의 가정을 버리고 근본적인 문제부터 바로 대화하자고 제안했다. 마하라지의 이러한 제안에 그 사람은 잠깐 놀란 표정이었으나 곧바로 그 제안이 아주 기쁘다고 대답했다.

마하라지 당신은 지금 여기 내 앞에 앉아 있습니다. '당신'이 정확히 무엇이라고 생각합니까?
방문자 나는 독립된 육체를 가지고 있으며, 미래에 대한 희망과 야망을 가지고 있는 49세의 남자입니다.

마하라지 십 년 전 당신의 자화상은 어땠습니까? 지금과 같았나요? 열 살이었을 때는 어땠나요? 갓난아이였을 때는요? 또 그 이전은? 당신이 자신에 대해 갖고 있는 자화상은 항상 변하지 않았나요?

방문자 예, 나 자신이라고 생각했던 것은 항상 변해왔습니다.

마하라지 하지만 당신 자신에 대해 깊이 생각해보면 무언가 변하지 않는 게 있지 않습니까?

방문자 예, 있습니다. 꼭 집어 무어라 말할 수는 없지만요.

마하라지 그것은 존재하고 있다는 단순한 느낌, 즉 현존감이 아닌가요? 의식이 없다면 몸이 존재할까요? 세상이 존재할 수 있을까요? 그리고 신이라든가 창조주에 대한 개념이 있을까요?

방문자 분명 생각해볼 만한 것이군요. 그러면 선생님은 스스로를 어떻게 생각하는지 말씀해주시겠습니까?

마하라지 나는 '스스로 존재하는 이것this-I-am' 혹은 '존재 그 자체that-I-am' 입니다.

방문자 죄송합니다. 무슨 말씀인지 잘 모르겠습니다.

마하라지 당신이 '알 것 같다' 라고 말하면 그것은 전적으로 틀린 겁니다. '모르겠다' 라고 말하는 것이 진정으로 맞는 말입니다. 좀 더 간단하게 말해볼까요? 나는 의식 있는 존재로서, 이 개체 혹은 저 개체가 아니라 '의식 있는 존재 그 자체' 입니다.

방문자 선생님의 설명을 듣고 나니 이제 조금 알 것 같습니다. 그런데 선생님께서는 알 것 같다고 말하면 잘못된 것이라고 말씀하셨습니다. 선생님께서는 일부러 제게 혼란을 일으키고자 하시는 건 아니겠죠?

마하라지 그 반대입니다. 나는 당신에게 정확한 위치를 말해주고 있습니다. 대상으로서의 나는 의식의 거울에 나타나는 '모든 것' 입니다. 근원적으로 나는 '존재 그 자체' 입니다. 나는 세계가 그 안에 나타나는 '전체의식' 입니다.

방문자 저는 그것을 볼 수 없습니다. 제게 보이는 거라고는 제 앞에 나타난 것뿐입니다.

마하라지 당신이 인식하지 않는다면, 당신 앞에 나타나는 것들을 과연 볼 수 있을까요? 볼 수 없습니다. 그러므로 모든 존재는 당신이 내 의식 속에서만 존재하고 내가 당신 의식 속에서만 존재하는 한, 철저하게 대상으로만 있는 것이 아닐까요? 우리 서로 간의 경험은 의식 안에서의 인식작용에 지나지 않는 것이 명백하지 않나요? 달리 말하면 우리가 자신이라고 말하는 것은 다른 사람의 의식 속에서만 존재합니다. 그러니 개념에 불과할 뿐입니다.

방문자 우리가 그저 의식 속의 현상에 불과하고, 이 세상조차 환상에 불과하다는 말씀입니까? 그렇다면 이 세상 자체는 무엇입니까? 일어나는 모든 사건들은 또 무엇입니까?

마하라지 내가 말한 것을 잘 생각해보세요. 사람들이 일반적으로 자기 자신이라고 생각하는 육체는 프라나와 의식을 위한 물리적 구조물에 불과합니다. 생명력이 없다면 육체란 뭐겠어요? 죽은 시체일 뿐입니다. 개인이 존재하게 된 이유는, 자신을 몸과 마음의 결합체인 독립된 개체라고 착각했기 때문입니다.

방문자 지금 선생님과 저는 다른 수많은 사람들과 똑같이, 이 세상에 살면서 일해야 하는 서로 분리된 개인입니다. 선생님께서는 저를 어떻게 보십니까?

마하라지 나는 당신이 꿈속에서 당신 자신을 보는 것처럼, 이 세상에 있는 당신을 봅니다. 그러면 대답이 되겠어요? 침대에 누워 당신의 몸이 쉬는 동안, 당신이 현실 세계라고 부르는 세상과 똑같이 꿈속에서 당신 자신을 포함한 여러 사람들이 존재하는 완벽한 세계를 창조해 놓습니다. 당신은 꿈속에서 자신을 어떻게 봅니까? 꿈에서 깨어나면 다시 이 세상이 나타나고, 내가 '깨어 있는 꿈의 상태'라고 부르는 곳으로 돌아갑니다. 그러나 꿈꾸는 동안, 당신의 꿈속 세계는 현실 세계와 너무나 흡사하지 않나요? 당신이 '실재' 한다고 믿는 이 세상이 꿈이 아니라고 어떻게 주장할 수 있겠습니까? 이 세상이란 거짓을 거짓으로, 비실재적인 것을 비실재적인 것으로, 덧없는 것을 덧없는 것으로 바로 보고 깨어나야 할 꿈입니다. 이 세상은 시공간 개념 안에서만 존재할 수 있습니다. 이러한 깨어남 이후에야, 당신은 진실로 '실재'에 존재하게 됩니다. 그제야 비로소 이 세상이란 시간과 공간의 범위 안에서 자유의지가 있다고 상상하는 현상적인 꿈으로 보게 될 것입니다.

자, 그러면 이제 개체라고 하는 것에 대해 말해보도록 합시다. 이 현상을 정신적 전제조건이나 선입견 없이 열린 마음으로 분석 검토해보는 것이 어떻겠습니까? 그렇게 하면 무엇을 발견할 수 있을까요? 몸-마음이란 생명력의 발현을 위한 물리적인 구조일 뿐입니다. 그리고 그것은 일종의 몸-마음의 상관 구조물을 형성하고 있습니다. 이 개체는 외부 자극에 반응해서 환영을 만들고 해석을 할 뿐입니다. 이러한 생명력 있는 개체는, 그것을 인식하는 의식 안에서 대상으로만 존재할 수 있습니다. 그것은 단지 환영입니다.

방문자 정말로 제가 꾸는 꿈과 제가 이 세상에서 살고 있는 것 사이에 아무런 차이가 없다고 말씀하시는 겁니까?

마하라지 지금까지 내가 말해준 내용만으로도 당신은 많이 생각하고 명상해봐야 합니다. 진도를 더 나아가도 괜찮겠어요?

방문자 저는 이러한 심각한 주제를 깊이 다루는 것에 익숙해져 있습니다. 선생님께서도 그러하시리라고 믿습니다. 더 나아가 이것에 대한 논리적 결론에 도달할 수 있게 된다면 정말 감사하겠습니다.

마하라지 좋습니다. 당신이 깊이 잠들었을 때 현상적인 이 세상이 당신에게 존재합니까? 요청 받지도 않고 아무런 도움도 없이, 개체를 인식하는 상태가 비집고 들어오기 전에 당신의 본래적 실재를 직관적으로 자연스럽게 떠올릴 순 없나요? 개체의식 상태에서 당신의 '실재'를 인식할 수 있습니까? 분명히 아닙니다. 우주의 모든 나타남은 오직 의식 안에서만 일어납니다. 그러나 깨달은 사람은 순수의식 안에 관찰의 중심을 갖고 있습니다. 스스로의 존재 자체도 알아차리지 못하는 본래 상태에서, 의식이 수면의 물결처럼 일어나고, 그 의식 속에서 세상이 나타났다 사라졌다 하는 겁니다. 물결은 일어났다 사라졌다 하지만 바다는 그대로 있습니다. 모든 시작 이전과 모든 종말 이후에도 '나'는 있습니다. 무엇이 일어나든 그것을 입증하기 위해 '나'는 거기에 있어야 합니다. 이 세상이 존재하지 않는다고 말하는 것이 아닙니다. 분명 존재합니다. 그러나 의식 속에서의 나타남일 뿐이고, 나타난 모든 것은 결국 무한성 속으로 사라지게 됩니다. 시작된 것은 끝나야 하고 나타난 것은 사라져야 합니다. 나타난 것이 유지되는 시간을 찾는 것은 상대적이긴 하지만, 역시 시간에 제약을 받는 것은 마찬가지 입니다. 그것이 무엇이든 끝이 있게 마련이고 따라서 실체가 아닙니다. 자, 당신이 살고 있는 이 꿈속에서 아직 깨어나지 못했다는 것을 알겠습니까? 인식할 수 있는 모든 것들이 단지 투영일 뿐이라는 것을 이해하겠습니까? 대상화된 이 세계를 인식하면서, 자신이 전체성에서 분리된 존재라고 생각하는 사람조차 이 가상 세계의 한 구성 요소에 불과하다는 사실을 아직도 모르겠어요? 우리 자신의 소원과 희망에 따라, 그리고 개인의 노력에 따라 계획을 세우고 삶을 살아가는 것 같지만, 정말 그럴까요? 아니면 아무런 의지작용 없이 꿈속에서처럼 완전히 꼭두각시로 살아가는 걸까요?

생각해보세요. 투영된 모습으로 세상이 존재하듯, 꿈꾸어진 현상 또한 내용을 가지고 있습니다. 그것이 꿈의 주제가 되는 것입니다. 이러한 까닭으로 독립적 주체로서의 나는 존재하지 않으며 드러난 전 우주가 나 자신이라고 말하는 것입니다.

방문자 이제 전체적인 개념을 이해할 것 같다는 생각이 듭니다.

마하라지 생각하는 것 자체가 마음속의 개념입니다. 생각이라는 것은 사물을 직관적으로 볼 때는 없습니다. 당신이 이해한다고 생각했다면 그건 이해한 것이 아닙니다. 당신은 당신이 살아 있는 것을 '알' 뿐이지 살아 있다고 '이해' 하는 것은 아닙니다.

방문자 아, 그렇군요! 전혀 새로운 차원을 보여주시는 것 같습니다.

마하라지 나는 새로운 차원이란 건 모릅니다. 하지만 적절히 표현한 것 같습니다. 생각을 멈추고 사물을 직접적으로 지각함으로써 개념화를 멈추는 것이야말로 새로운 관점을 열어주는 생생한 방법이라고 말할 수 있겠습니다. 다시 말해, 직관적으로 전체의 관점에서 보면, 보는 자가 사라지고 보는 것이 보여진 것이 되는 겁니다.

방문객은 일어나서 처음 도착했을 때 느끼지 못했던 온전한 헌신과 순종으로 마하라지에게 경의를 표했다. 그는 마하라지의 눈을 보며 빙긋이 웃었다. 마하라지가 왜 웃느냐고 묻자 그는 "조롱

하러 왔다가 경배하게 되었다"는 영국 속담이 떠올라 웃었다고 말했다.

해설 ｜ 일반적으로 볼 때 종교의 정신은 믿음이고 과학의 정신은 끊임없는 탐구라 할 수 있다. 탐구는 곧 의심이다. 오늘의 주인공인 수학 교수는 과학적 사고를 하는 사람으로서 평소 종교에 대해 비과학적이고 비합리적이며 비상식적인 허황된 말이나 늘어놓는 집단이라고 생각했을지도 모른다. 그도 그럴 것이 겉으로 드러난 종교는 아무리 봐도 맹신의 모습이 역력하기 때문이다. 그러나 사람들이 간과한 것이 있다. 종교 단체에는 99%의 맹신자와 1%의 탐구자가 있다. 신학자와 참선 수행자가 바로 탐구자들이다. 그들은 결코 예수나 부처를 믿지 않는다. 끊임없이 의심을 품고 진리를 탐구할 뿐이다. 각 종교에서 전하는 교리 중에서 비과학적이고, 비역사적이며, 비사실적인 내용들을 일일이 들추어내서 까발린 것은 신학자들의 탐구 정신이었다. 그러나 그들의 노력은 학문적 성과를 올리는 것으로 만족해야 한다. "나는 누구인가"를 끝없이 물고 늘어져서 마침내 "나의 근원이요 너의 근원이며 더불어 모든 것의 근원인 절대성"을 깨달은 붓다는 수행자들 가운데서 나온 것이 사실이다. 이것이 수학 교수와 마하라지의 차이점이다. 진리 탐구는 머리로 하는 것이 아니라 오직 가슴으로 하는 것이다.

실체와 현상

늘 오는 몇 사람만이 있던 월요일 아침이었던 것 같다. 마하라지는 눈을 감고 미동도 없이 석고상처럼 앉아 있었다. 잠시 후 마하라지가 조용한 목소리로 갑자기 뭔가 말하기 시작했다. 너무나도 낮은 소리였기에 사람들은 무의식적으로 그에게 바싹 다가가 앉았다. 그는 계속해서 눈을 감고 앉은 채 말을 계속했다. 아니 말을 한다기보다는 소리 내어 생각했다는 표현이 더 어울릴 것 같았다.

마하라지 사람들은 내가 깨달았다고 생각합니다. 그래서 세계 도처에서 나를 만나러 오지요. 캐나다, 호주, 뉴질랜드, 영국, 심지어 일본에서까지 옵니다. 그들 대부분은 《아이 앰 댓》을 읽고서 나를 만나러 뭄바이까지 온 것이지요. 어렵사리 더럽고 좁은 골목에 자리한 나의 작고 낡은 집을 찾아냅니다. 그들은 계단을 올라와서는 허름한 옷을 입고 구석에 쭈그리고 앉아 있는 작고 거무튀튀한 한 사람을 보게 됩니다. 그러고는 이렇게 생각합니다. '저 사람은 깨달은 사람 같지 않아. 내가 상상하던 마하라지 같은 성자가 입고 있음 직한 근사한 옷도 입고 있지 않잖아……. 그가 정말 그 사람일까?'

이런 사람들에게 내가 무슨 말을 할 수 있겠습니까? 그 사람들에게 솔직하게 나는 그저 글을 겨우 읽을 정도의 교육밖에 받지 못했다고 말합니다. 어떤 위대한 경전도 읽은 적이 없고 내가 아는 말이라곤 내 고향 토속어인 마라티어밖에 없다고 말입니다. 나는 그저 사냥꾼이 사냥감을 뒤쫓듯 끊임없이 하나의 의문만을 붙잡고 추구한 것밖에는 없습니다. 내가 궁금했던 것은 바로 이것이었습니다.

'나는 내가 존재한다는 사실을 알고 있고 육체도 가지고 있다. 그런데 어떻게 내가 알지도 못한 채, 또한 이렇게 되고자 한 바도 없는데 이런 일이 일어날 수 있었을까? 내가 존재한다는 이 인식은 도대체 뭘까?'

이것이 내 일생 동안의 추구였고, 나는 지금 내가 도달한 결론에 전적으로 만족합니다. 이것이 나의 유일한 깨달음인데 사람들은 나를 보고 '깨달은 사람'이라고 칭합니다. 스승께서는 나에게 "너는 브라만Brahman(梵我)이다. 네가 전부이며 너 이외에는 아무것도 없다"라고 말씀하셨고, 나는 그 말씀을 진리로 받아들였습니다. 내가 40여 년 동안 바로 이 방에서 이야기한 것은 오로지 이것뿐입니다. 왜 사람들이 그 멀리서 나를 보러 올까요? 참으로 놀라울 뿐입니다.

나도 모르게 내가 여기 이렇게 존재하고 있다는 것, 거기에 대한 논리적 결론을 추구해 나가면서, 나는 어디에 도달했을까요? 명백히 볼 수만 있다면 이 모든 것은 정말 간단합니다. 사람들이 관심을 갖고 있는 '나me' 란 무엇일까요? 즉각적인 대답은 당연히 "나는 이 몸이다" 입니다. 그러나 몸이란 정신적인 기관일 뿐입니다. 이 기관에서 지각 있는 존재라고 인식하게 만드는 가장 중요한 요소는 무엇일까요? 그것은 틀림없이 의식입니다. 의식이 없다면 비록 몸이 기계적으로는 살아 있다 하더라도 기능면에서는 전혀 쓸모가 없을 테니 말입니다. 이 의식은 자신을 나타내 보일 물리적 구조를 필요로 합니다. 그래서 의식은 몸에 의존하게 되는 것입니다. 그러나 몸은 무엇으로 구성되어 있을까요? 몸은 어떻게 존재하게 되었을까요? 몸이란 약 9개월여라는 기간 동안 여성의 자궁에 착상되고 성장한, 남자와 여자의 성 분비액의 결합입니다. 이 분비액은 부모가 섭취한 음식의 정수입니다. 따라서 몸은 기본적으로 음식으로 구성되고 유지됩니다. 정말 몸 자체는 음식이어서 하나의 몸이 다른 몸의 음식이 되기도 합니다. 그 음식의 정수, 즉 생명력 있는 성 분 비액이 하나 되어 점점 자라 작은 몸을 이루어 어머니의 자궁 밖으로 나오게 되면 '탄생'이라고 불립니다. 그리고 이 음식의 정수가 나이가 들거나 병으로 인해 시들고 이 정신적인 기관이 해체될 때 '죽음'이라고 합니다. 이러한 것은 항상 일어나는 것이어서 대상화된 세계는 무수한 형상들을 투영하고 해체하며, 그 상황은 늘 변화를 계속합니다.

그러면 '참나'는 이러한 것과 어떻게 연관될까요? 참나는 단순히 이러한 모든 사건을 지켜보는 '지켜봄'일 뿐입니다. 어떠한 일이 일어나든, 영향을 받는 것은 정신적 기관일 뿐이지 존재 자체로서의 참나는 아닙니다.

이것이 기본적으로 내가 알고 있는 것입니다. 시현된 세계에서 어떠한 사건들이 일어나더라도, 그것은 참나와는 별개의 것이라는 사실이 확실하다면 다른 모든 의문은 저절로 해결됩니다.

정확하게 어느 단계에서 나라는 '존재'를 알게 되었습니까? '내가 존재한다'는 사실을 알기 전의 나는 무엇이었습니까? '나는 존재한다'라는 인식은 내가 기억할 수 있게 된 이후, 아마 이 몸이 태어난 몇 달쯤 후부터 비롯되어 지속되었을 겁니다. 그 이전에는 어디에 있었나요? 대답은 '모른다' 입니다. 그러므로 기쁨과 고통, 낮과 밤을 포함하여, 다른 하나가 없으면 존재할 수 없게 하는 상대성과 이중성의 틀 안에서 내가 알고 있는 것들은 모두 의식에서 시작되었습니다. 다시 한 번 말하자면, 의식이 일어나기 전에는 어디에 있었습니까? 필연적으로 오직 절대성, 동시성, 전체성에 있을 수밖에 없습니다. 이 전체성이 진정한 나입니다. 그러나 이 절대(단일성, 동시성, 전체성)는 현상화된 자신을 인식할 수 없습니다. 왜냐하면 거기에는 보고 인식하고 아는 과정에 있어서 필수적인, 객체로 분리된 어떤 주체가 존재하지 않기 때문입니다. 다시 말해서, 전체성이라는 본래 상태에서는 '인식작용'이 일어나게 해주는 어떤 매개체나 수단도 존재하지 않는다는 말입니다.

마음은 마음을 초월할 수 없습니다. 눈은 눈을 볼 수 없고, 맛은 맛 자체를 맛볼 수 없으며, 소리는 소리 자체를 들을 수 없습니다. 모든 현상은 실체 없이 현상으로 존재할 수 없습니다.

마음의 작용으로 가능한 개념화로는 도저히 알 수 없는 미지의 무한성이 바로 실체입니다. 실체, 즉 유일의 주체는 스스로를 대상화하고 우주를 지각하며, 지각할 수 있는 대상이 되기 위하여 외관상으로는 밖이지만 사실은 자기 자신 안에 현상으로 나타납니다. 실체가 자신을 현상적 대상으로 드러내기 위해서 시간과 공간의 개념이 작동하게 됩니다. 대상이 인식 가능하게 되려면 공간에 일정한 크기로 나타나야 하고, 시간상으로 일정 기간 동안 머물러 있어야 하기 때문입니다. 그렇지 않으면 인지될 수 없습니다.

이제 나는 다음과 같은 전체 그림을 가지고 있습니다. 개체적 존재란 실체가 현상화한 우주로 투영되는 과정 가운데 아주 작은 티끌에 지나지 않습니다. 그것은 대상화된 모든 것들 중의 단 하나의 대상에 불과하며, 따라서 '나'라고 불리는 개체적 존재는 주체적 실체가 아닙니다. 그러나 이것이 중요한 사실인데, 현상은 별개의 것으로 창조되거나 투사된 어떤 것이 아니라, 사실은 개념화되고 대상화된 실체라는 것입니다. 다시 말해서, 차이점은 실체와 개념이라는 것뿐입니다. 개념이 없다면 그것들은 결코 분리될 수 없고, 실체와 현상 사이에 어떠한 이중성도 있을 수 없는 것입니다.

이 나눠질 수 없는 동일성이 우리의 참다운 본성에 대한 통각(統覺)의 열쇠입니다. 왜냐하면 실체와 현상간의 이러한 기본적인 동일성을 보지 못한다면, 우리는 대상화와 개념의 수렁에 빠지게 될 것이기 때문입니다. 일단 실체가 모든 존재의 근원이고 현상은 실체가 분리된 대상으로 나타나 보일 뿐이라는 것이 이해되면, 존재 그 자체에 다른 어떤 것도 끼어들 수 없고, 따라서 '해탈'을 필요로 하는 존재라는 개념은 말이 안 된다는 것을 알게 될 것입니다. 정말 해탈이라는 것이 있다면, 그것은 속박과 해탈이라는 개념, 바로 그 개념으로부터의 해탈임을 알게 될 것입니다.

내가 태어나기 이전의 나에 대해 생각해보면, '나는 존재한다'라는 개념이 거기에는 없었음을 알게 됩니다. 의식이 없으면 개념화도 없습니다. 그래서 어떤 보는 행위가 일어나면, 그것은 누군가가 주체와 객체로 보는 것이 아니라 모든 보는 것의 근원으로부터 보는 것입니다. 이러한 통찰을 통해서 모든 것을 감싸고 있는 절대의 전체성은 한 점의 결점도 있을 수 없음을 깨닫게 됩니다. 그래서 개체적 존재가 마침내 그 주어진 삶의 끝에 이르러 이 상대적 인식조차 없는 본래의 상태로 융합되어버릴 때까지는 상대적 의식으로 살아가야 합니다. '내가 인식한다'와 '내가 인식함을 인식한다'는 이 일시적인 상태는, 바로 그때 '나는 인식하지 않는다'와 '나는 내가 인식하지 않음을 인식하지 않는다'의 영원한 상태로 융합하는 것입니다.

해설 ▎실체인 절대성은 우주현상계에 가득 차 있는 이 모든 생명 현상을 일으킬 수 있는 근본 바탕이다. 본래 하나인 실체가 자기 모습을 드러내기 위해서 어쩔 수 없이 각자 분리된 것처럼 인식하는 상대세계로 나타난다. 이 현상세계는 실제로 나누어진 것이 아니라 개체의식에 의해 나누어진 것처럼 인식될 뿐이다. 또한 현상세계는 마치 꿈처럼, 실존하는 것이 아닌 허상체인 것이다. 꿈속에서는 실재인 내가 실재인 세상에서 살고 있다고 믿는다. 그러나 그 꿈을 깨는 순간 '나'와 '세상'은 실재가 아닌 허상이었음을 알게 된다. 그리고 참나는 꿈을 꾼 의식이지 꿈속에 들어 있던 존재가 아니라는 사실을 명백히 깨닫는다. 마찬가지로 지금 절대진리가 꾸고 있는 이 우주현상계라는 꿈속에 등장하는 나와 너, 모든 물질, 모든 현상들도 꿈을 깨는 순간 흔적도 없이 사라져버리는 허상체임을 알아야 한다. 현상인 물질세계는 찰나에 사라지는 허상이지만 본래성품인 실체는 현상세계가 생기기 전이나, 생긴 후나, 사라지고 난 뒤에도 늘 변함없이 '있는 그대로 영원한 존재 그 자체'이다.

근본에 대한 이해

　외국에서 오는 거의 모든 방문객들은 마하라지의 책 《아이 앰 댓》을 읽고 마하라지를 찾아온다. 책을 보고 나서 개인적으로 마하라지를 만나고 싶다는 강렬한 충동을 느꼈다고 그들은 말한다. 그들 중에서 소수의 사람들은 수년간 영적인 추구에 깊은 관심을 갖고 있었다.

　일반적으로 외국 방문객의 경우, 그들의 첫 번째 방문은 대체로 이렇다. 그들이 처음 마하라지를 방문하여 보이는 반응은, 어렵사리 얻은 휴가 동안 그렇게 많은 돈을 들여 이곳에 온 것이 과연 올바른 판단이었는가 하는 의심의 표정이다. 마하라지 주변의 불결한 환경, 비좁은 다락방, 별로 성스러워 보이지 않는 그의 외모, 보잘것없는 옷차림 등도 그러한 의심에 한몫 거든다. 그러다가 몇 번 대화에 참석하고 나면 그들은 완전히 변한다. 그리고 돌아갈 때쯤이면 그들은 다음 방문을 손꼽아 기다리게 된다.

외국 방문객들이 첫 방문에서 혼란스러워하는 데는 한 가지 이유가 더 있다. 바로 마하라지의 행동이 보통 사람들과 전혀 다르지 않다는 것이다. 그들의 생각이 모호하기는 하지만, 깨달은 성인은 이러이러하게 행동해야 할 것이라는 그들의 관념에 마하라지의 행동은 맞지 않아 보이는 것이다. 좁은 벽에는 많은 신들과 성인들의 그림이 어지럽게 붙어 있고, 하루에 네 번씩 바쟌 Bhajan(기도) 예식을 올리며, 줄담배를 피워댄다. 또한 때때로 사소한 문제에 대해서도 그저 이웃집 아저씨마냥 쾌활하게 떠든다. 외국인 방문객들은 이러한 모든 것에 당황한다. 그들이 생각하는 성자란, 자신들로부터 멀리 떨어져 앉아 엄숙하게 이야기하고, 때로는 한두 가지 이적을 행하는 멋들어진 수염을 한 주홍색 법복의 도사였다. 그러나 그들이 만난 것은 아주 평범한 촌부였던 것이다.

그러므로 대화에 참석해본 사람이 아니라면, 어째서 깨달은 사람이 하루 네 번씩의 바쟌을 행하느냐고 묻고 싶은 충동을 억누르지 못하는 것은 당연한 일이다. 때로는 이러한 질문도 나온다. "깨달았다는 분이 왜 담배를 피우시나요?" 그럴 경우, 마하라지가 평소에 하는 대답은 간단하다. "왜 안 되지요? 이 몸과 나는 80여 년을 함께 해왔습니다. 왜 이 몸이 이미 익숙해진 몇 개의 하찮은 부스러기들을 받아들이면 안 되는가요? 또한 바쟌의 경우, 그건 내 스승이 계시던 시절부터 해오던 일과 중의 하나였습니다. 그렇게 오랫동안 해왔고 별로 해가 되지도 않는 것을 굳이 그만둘 필요가 있을까요? 꼭 그렇게 해야 된다고 생각합니까? 사람은 누구나 주어진 생을 살아가게 마련입니다. 고의로 다른 사람에게 해를 끼치지 않는 한, 그가 무엇을 하든 현실적으로도 무슨 문제가 되겠습니까?"

마하라지는 이 주제를 가지고 다음과 같이 이야기를 이어간다. "만약 사람이 사물들을 있는 그대로 본다면, 개인의 이분된 의식이 아니라 온전한 의식으로 전체적 현시를 이해한다면, 그 사람은 진정한 각성에서 멀리 떨어져 있는 것이 아닙니다. 그때 그가 무엇을 하는가는 별로 중요하지 않습니다. 사실이지 한 개별적 존재가 독립적으로 뭔가를 행한다고 생각하는 것 자체가 잘못된 것입니다. 진정한 우리는 의식의 바깥 덮개가 아니라 의식의 '존재 그 자체' 입니다. 또한 우리는 시현된 것들을 인식하는 정신적 기관일 뿐인 몸도 아닙니다. 정신적 기관이라 하는 것은 시공간적 개념에 불과하고 따라서 독립적으로 존재하는 뭔가가 아닙니다. 그러므로 겉으로 독립된 것처럼 보이는 외양에도 불구하고 그것들은 독립적으로 행동할 수 없는 것입니다. 이러한 기본적 사실을 이해합시다.

그러면 삶이란 무엇일까요? 이 세상에서의 삶이란 개개인이 무어라고 생각하든 '현시의 작용(현상)' 일 뿐입니다. 이러한 견지에서 바라본다면, 홍수라든가 지진이라든가 하는 여러 가지 파괴적 현상은 우리에게 고통을 줄 만한 아무런 의도가 없습니다. 개개의 몸은 서로 다른 것의 먹이가 됩니다. 쥐는 고양이의, 초식 동물은 사자의, 양이나 닭은 사람의 먹이가 되는 것입니다. 그래서 누군가에게 이익이 되는 것이 다른 누군가에게는 해가 됩니다. 사실 일어난 것 같은 그 어떠한 일일지라도 그것은 현시의 작용일 뿐입니다. 각각의 개체들에게는 그 모든 것들이 그 자신의 행위나 경험처럼 보일지 모르지만, 궁극적인 사실은 어떠한 현상적 대상도 자기 자신만의 독립된 존재성을 지닐 수 없습니다. 일단 이것이 확실히 이해되면 모든 책임감이라든가 죄의식이라는 것은 지각적 개체가 독립된 존재성과 행동의 자율성 및 선택권을 가지고 있다고 믿는 그릇된 관념에서 비롯된 상상의 개념이라는 사실을 이해하게 될 것입니다.

그러면 인간 활동의 다양한 영역——예술, 과학, 운동경기 등——에서 활동하는 저명한 인물들과 위대한 사상가들에 대해서는 뭐라고 말할 수 있을까요? 우리는 이렇게 다양한 물리적 형태를 통하여 의식에 의해 이루어진 업적을 경탄합니다. 하지만 이것들이 개념적 현상에 불과한 개별적 사람들에 의해 이루어진 것은 아닙니다. 실제로 일어나는 일에 대해 명확히 헤아려봅시다. 아마도 이러한 의문이 생길 것입니다. 그것들을 개개인이 이루는 것이 아니라면 과연 누가 하는가? 대답은 이렇습니다. 개별적으로는 아무도 아닙니다. 현시는 의식 안에서 반야Prajna(순수의식)를 통해 일어납니다. 이 모든 꿈-쇼의 화려한 배우이자 연출자인 프라냐가 현시라는 위대한 꿈의 드라마에서 모든 역할을 담당하고 있습니다. 그리고 이 현존의 근원이 바로 실체인 것입니다. 지각하는 존재가 작용하고 반작용하는 듯이 보이지만 실제 작용은 의식 안에서 일어납니다."

마하라지는 계속 말한다. "푸른 창공, 매혹적인 달, 반짝이는 별들을 경탄합시다. 자연의 아름다움을 시로 노래합시다. 수세기에 걸쳐 지구상에 출현한 스승들을 사랑하고 하루에 네 번 바쟌을 바칩시다. 그러나 최소한 진리의 참모습은 이해해야 합니다. 실체인 나는 의식 안에서 일어나는 모든 '작용함' 입니다!

마지막으로, 우리는 우리 자신에게 이렇게 묻게 됩니다. '그렇다면 우리는 하루 종일 무엇을 하는가? 이 세상의 수많은 사람들인 우리는, 우리의 삶을 살고 있는 것이 아니라는 말인가?' 우리가 삶이라고 알고 있는 것에 대해 깊이 그리고 이성적으로 생각해 볼 수 있다면, 하루종일 그리고 매일 하는 일이라는 것이 모두 이분법적 대상화에 지나지 않는다는 결론을 얻을 수 있을 것입니다. 사실 현시 그 자체는 연속적인 대상화일 뿐입니다. 왜냐하면, 깊은 잠 속에서 의식이 휴식에 들게 되면 대상화는 필연적으로 멈추게 되기 때문이며, 대상화된 우주도 사라집니다. 깊은 잠 속에서는 어떠한 자아도, 어떠한 세상도, 어떠한 신도 없습니다.

우리가 '행함'이라고 생각하는 것은 대상화일 뿐입니다. 의식이 있는 한은 현시의 작용이 줄곧 일어나게 되는데, 쓸데없이 자신을 행위자와 동일시함으로써 책임과 죄를 끌어들입니다. 의식이 시비분별을 그칠 때 실타래를 풀어 온갖 것을 엮어내는 분리작용은 멈추어 고요히 가라앉습니다. 의식이 시비분별을 멈추게 되면 그것은 그저 있을 뿐입니다. 대상화가 사라지면 절대성만 남고 분리된 세상은 없습니다. '참나는 영원히 존재합니다.' 최소한 이런 근본적 사실들은 이해합시다."

해설 ∥ 인간을 비롯한 현상계의 모든 사물은 그 안에 주체적 자아가 없으므로 상대와 더불어 연기적 관계를 맺으며 삶을 펼쳐나가고 있다. 어떠한 사물에도 주체적 자아가 없는데 어떻게 자유의지가 있을 수 있겠는가? 겉으로는 내가 생각하고 말하고 행위한다고 느끼지만 그 어느 것 하나도 독단적으로 일어나는 것은 없다. 우주 전체가 하나의 유기체로 맞물려 돌아가면서 서로에게 영향을 주고받는 것이 진실이다. 허공에 떠다니는 개념으로서, 실재하지도 않는 '주체로서의 나'라는 에고가 스스로 자유의지를 행사하고 있다고 착각하는 것이 바로 근본 무명이다.

진리 탐구와 삶의 문제들

　어느 날 아침, 은퇴한 인도 외교관이자 사회·정치적으로 꽤 저명한 한 인사의 방문으로 대화가 활기를 띠었다. 그의 참석은 종종 유쾌하고 생기 있는 토론을 만들어낸다. 이날 아침의 주제는 진리 탐구와 세상에서의 실질적 삶이 병행할 수 있는가 하는 문제였다. 그 둘은 서로 도와주는 관계인가, 아니면 부딪치는 관계인가? 그는 마하라지의 가르침에 익숙할 뿐만 아니라, 그의 가르침을 진지하게 받아들였다. 그는 사회와 정치를 정화하려는 기본 성향을 갖고 있었고, 그것이 이따금 그에게 정신적인 불안을 야기했으므로, 하루빨리 재충전해야 하는 과정이 필요했다. 이러한 것과 상관없이 그는 마하라지를 아주 깊이 사랑하고 있었으며, 그를 만나기 위해서라면 뭄바이까지 100마일이나 되는 거리를 차를 몰고 오는 것도 마다하지 않는 사람이었다.

그의 기본적 의문은 다음과 같았다.

방문자 사람이 정말로 나라 안팎의 모든 문제를 제쳐두고 본성에 대한 명상에 집중할 수 있습니까?

마하라지의 대화 스타일 중 가장 신선한 부분은 자신에게 주어진 질문에 다가가는 독특한 방법이다. 그는 전통적 경전에 관련된 문제뿐만 아니라 어떠한 주제가 제시되면 즉시 그것과 연결하여 형성되는 개념의 숲을 제거하고 곧바로 핵심으로 들어간다. 마하라지는 이 저명한 방문자의 질문에도, 그가 통상적으로 하는 비약적 방법으로 접근하였다.

마하라지 지금부터 나와 함께 이 문제를 다루어봅시다. 지난 몇 천 년 동안 세상에는 수없이 많은 위인들과 성인들이 있었습니다. 그들은 각자 자신의 옳고 그름에 대한 관념과 거기에다 비춰본 시대적 요구에 입각해서 '할 것'과 '하지 말 것'에 대한 목록을 만들어냈습니다. 여기까지는 괜찮습니다만, 이제 우리 자신에게 한번 물어봅시다.
이 위대한 사람들과 성인들이 과연 무엇을 성취했습니까? 그들이 사람이나 자연의 행동 양식에 조그마한 변화라도 이루어낸 적이 있었습니까? 그들이 성공하지 못한 데에는 무언가 근본 이유가 있음에 틀림없습니다. 그것은 문제 자체를 잘못 인식하고 그릇되게 파악한 것에 있지 않을까요? 히드라라는 그리스 신화에 등장하는 동물이 있는데, 이 동물은 머리가 잘려도 다시 생겨납니다. 이것처럼, 당시의 위대한 사람들이 공략한 것은 히드라의 머리가 아니었을까요? 히드라를 죽이는 유일한 길은 심장을 찾아내어 거기를 찌르는 것입니다.

자, 어떠한 사회적, 정치적, 경제적 문제와 그 밖의 다른 모든 문제들의 바탕은 무엇입니까? 문제를 몇 가지 요소로 축소해보면 무엇이 발견됩니까? 그 요소는 '나' 와 수백만의 사람들을 대표하는 '너' 그리고 '물리적 세계' 입니다. 다시 이러한 기본적 요소를 분석해보면 무엇이 발견됩니까? 거기서는 모든 나와 너, 그리고 지구와 하늘과 달과 별 등의 갖가지 것들이 발견됩니다. 그것들은 모두 의식 속에 개념화된 상Image일 뿐이지 않습니까? 모든 존재는 대상입니다. 모든 나와 너 역시 그것을 인식하는 의식 속에서, 서로의 대상으로 존재합니다. 그리고 세상이나 우주에 관한 한 당신이 당신의 의식 속에서 창조해내는 꿈과 본질에 있어 무엇이 다릅니까? 당신이 말하는 소위 실재하는 세계 안에서처럼 꿈속에서도 당신 자신을 포함하여 같은 종류의 사람들이 살고 있고 같은 내용물로 구성되어 있습니다. 당신은 실재하는 세계가 당신이 태어나기 오래전부터 존재했었다고 말할 수 있습니다. 그러나 당신의 꿈속 세상에서도 아주 오랫동안 존재해왔던 바다와 산, 숱한 사람들과 건물들이 명백히 있습니다. 그리고 거기서도 사건들이 벌어집니다. 어떻게 하시겠습니까? 당신은 자신의 꿈속에서 살고 있는 사람들의 수많은 사회적, 정치적 문제들을 해결하렵니까?

따라서 히드라의 심장, 즉 문제의 뿌리는 현시된 온 우주가 나타나는 의식이 아닙니까? 사실 의식이 바로 히드라와 같지 않을까요? 따라서 모든 주의를 집중시켜야 할 것은 의식입니다. 의식이야말로 모든 문제의 근원이요, 나타난 이유며 다른 모든 것과 관련된 핵심 요소입니다. 이렇듯 의식으로 인하여 공간 안에서 일정한 기간 동안 펼쳐지는 시현이 감각적으로 인지가 됩니다. 따라서 순전히 개념뿐인 시간과 공간을 시현된 우주를 인지하는 데 필요한 선행 조건으로 받아들이게 됩니다.

이것으로 우리는 다음과 같은 결론에 도달하게 됩니다.

1. 시공간이라는 개념 없이는 시현된 우주를 감각적으로 인지할 수 없다. 따라서 인과 관계에 바탕을 두면서 시공간에 펼쳐진 모든 사건들 역시 단지 개념일 수밖에 없다.

2. 시현된 우주가 나타남일 뿐이라면 의식이 없는 상태에서

우주는 그 자체로 존재할 수 없다. 시현된 우주란 스스로 존재하는 무언가의 반영이다.

3. 현상이란 실체가 드러나서 알려진 모든 것의 대상화된 측면이다. 의식은 의식을 초월하는 데 이용될 수 없으므로 실체는 인식 범위 밖이다.

4. 실체(존재 그 자체)는 오직 '존재be' 할 뿐이고, 지금 여기 존재한다. 개념적인 시간-공간이 없다면, 사물이 존재할 '때' 라든가 '곳' 이라는 것이 결코 있을 수 없다.

이제 우리는 해결해야 할 문제가 있는 '세계' 란 단지 나타난 현상일 뿐이라는 것을 알았으니, 세상의 문제를 해결하려는 나와 너로 돌아가봅시다. 세상 문제들의 정체를 밝히고 그것들을 해결하려고 하기에 앞서, 우리 자신의 정체부터 밝혀야 하지 않습니까?

우리는 지각력이 있는 존재들로서 세계 속의 문제들을 해결하기 위해 늘 뭔가를 '하고자' 합니다. 그런데 개념적인 존재가 개념적인 것 외에 어떤 일을 한다는 것이 가능하겠습니까? 아침부터 밤까지(깊은 수면 상태만 제외하고) 계속해서 대상화하는 것 외에 무엇을 합니까? 그리고 실질적으로 심신 상관적 기관에 불과한 몸이 착각된 영상과 해석을 만들어내는 것 이외에 무엇을 할 수 있겠습니까?

우리가 자신에 대하여 무엇이라고 생각하든 그것은 전체적 현시와 작용의 일부분일 수밖에 없고, 어떤 식으로든 그것에서 분리될 수가 없습니다. 우리는 깨어난 다음 반추해볼 수 있는 개인의 꿈에서 이 문제를 더 잘 이해할 수 있습니다. 꿈속에서 독립된 인격체인 양 나타나는 자기 자신이라는 것도 꿈을 깨고 보면 독립된 실체가 전혀 아니고 단지 조작된 꼭두각시에 불과함을 알 수 있습니다. 그러면 봅시다. 우리가 '실재'라고 생각하는 이 세상은 그것과 다릅니까? 조금이라도 다른 게 있습니까? 이것을 잘 생각해보십시오. 잠을 자면서 꿈을 꾸는 것처럼, 우리는 '깨어 있다'고, 삶을 살고 있다고 꿈꾸고 있는 것은 아닐까요? 모든 것은 꿈꾸는 의식의 산물입니다. 의식 속에서 대상화가 계속 일어나면서 말입니다.

이러한 사실이 직접적이고, 직관적으로 감지되면, 그때 우리는 알게 됩니다. 상대성 안에서 우리는 의식적 존재이며, 생명을 불어넣는 의식이지 지각력을 부여 받은 현상적 대상이 아니라는 것을 말입니다. 우리가 거짓을 거짓으로 볼 때, 문제는 스스로 해결됩니다. 우리는 살아 있는 꿈의 내용이며, 살아 있는 연극의 배우들입니다. 그리고 배우들은 그들의 역할을 할 수 있을 뿐, 그 이상 아무것도 할 수 없습니다.

그 저명한 방문객은 압도된 듯 침묵 속에서 마하라지의 말을 경청했다. 그는 자신이 생각하거나 느낀 것을 표현할 수 있는 어떤 말도 찾을 수가 없었던 것이다.

해설 ▎현상세계를 살아가는 구도자로서 현실 참여와 진리적 방관 사이에서 고민하지 않은 사람은 아마 없을 것이다. 특히 한국처럼 오랜 역사 속에서 외부의 침입으로 인한 압박과 내부 독재의 고통을 긴 세월 동안 겪어온 민족이라면 더욱더 말할 것도 없다. 이것은 구도자 개개인의 고민의 문제를 넘어서 사회 전반의 갈등으로까지 번지게 되는 것이다. 실제로 독재가 기승을 부릴 때 어린 학생들마저 거리로 뛰쳐나와 민주화를 부르짖다가 피 흘리고 쓰러져 갔다.
세상은 이렇게 아수라장이 되었는데도 수행자들은 깊은 산속에서 눈 가리고 귀를 막은 채 오직 진리를 깨닫기 위해 정진하고 있었던 것이다. 그 대표주자가 바로 성철스님이다. 그래서 일부 의식 있는 현실 참여파 학자들이 언론을 통해서 성철스님을 향해 화살을 날리기도 했다. 그러나 "산은 산이요 물은 물이다"라는 아리송한 대답만 돌아왔을 뿐이다. 왜 그랬을까? 이제 세상에서 발생하는 모든 문제에 대해서 좀 더 냉철하게 관찰해보도록 하자. 우주에 생명체가 발생한 이후부터 지금까지 크고 작은 문제들이 한순간도 쉬지 않고 일어났고 앞으로 우주가 사라지기 전까지는 계속될 것이다. 당시에는 엄청나게 충격적인 대사건일지라도 지나가면 아무것도 아닌 것이다. 한 가지 일을 해결했다 해서 모든 일이 다 해결된 것은 아니다. 사건은 파도와 같다. 끊임없이 밀려온다. 그렇다고 해서 당면한 문제를 해결하지 말라는 것은 아니다. 세상의 본질, 삶의 본질을 제대로 알아야 한다는 것이다. 현실 문제는 배고픔과 같다. 배가 고파 밥을 먹지만 시간이 지나면 다시 배고파진다. 그러나 다시 배고파진다고 해서 아예 굶을 수는 없다. 그래서 배고플 때마다 밥을 먹지만 그것은 계속된 임시방편이다. 히드라가 아가리를 벌리면서 달려드니까 급한 대로 머리를 치지만 잘려진 목에서 머리가 다시 나와 아가리를 벌리고 또다시 달려드는 현상이 반복된다.

어리석은 사람들은 평생 죽을 때까지 자르면 또 나오는 머리만 자르고 있다. 천 번이고 만 번이고 말이다. 그러면서 인생은 고통의 바다라고 한다. 문제가 산더미처럼 쌓여서 죽을 때까지도 다 해결할 수 없다고 한숨만 쉬고 있다. 그러나 지혜로운 사람은 머리에는 관심이 없다. 그의 의식은 오직 모든 문제의 근본적인 해결 방법인 심장을 단번에 찌르는 것에만 관심이 있을 뿐이다. 그것이 절대진리에 대한 깨달음이다. 참나인 절대성을 깨달으면 모든 것이 바로 해결된다. 그것은 마치 꿈속에서 괴로운 일을 당해 고통 받으며 허우적거리다가 꿈에서 깨어나는 순간 해결할 것도 없이 풀어버리는 것과 같다.

스승의 은총은 따로 없다

캘커타에서 온 방문객이 마하라지의 질문을 받고서 자신에 대하여 설명하기 시작했다. 자신은 자아에 대해 지난 수년 동안 관심을 쏟아왔으며, 북인도의 거의 모든 유명한 성자들과 별로 알려지지 않은 성자들까지 모두 만났다고 했다. 이 말이 통역되자 마하라지는 빙긋 웃었다. 또한 그는 여러 학자들로부터 《우파니샤드》, 《기타》 등 주요 경전들을 영어와 벵갈어로 배웠다는 것도 덧붙였다. 그는 산스크리트에 능통했으며 거의 모든 전통 문헌을 원전 그대로 공부했지만 지금 자신에게 필요한 것은 오직 스승의 은총뿐인데, 마침 《아이 앰 댓》이라는 책을 읽고 나서 깊은 감명을 받았으며 마하라지 선생님을 자신의 마지막 스승으로 받아들이겠다고 했다. 그러고는 마하라지의 은총이 내려지기 전까진 결코 뭄바이를 떠나지 않겠노라고 덧붙였다. 그러나 사실상 그가 뭄바이에 머물 수 있는 시간은 며칠뿐이었고 머지않아 캘커타로 돌아가야만 하는 처지라 스승의 은총은 그 사이에 내려져야 했다. 그의 말을 들으면서 마하라지는 계속 커다란 미소를 짓고 있었다.

마하라지 당신에게 몇 가지 묻겠습니다.
방문자 예, 선생님.
(그는 마치 면접을 치르는 당당한 소신의 응시자처럼 가슴을 쭉 펴고 대답했다.)

마하라지 당신은 많은 책을 읽었고 여러 성자들을 만났습니다. 그러니 당신은 당신 나름대로 당신의 진정한 본성을 발견했을 것입니다. 당신이 아는 대로 경험한 대로 당신의 진정한 본성이 무엇인지 나에게 말해보겠습니까?
방문자 선생님, 저는 단지 구원을 열망하는 가련한 구도자일 뿐입니다. 그래서 선생님께서 제게 은총을 내려주시리라는 확고한 희망을 갖고 이렇게 찾아온 것입니다.

마하라지 아직 여기서 보낼 날이 며칠 남아 있으니 은총을 받거나 깨달음을 얻을 시간은 충분하군요. 우선 누가 구원을 얻으려 하는지나 알아봅시다. 실로 구원이나 자유 혹은 해탈 같은 것을 꼭 얻을 필요가 있는지부터 알아봅시다. 자, 내 질문에 대답해봐요. 당신의 진정한 본성을 스스로 알려고 한 적이 있었나요? 잠시 이 세상이나 스승이나 신에 대해서는 잊도록 합시다.

방문자 그것은 매우 까다로운 질문입니다. 제가 원하는 것은 스승의 은총일 뿐입니다. 그것 없이는 제게 문이 열리지 않을 것 같습니다.

마하라지 그렇다면, 과연 당신이 들어가는 것을 막는 닫힌 문이란 것이 있는지부터 알아봐야 하겠군요. 그 문을 통해서 어디로 들어간다는 얘기입니까? 당신은 스승에 대해서 계속 이야기했습니다. 당신이 생각하는 스승은 어떤 사람입니까? 당신도 알다시피 이런 기본적인 물음에 답할 수 없다면 어떻게 그 이상 앞서 나갈 수가 있겠습니까? 자, 다시 묻겠어요. 당신은 자신의 진정한 본성을 찾을 수 있었습니까? 깨달음을 얻기 위해 스승의 은총을 바라는 바로 그 '당신' 말입니다.

방문자 죄송합니다만, 선생님은 저를 매우 혼란스럽게 하시는군요. 제가 드릴 수 있는 대답은 '나는 모른다'일 뿐입니다.

마하라지 오호! 이제 우리는 무언가 결론에 도달한 것 같습니다. 사실이지 '나는 모른다'는 말처럼 진실한 말은 없습니다. 이것만이 진리이며 다른 것은 모두 거짓입니다.

방문자 선생님께서는 저를 놀리고 계십니까? 그러나 선생님의 표정으로 봐서는 이보다 진지하실 수가 없는 것 같습니다…….

마하라지 이해하도록 노력해보세요. 당신은 책을 많이 읽었으니 내가 말하는 바를 이해할 수 있을 것입니다. 당분간 당신이 쌓아올린 지식은 모두 잊도록 합시다. 텅 빈 마음으로 내가 말한 것의 의미를 파악해보세요. 잊지 마세요. 텅 빈 마음. 그러나 그냥 텅 비거나 멍해서는 안 되고 아주 예리해야 합니다.

그것이 어떤 상태건 간에, 우리가 아무것도 대상화하지 않은 상태, 그것이 우리의 진정한 상태, 즉 '본래성품'입니다. 그 상태에서는 자신의 존재조차도 모릅니다. 그러다가 '내가 존재한다'는 생각이 저절로 들게 됩니다. 이 '내가 존재한다'는 생각이 이원성을 만들어내는 시발점이 됩니다. 주체와 대상, 선과 악, 이것과 저것, 그리고 끝도 없는 상대 개념들을 만들어냅니다.

'내가 존재한다'는 개념 이전의 것은 진실이며, 그 이후에 나온 것, 또는 '내가 존재한다'는 의식에서 나온 것은 거짓입니다. 기본적인 이 사실을 이해하도록 하십시오. 내가 존재한다는 느낌, 즉 존재의 느낌은 마야Maya, 프라크리티Prakriti, 이스와라Iswara 등의 아름다운 이름으로 불리기도 하는데, 어쨌든 모두 환상이요 무지입니다. 이 세상의 수많은 물질과 함께 사람이 창조되었다고 믿고서, 의식으로 하여금 스스로가 특별한 외양을 지닌 개체적 존재라고 인식하게끔 작용하는 것이 마야입니다. 그렇게 해서 의식은 자신에게 어떤 특별한 형태가 있다고 착각하고 자신의 본성을 잊어버리게 됩니다. 자, 좀 이해가 됩니까? 질문 있어요?

방문자 집중하여 잘 듣고 있습니다. 질문은 없습니다.

마하라지 좋습니다. 이제 당신은 독립적으로 존재하는 개체란 본래 없다는 것을 알았습니다. 당신의 진정한 모습은 '나는 존재한다'라는 느낌이 생기기 이전의 그것입니다. 당신의 몸이란 진정한 본질이 만난 질병과 같습니다. 혹은 일정 기간 동안 나타났다 사라지는 현상과 같습니다. 결국에 물질적 형태는 죽을 것입니다. 그리고 땅에 묻히거나 화장될 것이며 처음 만들어졌을 때 동원되었던 다섯 가지 원소로 되돌아 갈 것입니다. 숨은 멈출 것이고 외부의 공기와 하나가 될 것입니다. 말하자면 그 모든 과정은 정해진 흐름을 따라 끝을 맺게 됩니다. 자, 그러면 이제 당신의 문제로 되돌아가 봅시다. 자유를 얻기 위해 스승의 은총을 바라는 그 자는 누구입니까? 그리고 무엇으로부터 자유로워진다는 말입니까?

방문자 오! 마하라지 선생님, 선생님께서는 제 문제를 180도 뒤바꿔 놓으셨군요. 지난 40년간의 제 모든 노력을 원점으로 돌려버리셨고 제 존재마저 사라지게 하셨습니다. 제가 더 이상 무엇을 말할 수 있겠습니까? 오직 하나 제가 말씀드릴 수 있는 것은 선생님께서는 제 존재를 없애시면서 동시에 스승마저도 없애버리셨습니다.

마하라지 올바르게 이해한 것은 맞지만, 그것이 다가 아니에요. 그러니 더 들어보세요. 문제는, 아직도 당신이 당신을 물질적 형태를 갖춘 개별적 존재로 보는 데 있습니다. 또한 스승까지도 또 다른 형태를 갖춘 개별적 존재로 믿고 그를 성자라 부르며 무언가 특별한 존재라고 여기는 것입니다. 그러나 모든 사람은 다 같습니다. 이것을 바로 알지 못하는 것이 실수라면 진짜 실수입니다. 스승은 자신이 영원한 실재라는 것을 깨달았습니다. 그는 모든 존재들을 자기 자신과 똑같이 보며, 따라서 사람이나 형체나 사물로 보지 않습니다. 또 하나의 실수는 구도자, 개체로서 무언가를 이해하려

하고 배우려 한다는 데 있습니다. 그러나 개념적 객체가 어떻게 무언가를 이해하겠습니까? 진정한 이해가 가능하려면 구도자 자체가 사라져야 하는 것입니다. 구도자의 개체성이 사라져야만 빛나는 태양처럼 언제나 존재하는 스승의 은총과 의식은 하나가 됩니다. 육체를 개별적 존재로 인식하는 버릇을 빨리 버리면 버릴수록, 스승의 은총은 구도자의 의식에 더 빛나게 피어납니다. 그리고 그때에야 비로소 스승의 존재는 내부에 있는 의식이라는 것을 알게 되고, 제자의 헌신과 사랑에 흥겨워하며 참 스승으로서의 의식은 필요한 모든 지혜를 펼쳐 보이게 됩니다.

그러나 당신이 계속해서 자신을 개별적 존재라고 여기거나, 스승을 어떤 과제를 내주고 그것을 잘하면 상도 주는 또 다른 개별체로 여긴다면, 당신은 결코 성취할 수 없을 것입니다. 이런 개념 전체가 잘못된 것입니다. 항상 존재하는 스승의 은총이 부드럽고 자연스럽게 당신에게 흘러들기에 앞서, 당신은 스승과 그 은총의 진정한 의미를 알아야 합니다.

방문자는 잠시 멍하게 앉아 있었다. 잠시 후 정신을 차리고 말을 할 수 있게 되자, 그는 이렇게 말했다.

방문자 마하라지 선생님, 선생님께서는 저의 눈을 확 뜨게 해주셨습니다. 그동안 제가 생각해왔던 수행이나 그에 관한 지식과 견해들이 모두 허망한 것이었음을 알게 해주셨습니다. 이 은혜를 어떻게 보답해야 할지 모르겠습니다.

그는 마하라지의 발아래 엎드려 예를 표했고, 지혜로운 사람으로 떠났다.

해설 | 사람들은 자신을 독립된 개체로 착각하고 있기 때문에 신이나 깨달은 스승으로부터 축복을 받아야 한다고 믿는다. 그래서 열심히 기도를 하고 성금을 내고 공양을 바친다. 이런 맹신성을 이용하여 세상에는 많은 사이비 스승들이 축복을 내리네, 가피를 내리네 하면서 혹세무민하고 있다. 그러나 깨달은 사람은 너와 내가 둘이 아님을 안다. 스승과 제자가 따로 존재하지 않음을 안다. 진리를, 구원을, 깨달음을, 스승을 밖에서 찾는 것은 어리석은 짓이다. 그 모든 것이 이미 내면에 다 들어 있다는 것을 알아야 한다. 이것은 개체인 내 안에 들어 있다는 뜻이 아니라, 개체로서의 내가 사라질 때 모든 것이 하나라는 뜻이다.

"참나는 절대진리 그 자체다."

의식, 모든 현상의 씨앗

하루는 늘씬하고 균형이 잘 잡힌 몸매를 가진 중년의 유럽인이 마하라지를 방문했다. 그 사람은 안절부절 못하고 동요하고 있는 듯이 보였다. 흥분을 참을 수 없어 곧 폭발하고 말 것 같은 느낌이었다. 그의 불안함이 주위 사람들의 눈길을 사로잡았다.

마하라지가 그를 쳐다보자 그의 눈에서는 주르륵 눈물이 흘러내렸다. 마하라지가 연민 어린 시선을 보내자 그는 다소 안정되었고, 간단히 자신의 신상에 대해 이야기를 시작했다.

방문자 저는 20년 동안이나 《베단타 *Vedānta*》를 공부해왔습니다. 그러나 저의 진리 탐구는 열매를 거두지 못하였고, 저는 정말 실망하고 말았습니다. 20년 동안의 노력이 수포로 돌아가자 저는 아무것도 할 수 없었습니다. 그러다가 어느 날 선생님의 《아이 앰 댓》을 읽게 되었고 비로소 저는 희망을 발견하였습니다. 저는 인도로 떠날 것을 결심하고 여행 비용을 벌었습니다. 드디어 뭄바이에 도착하여 여기에 왔고, 이제 저의 탐구는 끝났습니다.

그의 눈에서는 줄곧 눈물이 흘러내렸다. 자신을 억제하기가 힘겨운 듯했다. 마하라지는 그의 말을 들어주었고, 그의 마음을 가라앉히려는 듯 잠시 눈을 감고 침묵했다. 그러고는 이렇게 물었다.

마하라지 당신은 '자신이 육체가 아니다' 라는 것을 확신하고 있습니까?

방문자 제가 육체만의 존재가 아니라는 것은 확실히 믿고 있습니다. 《아이 앰 댓》에 나온 대로 육체 이외의 것은 '내가 존재한다' 는 느낌이라고 생각하고 있습니다. 그러나 그 느낌으로 계속 남아 있어야 한다는 것이 무슨 뜻인지 모르겠습니다. 선생님, 이제 저는 언어에는 진저리가 납니다. 저는 수백만의 단어를 공부했으나 아무것도 얻지 못했습니다. 저에게 실체를 주십시오. 언어가 아닌 것 말입니다. 그렇게 해주신다면 저는 선생님께 무량한 감사를 올리겠습니다.

마하라지 물론입니다. 당신은 이미 그 실체에 있습니다. 그러나 그것을 보여주기 위해서 나는 언어를 사용할 것입니다. 내가 하는 말을 잘 듣고 선생이 비롯되었던 근원으로 거슬러 올라가 봅시다.

방문객은, 가슴으로는 마하라지의 말이 옳다는 것을 받아들였지만, 머리로는 그 문제에 대해 보다 깊이 들어가봐야겠다고 말했다.

그러자 마하라지가 말했다.

마하라지 당신은 이 모든 상황을 즉각적이고 분명하게 이해해야만 하며, 이것은 오로지 당신이 이 일의 뿌리에 도달해야만 가능합니다. 그 뿌리라는 것은 '나는 존재한다'는 의식이 처음 어떻게 생겨났는지를 아는 것입니다. 그 존재의 씨앗을 찾아내십시오. 그러면 당신은 전 우주의 씨앗을 알게 될 것입니다.

당신의 몸에는 프라나와 의식이 함께 있습니다. 자, 그러면 생각해봅시다. 모든 인류의 이 같은 현상은, 다른 모든 생명체나 동물, 또는 식물 같은 것과 다릅니까?

당신의 집 뒤뜰에 작은 물방울들이 모여서 고여 있다고 가정해봅시다. 시간이 지날수록 거기에서는 곤충 같은 것이 형성되고 움직이기 시작합니다. 그리고 그 존재는 자신을 지각하기 시작합니다. 또 다른 예를 들어볼까요. 방 귀퉁이에 쉰 빵을 며칠 동안 놓아두고 보면 거기에서도 벌레가 생겨나기 시작합니다. 그것 역시 존재를 지각하게 됩니다. 또 조류나 닭이 일정 기간 알을 품으면 거기에서 새끼들이 알을 깨고 나오고, 그러면서 자신들의 존재를 지각합니다. 사람들도 마찬가지입니다. 남성의 정자가 여성의 난자와 수정되면 10개월 후 아기가 태어납니다. 정자는 점점 태아로 커나갑니다. 그리고 태어나서는 자다가 깨다가 하면서 육체적 기능을 수행해 나갑니다. 그러면서 자신의 존재를 지각하는 것입니다.

곤충이든 벌레든 병아리든 아기든, 이 모든 경우에 있어서 진정으로 무엇이 태어났습니까? 임신에서 출생까지 전 과정을 '감독' 해온 것은 무엇입니까? 그것은 바로 임신부터 출생에 이르는 동안 잠재되어 있다가 적절한 시기에 탄생하게 된 '내가 존재한다'는 의식이 아니겠습니까? 이 존재감 또는 의식은 네 가지 경우가 모두 동일하며, 생명체가 태어날 때 자신이 입고 나오는 몸의 형태를 자기 자신으로 착각하는 것입니다. 다시 말하자면, 단순한 존재의식(내가 '이것' 이라거나 '저것' 이라거나 하는 특정한 대상을 매개로 하는 존재의 개념이 아니라, 그저 '내가 존재한다'는 일반적 의식)이 자기 스스로를 어떤 특정한 형태의 물질 덩어리가 아님에도 거기에 한정시키고, 그럼으로써 자신의 '출생'을 받아들이게 되는 것이며, 이후부터 그 의식은 물질적인 육체라면 반드시 겪어야만 할 죽음을 두려워하며 살게 됩니다. 이렇게 해서 개체가 있다는 자기 정체성, 즉 에고라는 개념이 나타나게 되는 것입니다.

이제 당신은 '내가 존재한다'가 무엇인지 그 근원을 알겠습니까? 의식이 개체로서 존재하기 위해서는 몸에 의존해야 하지 않겠습니까? 그리고 그 몸이란 것도 수정된 정자가 자라난 것에 불과하지 않나요? 또한 정자는 아버지가 섭취한 음식의 정수에 불과합니다. 따라서 의식의 씨앗은 단순히 음식으로 규정할 수도 있습니다. 곧 몸이 의식의 '음식'인 것이니 몸이 죽으면 바로 의식도 함께 사라집니다. 그럼에도 '의식은 전 우주의 종자'인 것입니다.

사람이 꿈을 꾸게 되면 어떤 하나의 세계가 의식 속에서 생겨나 펼쳐지는 것을 각자 경험할 것입니다. 어떤 누군가가 완전히 깨어나지 않은 채 단지 의식이 흔들리고 있다면 그는 꿈을 꾸게 됩니다. 의식의 한 점에서 일어난 꿈은 전 우주를 창조합니다. 꿈의 세계는 바깥의 객관적 세계와 비슷합니다. 거기에도 태양이 있고 땅도 있고 산과 바다, 강물도 있습니다. 꿈꾸는 자신을 포함하여 사람들도 있고, 그들은 마치 깨어 있을 때와 똑같이 행동합니다. 꿈이 진행되는 동안 꿈속의 세계는 아주 사실적이며 거기서 경험하는 것도 실제처럼 느껴집니다. 그러나 일단 꿈에서 깨고 나면 꿈속의 세계는 그 세계를 창조했던 의식 속에서 흔적도 없이 사라집니다. 그리고 깨어 있는 상태에서 무지의 씨앗 때문에 또 다른 세계가 출현합니다. 당신은 소위 '깨어 있는 상태'로 끌려갑니다. 말하자면 '깨어 있는 꿈'을 꾸는 것입니다. 그러나 당신은 깊고 깊은 꿈을 꾸기에 꿈꾸고 있다는 사실조차 알지 못합니다. '그 모든 것이 꿈이었구나!'라는 것을 깨닫고 나면, 참으로 당신은 꿈에서 '깨어난' 것입니다. 오직 깨달은 사람만이 진실로 깨어 있음과 꿈의 실체를 아는 것입니다.

여기까지 말하고 마하라지는 지금까지 들은 것 가운데 질문할 거리가 있는지 물었다. 방문객은 즉시 질문하였다.

방문자 현상세계의 배후에 있는 개념구조 또는 원리는 무엇입니까?

마하라지는 방문객이 '개념구조'라는 말을 사용하자 무척 기뻐했다. 왜냐하면, 그는 항상 이 세계가 순전히 개념적일 뿐이니, 말과 개념의 홍수에 휩쓸리지 말고 그 사실을 명심하는 것이 중요하다고 역설해왔기 때문이다. 마하라지는 계속해서 이야기했다.

마하라지 최초의 상태인 범브라만Parabrahman은 여여합니다. 표상될 수도 없고 형체도 없으며 주체의식조차 없습니다. 그 상태는 충만 그 자체이기에 명칭을 붙인다는 것은 불가능합니다. 그렇지만 의사소통의 방법으로 어떤 특정한 상태를 표현하는 단어가 만들어졌고 그 상태를 지칭하는 데 사용되어 왔습니다. 어떤 개념보다도 앞선 그 원래의 상태, 그 상태에서 의식, 즉 '내가 존재한다' 는 생각이 움직여 존재가 됩니다. 어떻게 그럴까요? 거기에는 마땅히 설명할 이유가 딱히 없습니다. 마치 끝없이 펼쳐진 큰 바다에서 파도가 슬쩍 일어나듯이 그럴 뿐입니다.

'내가 존재한다' 는 생각이 옴Aum 소리의 씨앗입니다. 옴은 우주 창조의 시작에 있었던 나다Nada, 즉 태초의 소리입니다. 그것은 a, u, m의 세 음으로 이루어져 있습니다. 이 세 음은 사트바, 라자스, 타마스의 세 가지 속성을 드러내는데, 즉 깨어 있음, 꿈, 깊은 잠의 의식 상태를 만들어냅니다. 이 세 가지 속성은 조화, 활동성, 휴식의 세 가지로 불립니다. 세상은 이 의식 속에서 그 형태를 지어냅니다. '내가 존재한다' 는 그 처음 생각이 본래 하나인 세계를 쌍대성의 세계로 지어냅니다. 부모원리의 쌍대성, 즉 푸루샤(양성)와 프라크리티(음성) 없이는 어떠한 창조도 일어날 수 없습니다.

의식에서 세상이 나타나는 배후에는 열 가지의 요소가 작용합니다. 부모의 쌍대성 원리, 서로 상호작용하는 물리적·화학적 물질인 다섯 가지 원소, 사트바, 라자스, 타마스의 세 구나가 그 열 가지입니다. 어떤 개체가 자기 스스로 행동한다고 생각할지도 모르나 그 특정한 물리적 형상을 입고 세 구나를 그 개체에만 고유하게 조합하여 행동하는 것은 실제로 오대 원소의 본질인 프라나입니다.

이러한 관점에서 세상의 현시를 바라보면, 실제로는 심신상관적psychosomatic 기구에 불과한 각 개체의 사고방식과 행동양식이 그 질과 정도에 있어서 수백억의 개체들과 다르게 되는 이유를 쉽게 알 수 있습니다. 왜 한편에는 마하트마 간디와 같은 사람이 있고 또 다른 한편에는 히틀러와 같은 사람이 있게 되는 것일까요. 사람의 지문이 그 누구와도 동일하지 않다든지, 같은 나무에서 자란 나뭇잎일지라도 제각각 다르다는 것은 이미 잘 알려진 사실입니다. 그 이유는 오대 원소와 세 가지 구나가 다양하게 변화하면서 수억, 수조의 조합을 만들어내기 때문입니다. 우리가 어떤 대상을 존경한다거나 사랑한다고 하기 이전에, 사랑하고 존경해야 하는 것이 무엇인지 알아야만 합니다. 그것은 단순한 개념적 개체가 아니라 이 꿈과 같은 세상에서 수백억의 역할을 동시에 하고 있는 놀라운 능력의 의식인 것입니다.

마야가 벌이는 릴라lila(유희)의 다양함에 휩쓸리지 않기 위해서는 이 단계에서 절대와 상대의 본질적 하나 됨, 발현된 것과 잠재된 것의 하나 됨을 잊지 않아야 합니다. 잠재된 것이 발현될 때에는 반드시 '내가 존재한다'는 기본적 개념이 있어야만 합니다. 그 근본에 있는 것이 바로 실체로서 절대성인 것입니다. '내가 존재하고 있다'는 생각이 일어나면 자신을 현상적인 우주에 비춥니다. 자신을 보기 위해서 실체는 스스로를 현상으로 객체화시켜야 하며 이 객체화가 가능해지기 위해서는 시간과 공간의 개념이 필요합니다. 현상은 부피의 공간과 지속의 시간을 통해 펼쳐집니다. 그러므로 현상은 실체와 다른 무엇이 아니라, 객관화된 실체인 것입니다. 그 본질적 일체성을 이해하고 기억함이 중요합니다. 일단 '내가 존재한다'는 생각이 나타나면 그 근본적인 하나 됨은 주체와 객체의 쌍대성으로 나뉘고 개념적으로 분리됩니다.

비인격적인 의식이 스스로를 발현하여 어떤 물리적 형체를 자신으로 지각하면 그때 '나라는 개념'이 생겨나고 이 '나라는 개념'은 어떤 독립적인 실체도 없다는 것을 잊어버린 채 자신의 본래 절대성을 의도, 필요, 욕망 등을 지닌 객관체로 바꾸어버리기 때문에 고통을 당할 수밖에 없습니다. 이 착각된 자기 정체성이야말로 해방되어야 할 '굴레'입니다.

그러면 '해탈'이란 무엇일까요? 해탈, 깨달음, 깨어남이라는 것은 바로 다음과 같은 사실을 근원에 서서 직관하는 것과 다르지 않습니다. 첫째, 이 모든 현상의 씨앗은 비인격적인 의식이라는 것 둘째, 우리가 구하고 있는 해탈은 발현되지 않은 잠재된 양태라는 것 셋째, 찾는 대상이 바로 찾고 있는 자신이라는 것입니다.

여기까지의 대화를 요약하여 마하라지가 다시 말했다.

1. 근본 상태에서는 그저 '존재 그 자체'만이 있으며 여기에는 어떤 지식이나 조건, 속성, 형태, 자기 정체성 등이 없다.

2. 그러다가 그것이 그냥 그러함이라는 것 외에는 별달리 명확한 이유가 없이 '내가 존재한다'는 인식(비인격적인 의식)이 일어나게 된다. 이 인식에 의해서 세계가 살아 있는 꿈으로 펼쳐지게 된다.

3. 의식이 자신을 현상으로 발현하기 위해서는 형태를 지닌 물리적 몸이 필요하며 의식은 자신을 그 몸과 동일시하고 그렇게 해서 생긴 가상의 나로 인하여 '굴레'의 개념이 생겨난다. 이러한 자기 정체성을 가졌다고 생각하여 개체는 순수한 주관성(무제한의 잠재성)을 객관적 대상(제한된 현상)으로 바꾸어버린 '원죄'를 범했다고 말할 수 있다.

4. 어떤 객관적 대상도 자기 스스로 독립된 존재는 되지 못하므로 그 대상은 이 살아 있는 꿈living-dream에서 스스로 깨어날 수

없다. 그럼에도 이 착각 속의 개체는 '절대' 또는 '실재', 또는 아무거나 또 다른 대상을 찾는다.

5. 여기까지가 분명하다면, 이제 거슬러 올라가 의식이 생겨나기 전 본래의 모습은 무엇이었는지를 찾아내야 한다.

6. 이 단계에서 우리는 몸도 아니고 의식도 아니며 오로지 의식이 있기 이전의 이름 붙일 수 없는 온전한 절대성의 상태일 뿐이라는 '깨달음'이 있게 된다(의식 안에서는 그 상태가 어떤 이름을 가지고 있든지 그것은 개념일 뿐이다).

7. 이처럼 이 고리는 완전하다. 찾는 자가 곧 찾고자 하는 대상인 것이다.

마하라지는 결론으로, '나는 실체'라는 것을 깊이 이해하라고 말했다. 현재 모습으로서의 '나'는 일시적인 것이다. 마치 병이 있다가 없어지듯 일식이 일어났다 사라지듯, 현상체에게 주어진 수명이 다하면 존재감은 사라지고, 실체는 다시 자신의 깨어 있음조차 알아차리지 못하는 상태가 된다.

설명이 진행되는 내내 방문객은 마치 주문에 걸린 것처럼 꼼짝도 않고 앉아 있었다. 마하라지의 설명이 끝나자, 그는 몇 마디 말을 해보려고 애썼으나 마하라지는 단호한 손짓으로 그의 말을 막았으며, 다른 방문객들이 마하라지에게 경의를 표하고 떠나는 동안 그는 완전한 평화 속에 고요히 머물러 있었다.

해설 ▎참나인 절대성은 오직 하나인 상태다. 오직 하나의 상태인 절대성에서 이 우주현상계의 모든 만물이 투영된 것이다. 투영되었다는 것은 그것이 인식되었다는 말과 같은 의미다. 즉 절대가 자신을 투영시켜놓고 자신이 인식하는 두 가지 역할로 나누어지게 되는 것이다. 절대진리가 자신을 인식하기 위해서는 어쩔 수 없이 의식이 되어야 한다. 그러므로 의식이 된 절대가 현상체로 드러나고 또 그것을 인식한다. 관찰자와 대상, 나와 너는 현상적으로는 나누어진 독립적 존재로 보이지만 사실은 의식화된 절대성의 양면일 뿐이다. 이 우주현상계의 모든 것, 아니 우주 그 자체가 의식을 벗어나서 존재할 수 없고, 의식은 참나인 절대를 벗어날 수 없다. 의식 안에 투영된 개체적 존재는 연기법칙에 따라 쌍생쌍멸하는 순간적 허상이지만 본래성품으로서 참나인 절대는 불생불멸의 영원한 존재다.

깨달음에는 수고로움이 없다

　마하라지는 하나의 특정한 주제에 대하여 적절한 예와 비유를 들어서 매우 끈기 있게 설명한다. 그러고 나서 자신이 말한 것에 대해서 질문하도록 배려하는데, 이때 질문들은 종종 그가 그렇게도 애써 설명하고자 했던 바로 그 포인트가 아니라, 단지 논의 중인 주제의 일면을 설명하기 위해 제시한 예화에 기반을 두는 경향이 있었다. 그러한 질문들은 질문자가 핵심을 놓쳤다는 것을 명백히 보여주는 것이다.

　그럴 때 마하라지는 이렇게 말한다.

　마하라지　질문을 할 때는 당신 몸과 동일시하지 않은 상태에서 하세요.

많은 방문객들이 자신의 몸을 자기 자신과 동일시하지 않는다는 것은 불가능하며, 어떤 면에서는 그러한 조건을 요구하는 것 자체가 말이 안 된다고 생각한다. 어째서 마하라지는 그토록 몸과의 동일시는 안 된다고 강조하는가? 그에 대한 올바른 답은 이러할 것이다. 그림자가 자신을 만들어낸 실체를 이해할 수 없는 것처럼, 대상은 그 주체를 이해할 수 없기 때문이다.

어쩌면 대상이자 심신상관적 기구에 불과한 몸을 자율적 존재로서 자기 자신이라고 여기는 개념적 자아가 있는 한, 절대에는 손 끝 하나 댈 수 없다. 더구나 심신상관적 기구에 불과한 몸을 자율적 존재로 생각하고 말하는 사람이 하는 질문은 터무니없이 모순된 것이 될 수밖에 없지 않을까? 물론 이것은 깨달은 자만이 질문할 수 있다는 것을 의미하지는 않는다. 오히려 깨달은 사람은 아무 질문도 없을 것이다!

마하라지가 방문객들에게 기대하고 있는 것은 이 두 가지 극단의 중간 정도일 것이다. 자주 말하듯이, 그는 자신을 찾아오는 사람들이 그저 초심자가 아니라 이 주제에 관해 이미 상당한 공부를 한 사람들이라고 가정한다. 다시 말해, 마하라지는 방문객들 자신이 의식에 의해 발현될 물리적 구조물이 아니라 비개체적인 의식자체라는 것을 잊지 말 것을 강조한다.

마하라지는 그의 말을 듣는 것이 직접적인 통각의 기반 위에 있어야 하며, 개념적 개체가 끼어들 여지가 없이, 말하고 듣는 과정에서 어떤 기능이 작용하는지 명확히 알고 있어야 한다고 말한다. 마하라지는 이렇게 충고한다.

마하라지 효력을 발휘하기 위해서는, 내 말이 마치 화살과 같이 들어와 꽂혀야 합니다. 나는 의식에게 말하는 것이지 어떤 개체에게 말하는 것이 아닙니다.

방문객들에게 주는 마하라지의 충고는 "직접 통각하고 즉시 잊어버리라"는 것이다. 그것은 그의 말을 방문객 자신들의 개념을 만들어내는 바탕으로 쓰지 말라는 것이다. 그는 말한다.

마하라지 개념은 생각으로부터 일어나고, 이 모든 것들이 모여 마음이라고 하는 다발이 형성됩니다. 생각은 '개념화', 즉 마음속에 대상을 지어내는 것을 의미하며 이것이 곧 '속박'입니다. 기본적으로 상대적이고 개념적인 언어는 깨달음에 장애가 됩니다. 언어는 의사소통을 위해 일시적으로 사용될 수 있을 테지만 그 이후에는 속박이 되고 맙니다. 개념적 사고를 없애는 것이 바로 깨달음이며 그 누구도 그 외의 다른 방법으로 도달하거나 달성할 수 없습니다. 깨달음은 어느 순간, 어느 장소에서, 어느 누구에 의해서 획득될 수 있는 '물건'이 아닙니다. 스승의 말이 화살처럼 꿰뚫고 들어와야 이러한 통각이 열리고, 이것이 바로 깨달음입니다!

마하라지의 말에 방문객들은 이렇게 반응한다.
방문자 만일 어떤 것을 얻을 만한 누구도 없다면 우리는 도대체 무엇을 해야 합니까?

마하라지의 응수는 즉각적이며 항상 똑같다.
마하라지 우리란 무엇입니까?

그러면 누군가 주저주저하며 느리게 대답한다.
방문자 선생님은 우리라는 것이 전적으로 환상에 불과한 개념적 사고의 일부라고 말씀하는 겁니까?

이 단계에 이르자 마하라지는 그가 자주 해왔던 말을 재차 반복한다.
마하라지 지식은 개념이며 따라서 진리가 아닙니다. 직접적으로 통각하고 지식을 구하려는 노력을 포기하십시오. 그러나 여러분들 중 몇 명이나 그렇게 할까요? 내 의도를 수용하는 사람이 몇이나 되겠습니까? 내가 여러분들에게 전달하려고 애쓰는 것, 내 말의 참뜻이 무엇입니까? 그것은 여러분 스스로가 여러분의 본성을 이해하고 인식하도록 하는 데 있습니다. 하지만 먼저 제거되어야 할 방해물이 하나 있어요. 본성을 깨닫기 전에 사라져야 할 방해물로써 모든 생각, 개념화, 대상화를 멈춰야 합니다. 왜냐하면 본성에는 어떠한 대상도 없기 때문입니다. 그것은 모든 존재의 주체이지 대상이 아니므로 결코 관찰될 수 없습니다. 눈은 다른 모든 것을 보지만 스스로를 볼 수 없으니까요.

그러면 사람들은 또다시 "개념화를 멈추려면 무엇을 해야 하고 어떤 수고를 해야 하느냐"고 질문한다. 그에 대한 대답은 이렇다.

마하라지 아무것도 없어요. 어떤 수고도 필요 없습니다. 누가 그 수고를 합니까? 당신은 자궁 안에서 미세한 정자가 아기로 자라나게 하기 위하여 어떤 수고를 했습니까? 그리고 몇 달에 걸쳐 연약한 아기에서 유아로 자라나는 동안, 자신의 존재를 지각하기 위해 어떤 수고를 했었나요? 지금 당신은 자신이 해야 할 노력에 대해서 이야기합니다. 그러나 환상에 불과한 개념적인 '나'가 자신의 본성을 알아내기 위해서 무슨 노력을 기울일 수 있습니까? 그림자가 그를 있게 한 주체를 알기 위해서 노력할 수 있습니까? 자신의 참된 본성을 깨닫는 데는 어떠한 현상적 노력도 가당치 않습니다.

깨달음은 얻어지거나 억지로 되는 것이 아닙니다. 그렇게 될 만한 요건이 되었을 때, 개념에 의한 방해 공작이 멈추었을 때, 그때에만 저절로 일어날 수 있습니다. 그것은 자신이 나타날 빈자리가 주어질 때에만 나타날 수 있어요. 만일 어떤 사람이 이 집을 차지하려 한다면 내가 우선 이 집을 비워 줘야 합니다. 만일 개념적 '나'가 이미 차지하고 있다면 깨달음이 어디로 들어올 수 있겠습니까? 개념에 불과한 나를 비우고 깨달음이 들어갈 기회를 주세요. 그러나 개념화를 없애는 방법으로 생각을 중지하려는 적극적인 노력이라면 하지 마십시오. 그밖의 다른 어떤 노력도 다 마찬가지입니다. 효과적인 유일한 방법은 진리에 대한 즉각적 통각입니다.

거짓을 거짓으로 보고 나서, 남는 것이 참입니다. 지금 있는 것이 사라질 때에만, 지금 없는 것이 나타납니다. 이렇게 간단해요. 참이 아닌 것에 대한 부정만이 유일한 답입니다.

해설 | 깨달음을 몸과 마음을 갈고 닦아서 얻는 자아완성으로 믿는 사람들이 이런 강의를 들으면 정신적 공황 상태에 빠지게 된다. 왜냐하면 그런 사람들은 지금까지의 삶을 순전히 자신의 노력으로 열심히 살아왔다고 굳게 믿고 있기 때문이다. 그래서 생각이 일어나면 내가 생각한다, 말을 하면 내가 말한다, 행동이 일어나면 내가 행동한다고 주체성을 부여한다. 또한 인연 되어진 모든 사람을 내 부모, 내 남편

(아내), 내 자식, 내 친구, 내 스승, 내 제자, 내 학교, 내 직장, 내 나라, 내 종교라고 부르면서 자신의 소유인양 행세한다. 그러나 이 세상 모든 존재는 그때그때 대상에 따라서 정체성이 변할 수밖에 없는 상대적 존재이며, 스스로 태어날 수도 없고 혼자 존재할 수도 없는 연기적 존재이다. 따라서 '주체로서 나'라고 할 수 있는 놈이 하나도 없다. 그러므로 나도 없고 내 것도 없다. 현상적으로는 오직 인연만 있을 뿐이다. 그것도 주체가 없는 인연만 있을 뿐이다. 생각과 말과 행위는 혼자 하는 것이 아니라 상대와 더불어서 상호작용에 의해 일어나는 쌍방향 현상이다. 그래서 생각은 있으나 생각하는 자는 없고, 말은 있으나 말하는 자가 없고, 행위는 있으나 행위자는 없다.

아이를 낳지 못하는 여인의 아이

마하라지는 방문객들에게 질문할 기회를 줄 때, 그들끼리 이러니 저러니 토론하다가 각자 자신이 갖고 있는 개념들로 복잡해지거나 주제에서 비켜나거나 하지 않도록 각별히 신경을 쓴다. 이러한 낌새가 보이면 그는 유쾌하게 한마디 하곤 한다.

"아! 지금 아이를 낳을 수 없는 여인의 아이 결혼식에 대해서 여러 의견들이 많군요."

마하라지는 '아이를 낳지 못하는 여인의 아이'라는 비유를 자주 사용한다. 어느 날, 아마도 그 비유를 처음 듣게 된 한 방문객이 마하라지의 비유에 흥미를 느끼고 거기에 대해서 예를 들어 설명해달라고 요청했다. 마하라지는 질문을 받고 잠시 동안 아무런 미동도 없이 눈을 감은 채 조용히 앉아 있었다. 그곳에 모인 사람들은 마하라지가 숨소리도 나지 않을 정도의 침묵 속에서 삼매에 들었다고 생각했다. 그때 마하라지가 낮은 목소리로 말하기 시작했다.

마하라지 자, 그러면 시간이 무엇인지 알아볼까요? 만약 당신이 시간의 본질을 제대로 알지 못한다면 현상의 본질도 이해하지 못할 것입니다. 사람들은 시간에 대해서 너무나도 당연하게 받아들이고 온갖 개념들을 양산해내고 있습니다. 만약 당신이 그렇게 하고 있다면 왜 그런지 그 근원부터 찾아봐야 하지 않습니까?

시간과 공간은 서로 분리되어 있지 않습니다. 사물은 어떻게 인식될 수 있나요? 인식은 당신이 그 사물을 보기 때문입니다. 만약 사물이 형태가 없다면 그것을 볼 수 있나요? 사물이 형태, 즉 일정한 부피를 가지고 공간에 퍼져 있기 때문에 그것을 볼 수 있는 것입니다. 한 걸음 더 나아가 생각해봅시다. 그런 사물이 극히 짧은 시간 동안만 공간에 나타난다면 그것을 인식할 수 있을까요? 사물을 인식할 수 있는 까닭은 사물이 공간에 일정 기간 동안 어느 일정의 부피를 갖고 당신이 그것을 인지할 수 있도록 충분히 머물러 있기 때문입니다.

만약 시간과 공간의 개념이 없다면 사물은 인식될 수 없을 것이고, 따라서 사물은 사물일 수가 없습니다. 시간과 공간이 없다면 현상이나 사건이 어떻게 있을 수 있겠습니까? 시간과 공간, 현상과 사건은 단지 개념이며 그것 자체의 실체는 없다는 것을 이해하도록 하십시오. 보이거나 생각된 모든 것은 그것이 무엇이든, 의식 안에서 인지된 이미지에 불과합니다. 그 이미지가 꿈이나 신기루에서의 그것만큼이나 '실제'와 같아 보이는 것입니다. 이제 모든 현상을 아이를 낳지 못하는 여인의 아이라고 말하는 나의 뜻을 이해하겠습니까?

시공 개념에 대한 이러한 사실은 제대로 파악하기가 너무나 어려워서 제 아무리 영리하고 지적인 사람도 그 복잡함에 좌절하여 허우적대기 십상입니다. 그리하여 시공의 진정한 개념을 놓치고 마는 것입니다.

이 대목에서 마하라지는 방문객들에게 질문을 던진다.

마하라지 어떻습니까? 아무리 뛰어난 과학자들이라 하더라도 시공의 본질에 대하여 깊숙이 파고든 적이 있을까요?

여러 가지 의견이 분분했지만 일치되는 점은, 여태껏 그 어떤 과학자도 이 문제에 대해 정확히 연구해내지 못했다는 것이다. 아인슈타인을 비롯한 최고의 과학자들이 도달한 결론은 이렇다.

"우주 전체는 본질적으로 의식이다. 시공의 본질은 참으로 이해 불가능한데 그 까닭은 그것이 인간의 정신과 지금까지 인간이 습득한 모든 지식의 경계 너머에 있기 때문이다."

마하라지가 웃고 나서 말을 이었다.

마하라지 과학자들의 한정된 견해로 그것을 어떻게 알겠습니까? 무한한 시간과 무한한 공간 정도를 인식할 수는 있겠죠. 그러나 그들이 '시간과 공간이 본래 없다'는 것을 알 수 있을까요? 개념으로 파악해 들어가기는 정말 불가능합니다. 인식 자체를 인식할 수 없기 때문입니다.

눈이 눈을 볼 수 있습니까? 불이 불 그 자체를 태울 수 있나요? 물이 갈증에 대해 과연 알기나 할까요?

당신이 내가 말한 의미를 정확히 뚫어본다면, 시간이라는 고정된 배경을 바탕으로 사물을 보는 것을 그만두게 될 것이고, 그 잘난 지성을 붙잡고 진리를 찾는 것을 중단할 것입니다. 실로 찾고자 하는 그 노력이 바로 방해물입니다. 왜냐하면 찾기 위해 쓰는 도구가 바로 분리 의식이기 때문입니다. 이 사실을 깨닫게 될 때, 당신은 찾는 것을 멈추고 순수의식에게 그 역할을 넘겨주겠지요. 그리하여 순수의식이 스스로 근원의 신비로 당신을 들어오게 할 때, 대상으로서 너와 내가 없고 오직 주체인 참나만이 있다는 것을 알게 될 겁니다. 사물에는 어떠한 실체도 없으며, 따라서 현상은 아이를 낳지 못하는 여인의 아이와 다름없습니다. 결국 절대로서의 '참나'는 일시적이지 않으며 무한한 영원성입니다.

해설 ▮ 이 우주현상계의 모든 사물과 현상, 그리고 사건들은 마치 상상 임신을 한 여자가 자신의 아이의 성대한 결혼식을 계획하는 것처럼 환상 속에서 벌어지는 착각이라는 뜻이다. 왜 이 세상이 환상 속의 착각인지 이해하려면 시간과 공간이 무엇인지 정확하게 알아야 한다.

현대 과학에서는 우주가 한 점에서 대 폭발을 일으켜 점점 팽창하고 있음을 밝혀냈다. 본래는 없던 시간과 공간이 우주 탄생과 동시에 계속 늘어나고 있다는 뜻이다. 그 말은 언젠가 우주가 소멸하면 시간과 공간도 함께 사라진다는 뜻이다. 그러므로 시공간은 본래부터 있는 진리가 아니라 우주와 더불어 생멸을 함께하는 개념에 불과하다. 우주현상계를 인식하기 위해 어쩔 수 없이 도입된 개념일 뿐이다. 즉 의식이 사물과 현상을 인식하기 위해서 만들어낸 상상 속의 개념이지 실재로 존재하는 것이 아니다. 마치 꿈을 깨면 꿈속의 세상과 함께했던 시간과 공간이 한순간에 사라지는 것처럼 말이다.

당신의 근원은 무엇입니까

뭄바이에 체류할 수 있는 시간이 겨우 사흘밖에 되지 않았던 한 외국 방문객이 매일 아침 강연에 참석했다. 마지막 날 강연에서, 그는 지난 사흘 동안 자기는 너무나 많은 내용을 받아들여서 무엇을 먼저 하고 무엇을 뒤로 미루어야 할지 가려낼 수 없다고 말했다. 마하라지에게 그는 어떻게 하면 그가 근본 원리를 정돈된 방법으로 마음에 간직할 수 있는지 그것들을 다시 알려주십사고 간절히 청했다.

마하라지는 웃으면서 그 사람에게 그가 남자라는 사실에 대해, 자기 부모의 아들이라는 사실에 대해, 또는 자기의 직업에 대해 혼란이 있는지 물었다. 만약 거기에 혼란이 없다면, 어떤 경우에도 자기의 진정한 본성에 대한 혼란은 있을 수 없다고 말했다.

마하라지 좌우지간 당신이 물어봤으니 이야기해봅시다.

이 자리에서 당신이 진정으로 원하는 것은 당신 자신(자신의 행위들에 대해 완전한 조절 능력을 가진 독립적 개체로 여기도록 조건 지워져 있음)에 대해 충분히 자신이 납득하는 것입니다. 또 당신과 당신이 살고 있는 세계와의 관계에 대해서도 이해하고자 합니다.

사실 당신이 생각하고 있는 자신이란 어머니의 자궁 안에서 임신된 후 뼈와 살과 피 등을 가진 아기의 모습으로 자라난 물질적 정수에 불과합니다. 당신은 자신의 탄생에 대해서는 결코 상의 받은 적이 없습니다. 한 인간의 형상이 창조되어 아기에서 유아로 성장했고 아마 세 살 때쯤엔가 어떤 시기에 당신이 탄생되었다는 것, 당신은 하나의 이름뿐만 아니라 하나의 모습을 소유하게 되었다는 것에 대해 들었을 것입니다. 드디어 당신은 당신의 존재에 대한 지식을 얻게 되었고 스스로를 세계로부터 동떨어진 독립된 실체, 분리된 개인으로 여기기 시작했습니다. 생각해보세요. 당신의 부모가 특별히 정해서 그리고 심사숙고하여 당신을 만들었습니까? 당신의 부모는 임신된 사실을 바로 그 순간 알았습니까? 당신은 생각에 생각을 거듭하여 당신의 부모를 택했나요? 그리고 당신 스스로 탄생을 선택했습니까?

이런 질문들에 대한 답으로부터 판단한다면, 인간의 미세한 부분에서 구체적인 형상까지가 대부분 우연히 주어진다는 것이 명백할 것입니다. 그럼에도 당신은 그것을 당신 자신으로 받아들였습니다. 이런 당신은 '사실'이 아니며, 또한 실체로서 존재하지도 않습니다. 이것이 첫 번째 근본 원리입니다. 하나의 형체는 자연스러운 과정을 통해서 이루어집니다.

그러면 문제는 나는 무엇이냐는 것입니다. 개개인은 하나의 현상으로서, 나를 인지하는 사람들의 의식 속에서의 출현일 뿐입니다. 그러므로 진정한 나는 이름과 형상도 없고 시공간에 한정되지도 않으며 지각될 수도 없는 실체임에 반해서, 나타나 있는 우리는 현상에 불과하여 순간적이고 한정되며 감각으로 인지됩니다.

그렇지만 당신이 아무리 이러한 근본적인 사실을 충분히 받아들일 만큼 이해했다 하더라도, 개체와 동일시하는 것을 당장 그만둔다는 것은 아닙니다. 동일시를 그만두는 것은 분리된 실체라고 여겨왔던 것이 완전히 없어졌을 때만 가능합니다. 이것이 바로 이름과 형상을 자신과 동일시하여 생긴 환상, 즉 마야의 힘이고 두 번째 근본 원리입니다. 그 자체로는 존재할 수도 없는 한갓 현상에 불과한 것이 '실체'로 간주되고, 무언가 되고자 하는 이런 환영에 의해 실체를 추구하려는 노력이 만들어집니다. 그리고 실제로는 속박되지도 않았는데 스스로 묶였다고 생각하고 자유를 고대한다는 것이 얼마나 웃기는 일입니까! 그러나 한편으로 보면 그것이 마야(현상세계를 움직이는 원동력)임을 어찌 하나요!

이제 세 번째 근본 원리입니다. 만약 시간과 공간이 없다면 당신은 현시된 세계의 모습을 상상할 수 있을까요? 만약 현상들이 공간 속으로 펼쳐져 있지 않고, 3차원의 부피도 주어지지 않고, 일정 기간 동안 측정되지 않는다면, 당신은 외견상 우주의 그 어떤 것에 대한 인지는 물론 상상조차도 못할 것입니다. 모든 현상들이란 단지 의식 속에서 생각되고 인지되는 시간과 공간에서의 겉모습에 불과하다는 것을 잊지 마십시오. 그리고 절대의 완전성이라는 바로 그 관념조차도 의식 속의 한 개념에 불과하다는 것을 알아야 합니다. 의식이 절대 안에 녹아들 때는, 누가 혹은 무엇이 존재하여 무언가를 알고 경험하기를 바랄 수 있겠습니까?

그리고 이제 마지막 근본 원리입니다. 내가 지금까지 말한 것이 명확하게 이해된다면, 당신의 참된 상태, 즉 당신이 태어나기 전의 상태를 통각(統覺)하는 것이 가능하지 않을까요? 의식이 자발적으로 일어나 존재감을 가져오기 전의 최초의 상태로 돌아갈 수 있습니까? '존재감'이라는 이 나중의 상태는 육체가 존재하는 동안에는 사실입니다. 육체가 그 생명을 다하여 의식은 존재함에 대한 의식이 전혀 없는 최초의 상태로 녹아듭니다. 어느 누구도 태어나지 않고, 어느 누구도 죽지 않습니다. 단지 시간과 공간에서 삶으로 구체화되는 사건의 시작과 과정과 끝이 있을 따름입니다. 현상으로 속박되어져 있는 실체란 없으며, 그러므로 본체로서 자유롭게 될 필요가 있는 개체는 더욱더 있을 수 없습니다. 이것은 통각되어야만이 가능합니다. 현상이란 꿈 세계는 단지 비추어져 보이기만 할 뿐인 어떤 것입니다.

방문자는 마하라지에게 절을 하면서 가장 짧은 말로 가장 위대한 가르침을 얻었노라고 말했다.
"나의 진정한 실체에 대해 배웠기에, 더 이상 배울 다른 어떤 것도 없습니다."

해설 ❙ 사람들은 자신을 독립된 개체로 알고 있기 때문에 스스로를 어리석은 중생이라고 한다. 그러나 깨닫고 보면 일체 중생이 있는 그대로 부처라는 것을 안다. 몸과 마음을 갈고 닦아서 부처 되는 것이 아니라 본래 부처임을 바로 아는 것이 깨달음이다. 그러나 자기 자신을 개체적 존재로 믿고 있는 사람은 아무리 '네가 부처다'라고 알려줘도 알아듣지 못한다. 이것이 마야의 유희요, 의식의 장난이다. 참나는 어떤 상황에서도 결코 더럽혀질 수 없는 순수 그 자체이다. 이 몸과 마음을 나라고 착각하지만 않으면 절대진리가 바로 드러난다.

우리의 참된 모습

마하라지의 말씀을 들으러 온 사람들은 자연스레 그가 먼저 말을 꺼낼 때까지 기다린다. 어떤 경우에는 마하라지가 특정한 주제를 이야기하며 시작되기도 하고 또 어떤 경우엔 한참 동안 눈을 감고 조용히 앉아 있다가 나지막이 중얼거리며 시작하기도 하는데 이때는 마치 마하라지가 소리 내어 생각하고 있는 것 같다.

그러고는 다시 한 번 질문이 있느냐고 묻는다.

그리 흔한 일은 아니지만 특정한 사안에 대해 큰 의문을 품고 질문하기 위해 찾아오는 사람들도 있는데, 이럴 때면 그 사람이 맨 뒷줄에 있다 하더라도 그의 심정을 알아채고는 그 사람을 똑바로 쳐다보며 먼저 말을 건넨다.

어느 날 아침, 여느 때와 다름없이 마하라지가 모인 사람들에게 질문이 있느냐고 물어보자, 한 사람이 재빨리 손을 들었다.

방문자 마하라지 선생님, 제게 아주 심각한 문제가 있습니다. 저로서는 아무리 애를 써도 해결할 수가 없습니다. 언젠가 불이일원론Advaita(不二一元論)에 대한 책을 두 권 읽고 그 가르침에 큰 감동을 받았습니다. 그 후 몇몇 스승들을 찾아뵈었는데, 한결같은 말씀을 해주셨습니다. 개별적으로 존재한다는 관념을 버리지 않는다면 결코 참자유를 얻을 수 없다고 말입니다. 그리하여 저는 자아와 그 밖의 것들로 나누는 이원론을 가진 사람들은 '얽매여 있다'라고 굳게 믿게 되었습니다.

그런데 언젠가 또 어떤 분들을 만나 이야기를 들었는데 그분들 말씀이 이미 모든 사람은 항상 자유로운 상태에 있기 때문에 구속이란 도대체 있을 수가 없다고 하지 않겠습니까? 저는 지금 이 두 가르침 사이에서 갈피를 잡을 수가 없습니다. 저는 나뉜 어떤 실재도 존재하지 않는다고 생각하고 있기 때문에 아무런 행동도 할 수가 없습니다. 저는 도대체 어떻게 해야 합니까? 선생님 이것은 그저 한가롭게 하는 학구적인 생각이 아닙니다. 정말 제 가슴 속 깊은 곳에 콱 박혀서 저를 괴롭히는 문제입니다. 도대체 우리의 진짜 모습은 무엇입니까?

마하라지는 질문 내내 그 사람의 눈을 주시하고 있었다. 그러자 그의 눈에 눈물이 가득 고였다. 질문이 끝나자 마하라지는 눈을 감은 채로 잠시 침묵했다. 마하라지의 이런 모습을 본 그 사람은 마음이 편안해졌는지 자신도 눈을 감고 조용히 앉아 있었다. 마하라지가 눈을 떴을 때 그 사람은 여전히 눈을 감고 있었다. 마하라지는 그런 그를 미소 지으며 지긋이 바라보았다.

마하라지 바로 조금 전에 무슨 생각을 했습니까?
방문자 아무 생각도 하지 않았습니다.

마하라지 '아무 생각도 하지 않았다'는 것이 유일한 답입니다. 아무 생각도 하지 않았다고 했는데 그것은 무슨 뜻인가요? 깊이 잠들었을 때처럼 의식에서 이루어지던 개념화 작업이 잠시 멈추었다는 의미가 아닌가요? 그렇다면 혼란의 범인은 모든 것을 나누어놓고 따지는 의식이라고 여겨지지 않습니까? 문제가 의식 안에서 만들어지고 의식 안에서 인식되었으니 그 참모습을 이해하려는 그것도 의식 작용 아니겠습니까? 따라서 개념적으로 당신이 당신의 참모습을 이해한다는 것은 사실상 불가능한 것 아니겠어요?
좀 더 이야기해봅시다. 당신은 우리의 참모습이라고 하며 '참'이라는 단어를 사용했습니다. 일반적으로 사람들은 무엇인가를 보고 만질 수 있을 때 참되다고 합니다.

감각으로 인식되는 이 육체가 선생의 참모습인가요? 말은 비록 한계가 있는 것입니다만 가능한 한 정확히 사용하도록 합시다. 우리는 보고 만질 수 있는 것만을 참되다고 하는데, 보고 만져지는 모든 것들은 정신 과정 속에서 인식할 수 있게끔 바뀌고 난 뒤에야 인식됩니다. 그런데 이렇게 인식된 것들은 인식자의 의식에 투영된 하나의 허상일 뿐입니다. 우리가 감각으로 받아들여 인식하는 그것들이 단지 허상이라면 정말 참된 실체는 무엇일까요?

개념으로나마 허상 이전의 실체, 감각기관 이전의 근본, 더 나아가 존재라는 개념이 성립되기 이전을 살펴보기로 합시다.

내가 당신에게 "어머니 뱃속에 들기 이전의 당신은 누구냐"고 묻는다면, 당신은 "모른다"고 할 수밖에 없을 겁니다. 바로 인지할 수 없을 때의 그 '나'가 당신의 참된 모습입니다. 사실 참나는 현상 이전의 본체이며 시간과 공간 너머에 있으며 지각되지도 않습니다. 반면에 우리가 나라고 생각하는 개체적인 나는 항상 상대적이며 나타난 현상에 불과하기 때문에 일시적 존재에 불과한, 시간과 공간의 제약을 받는 허상체입니다.

나타나지 않은 본성의 입장에서는 우리가 존재하고 있다는 것조차도 모릅니다. 우리의 존재를 안다면 그것은 참나가 아니라 참나에서 비롯된 작용입니다.

'나'는 절대적 독존입니다. 둘로 나누는 것은 의식의 속성일 뿐입니다. 우리를 현상으로 드러내는 것이 바로 객관화인데, 이 객관화에는 필연적으로 인식하는 주체와 인식되는 객체로 분리가 있게 됩니다. 그러나 참나는 결코 객관이 없습니다. 재미있는 것은 이 객관화의 과정이 어차피 개념화의 주범인 의식을 통해 이루어지기 때문에, 우리가 인식자라고 부른 주체나 인식의 대상이라고 부르는 객체가 모두 의식에 투사된 객체일 뿐이라는 점입니다. 마치 꿈속에서 뭔가를 하는 등장인물같이 말입니다. 그런데도 인식하는 객체를 주체로 생각하는 잘못이 저질러지는 것입니다.

이렇게 해서 "개아(個我)"라는 개념이 환상이나 마야의 힘을 통해 세워지게 됩니다.

이처럼 상상으로 분리되었던 존재에 대한 동일시가 이루어지면 이분법적 개념은 확장되고 그 조건은 점점 강해지면서 자신을 독립된 주체로 확신하게 됩니다.

그리하여 객체들을 분석하고 비판하며 세상을 보는 틀을 만들게 되는데, 이 틀이 모든 것을 좋다 나쁘다, 크다 작다, 멀다 가깝다 등의 상대적 개념으로 보게 하는 것입니다. 이 틀이 완성되면서 해도 되는 것과 해서는 안 되는 것을 확실히 구분하는 체계가 성립됩니다.

이렇게 새로운 우주가 탄생되는 것입니다. 여기에는 반드시 시간과 공간이라는 개념이 들러붙습니다. 공간은 드러냄을 위한, 시간은 공간에 나타나는 현상들이 머물게 하기 위한 개념에 불과합니다. 만일 그런 개념이 없다면, 즉 공간이 없다면 객체를 어디서 볼 수 있으며 시간이 없으면 그것들이 어떻게 인식될 수 있겠습니까? 자, 이제 의문이 풀리나요?

마치 최면에 걸린 듯 귀 기울여 듣고 있던 그 사람은 마하라지의 질문에 불현듯 깨어났다. 그러나 그때까지 들은 말에 완전히 압도당하여 한참 동안을 한마디도 하지 못하고 그저 앉아 있기만 하였다. 말이 필요없는 진정한 침묵 속에 빠져들고 있었다. 그는 마하라지의 말을 가슴으로 받아들인 것이다.

마하라지 당신이 내가 한 말을 잘 이해했다면, 소위 구속이라는 것이 어디서 어떻게 생겨나와 어떠한 해를 끼쳤는지 알 수 있을 겁니다.
완벽하게 알아야 합니다. 모든 현상들은 의식이 작용하기 때문에 생기는 것뿐이며 절대인 참나에는 아무런 영향도 끼칠 수 없습니다.
나타난 모든 것은 오로지 꿈이라는 무대 위의 등장인물일 뿐입니다. 그런 허상을 나 자신으로 동일시하여 꿈에서 하는 역할을 진짜 자신인 양 받아들이는 것입니다. 이것이 문제입니다. 착각으로 인해 생긴 자기 동일시된 존재에 매여 온갖 고통을 겪게 되는 것입니다.

정리해보면, 개체적인 나는 허상으로서 단지 개념일 뿐인데 이 허상이 참된 나를 찾고 있었습니다.

이런 잘못된 인식은 참된 나와 허상인 나를 명확히 식별할 수 있게 되면 사라집니다. 그리하여 얽매임과 이로 인해 고통 받는 나라는 것이 단지 개념에 불과한 것임을 깨닫게 되고, 그때 근원인 참나가 모든 현상의 총체로서 드러나게 될 것입니다. 찾는 자가 바로 찾고자 하는 자이기 때문에 찾고자 하는 자를 찾을 수 없습니다. 이것을 진정으로 알게 되면 평안이 깃들 것입니다. 아니, 평안이 본래의 자리를 찾았다는 표현이 더 정확하겠지요.

손을 포개고 앉아 있던 그 사람의 눈에서 눈물이 흘러내렸다. 그는 말로 형용할 수 없는 기쁨에 싸여 그냥 그렇게 울 뿐이었다. 더 이상 아무 말도 필요치 않았다.

해설 ▎방문자가 상반된 견해라고 생각해서 고통당하고 있던 두 가지의 가르침, 즉 모든 만물은 개별적인 것이 아니라 본래 하나라는 불이일원론과 모든 존재는 있는 그대로 진리이기에 어떤 얽매임도 고통도 없다는 본래 진아론은 서로 다르지 않다.

그럼에도 불구하고 이 큰 혼란과 고통은 어디에서 오는가? 이 문제는 구도자가 공부 중에 흔히 대면하게 되는 중요한 부분이다. 진리를 머리로 받아들이고 이해하려고 할 때 발생하는 혼란이다. 이 사람은 관념적 불이일원론자의 의식 상태에 빠져 있다. 따라서 불이일원론을 모르는 사람들, 즉 나와 너를 분리하고 시비하는 이원론자들을 에고에 얽매여 자유롭지 못한 의식 상태로 속박된 삶을 사는 사람들이라고 시비분별하고 있다. 그런데 시비분별은 밖에 있지 않고 오직 내 안에 있다. 내가 시비분별하지 않으면 다른 사람이 시비분별하는 그 모습 자체가 있는 그대로 진리의 모습인 것이다. 모든 존재는 본래 절대이므로 나만 시비분별 일으키지 않으면 항상 자유로운 상태에 있기 때문에 '얽매임'이란 있을 수 없고 구원이란 말도 있을 수 없다.

삶은 한 편의 코미디

어느 날 저녁, 한 사람이 이렇게 말하기 시작했다.

방문자 마하라지 선생님, 선생님께서는 종종 "모든 현상은 환상일 뿐이다, 마치 영화나 연극처럼"이라고 하셨는데요…….

마하라지는 웃으면서 질문을 중단시키고 말했다.
마하라지 그것도 보통의 영화가 아닙니다. 정말로 웃기는 코미디죠. 어릿광대들이 시끄럽게 뛰놀다 사라지는 희극일 뿐입니다. 이 세상이 정말 어떤 것인지 아신다면 당신도 웃지 않을 수 없을 겁니다. 자, 여기 내가 내 집에 있습니다. 나는 누구에게 폐도 끼치지 않고, 단지 나에게 주어진 일을 하고 있습니다. 그런데, 어느 날 갑자기 경찰들이 들이닥쳐서는 내가 캘커타에서 살인과 절도를 했다고 붙잡아가려고 한다 칩시다. 집 밖에도 나간 적 없던 내가 캘커타에서 살인과 절도를 했다는 것은 있을 수 없는 일이라고 말합니다. 내가 설득력 있게 말하니까 경찰들도 다소 당황해서는 몇 가지 질문을 하고 나서, 내 말이 진실이라는 것을 알고 사과하고는 나를 내버려둔 채 그냥 갑니다.

그런데 우스운 것은, 여러분은 앞서 말한 대로 나와 같이 캘커타에 있지도 않았는데 경찰들이 들이닥쳐서 죄인 취급을 하며 잡아가려 하니까, 경찰관이 무서워서 진실을 밝히지도 못하고 잡혀간다는 사실이죠. 그리고 감옥에 갇혀서는 구속이 싫다며 자유를 갈망합니다. 우습지 않습니까?

나는 분리되지 않은 전체 그대로인데, 원래의 상태에서는 내가 존재한다는 사실조차 알지 못하는데, 그러던 어느 날 누군가가 나에게 내가 태어났고 특정한 몸이 나이며 특정 부부가 내 부모라고 말해주었습니다. 그 후 나는 나날이 나에 대한 정보를 더 많이 받아들이게 되었고, 또 태어나기 전에 태어나는 것에 동의한 적도 없었고, 육체가 억지로 떠맡겨졌다는 것을 확실히 알면서도 오로지 내가 태어났다는 것을 받아들인 것 때문에, 하나의 완전한 가상 인격체를 만들게 되었습니다. 이런 조건 지어짐은 점점 더 굳어져서, 내가 어떤 육체적 존재로서 태어났다는 것뿐만 아니라 어느 날 나는 죽을 것이고 따라서 죽음이라는 단어는 굉장히 무시무시한 말이라고 생각하게 되었습니다.

세상에 이보다 더 우스꽝스러운 일이 어디 있습니까? 스승의 은혜로 나는 나의 참모습을 알게 되었고 그동안 내가 엄청난 놀림을 받고 있었다는 것을 알게 되었습니다. 따라서 진짜 착각은 시간이란 개념 안에서 태어나고 살다가 죽는 사건의 일어남에 있는 것이 아니라, 이러한 개념적인 사건을 '내가 실제로 경험하는 객관적 진실'이라고 받아들인 것에 있습니다.

그리고 이러한 착각을 가능하게 하는 더 근본적인 착각은, 공간이라는 개념과 공간에서 대상이 인지될 수 있게 하는 시간의 개념입니다.

이제 삶은 어릿광대가 나와서 떠들다가 사라지는 코미디 같은 것이라고 한 내 말이 이해됩니까? 한발 나아가서 여러분 스스로가 만든 개념적인 존재들이 어떻게 이 코미디에 등장하게 되었는지 살펴봅시다.

연극에서 개인이란 하나의 역할을 담당한 캐릭터에 불과함을 알면서도, 여러분은 미리 쓰인 각본에 따라 정확히 펼쳐져야만 하는 연극 상황에서도, 스스로 생각하고 결정하고 행동한다고 계속 착각합니다. 정해진 대로 어떤 사건이 일어났음에도, 여러분은 스스로를 거기에 결부시켜놓고 고통을 자초합니다. 그러고는 '구속'이니 '자유'니 하면서 살아가고 있습니다.

자유란 무엇일까요? 삶이 한낱 코미디일 뿐이라는 것과 여러분의 진정한 실체는 어떤 모양, 이름, 성질을 가진 존재일 수 없다는 것을 아는 것입니다.

자유란, 지각 있는 개체적 존재라는 것은 전체성이 현현된 일부분임을 아는 것입니다.

자유란, '나'는 의식이며 모든 대상에 존재하는 '지각력'임을 아는 것입니다.

자유란, 나는 절대적이며, 현상적으로 표현된 보고 듣고 느끼고 맛보며 냄새 맡고 생각하는 작용 그 이전임을 아는 것입니다.

이제 왜 당신이 고통스러운지 아시겠습니까? 당신이 자신을 잘못 알았기 때문입니다. 또는 이렇게 잘못 알아본 그것을 당신 자신이라고 여겼기 때문입니다.

해설 ▮ 연극 속에서 살인을 저지른 배우는 각본에 의해서 그렇게 했고, 행위는 현상적으로 일어났다. 그런데 그것은 연극이기 때문에 살인이라고 하는 장면은 일어났지만, 살인을 저지른 사람은 실제로 없다. 또한 칼에 찔려 죽는 현상은 있지만, 실제로 죽은 사람은 없다.
이와 같이 지금 우주현상계에 펼쳐지고 있는 모든 존재와 사건 그리고 현상은 참나인 절대가 의식을 통해 펼쳐내고 있는 한 편의 대 서사극이다. 연극에서처럼 이 현상세계에서도 가지가지의 생멸의 모습만 있을 뿐 실제로 태어나거나 죽는 존재는 하나도 없다. 모두가 연기적 존재로서 허상체이기 때문이다. 실재로서의 참나는 불생불멸이기에 현상적 생멸의 쓰나미 속에서도 터럭 하나 다치지 않는다.

연극 속에서 살인을 저지른 사람도 연극이 끝나고 나면 더 이상 살인자가 아니다. 경찰이 무대 뒤에서 기다리다가 그 배우를 살인죄로 잡아가는 일이 벌어진다면 그거야말로 진짜 웃기는 코미디다. 어리석은 중생이란 마치 연극 속에서 행한 일을 진짜 자신이 했다고 착각한 채 걱정하고 후회하면서 책임지려고 하는 사람이다. 몸과 마음이 현상계에 투영되어 펼쳐지고 있는 이 모든 삶의 인연과 사건들은 연기 법칙에 의해 저절로 일어나기 때문에 개체로서는 책임이 없다. 책임질 수 있는 주체적 자아란 본래 없다. 현대 과학의 눈부신 발전으로 인해 더 이상 개체의 자유의지를 말할 수 없게 됐다. 살인자의 뇌를 연구한 결과 그가 태어날 때 이미 유전적 소양을 가지고 있음이 밝혀졌다. 또한 우리가 하루에도 수백 번씩 내리는 판단과 결정도 '나'라는 주체가 있어서 독단적으로 행사하는 것이 아니라 정보 집단체인 뉴런 다발의 집단적 연계에 의해 전달된 정보를 의식이 받아서 결정하는 것이라 한다.

이 몸 하나조차도 독단적으로 행사할 수 없는데 우주현상계 전체야 말해서 무엇 하겠는가?

'나'라는 생각이 속박이다

어느 날 한 방문객이 망설이다가 마하라지에게 물었다. 그는 유치한 질문으로 들릴까봐 염려하며 다음과 같이 말했다.

방문자 진정 구속과 자유의 문제가 육체와의 동일시에서 비롯되었다면, 왜 이런 동일시가 일어납니까? 만약 깨달은 사람이나 그렇지 않은 사람이나 모두 죽으면 육체는 다섯 요소로 분해되고 의식은 본성으로 돌아간다면, 도대체 사람이 깨달을 필요가 있겠습니까?

마하라지는 질문자의 말을 들을 때면 눈을 감곤 하는데, 질문자가 마라티어로 말할 때는 더욱 그랬다. 마하라지는 이 방문객의 말을 들으면서 눈을 감고 있었는데, 점점 그의 표정이 바뀌어

갔다. 굳어진 표정 탓에 질문에 대하여 역정을 낼 것으로 생각하였으나 이내 곧 풀어졌고, 마침내 미소를 띠었다.

그는 여전히 눈을 감고 있었으나, 작은 목소리로 이야기를 시작하였다.

마하라지 우선 근본부터 더듬어 나갑시다. 나타난 우주 전체는 의식에서의 나타남입니다. 의식이 없다면 당신은 아무 것도 인식할 수 없으므로 당신에게 이 세계는 존재하지 않습니다. 현상적 우주를 인식하는 이 의식은 우리 존재의 모든 것입니다. 우리는 오직 현상의 꿈에서 깨어날 때라야 꿈을 꿈으로 이해하고, 개념화와 현상화를 그만둘 경우에 내가 바로 참나임을 알 수 있습니다. 본체가 실재고 현상은 투영이지만, 이 둘은 다르지 않습니다. 이것이 기본 핵심입니다.

다음으로 이해할 것은 현상계에서 당신은 주체로서 객체인 다른 사람을 보지만, 둘 다 의식에 투영된 객체라는 것입니다. 의식에 투영된 객체가 자신을 주체라 착각하고서 보이는 다른 모든 것을 객체라고 믿는 것입니다. 상대를 객체로 보는 '주체란 없다'는 것을 명심하십시오. 근본 입장에서 볼 때는 오직 의식 작용의 투영으로서 봄seeing만이 있습니다. 이것은 듣고 만지고 맛보는 것 등의 다른 모든 것에도 적용됩니다. 모든 것은 필연적으로 작용하고 있을 뿐입니다.

이런 작용은 몸을 매개로 일어나는데, 이 몸이라는 심신구조체 또한 본체가 아니라 현상적 나타남이며, 그림자와 같이 본체의 투영일 뿐입니다. 스스로 선택해서 행동한다는 생각이 없다면, 모든 현상적 작용은 저절로 일어나며, 그 상태에서는 더 이상 구속이니 자유니 하는 것이 문제되지 않습니다.

그러나 다음과 같은 일이 일어납니다. 오직 본체만이 주체이고, 객체에 불과한 심신구조물, 그 작용의 핵심(의식이 이렇게 나뉠 수 없지만, 우리는 이것을 편의상 개체의식이라고 부르기로 합시다)이 독립된 개체로서 가상의 주체감을 갖게 됩니다. 이렇게 해서 태어나 살다가 죽는 허상의 존재가 만들어집니다. 이 가상의 존재는 스스로 선택하고 결정하는 독립된 주체인 것처럼 행동합니다. 이 가상 존재는 이 현상계에서 일어나는 모든 것, 선과 악 등에 책임을 느낍니다. 그리고 그것에서 비롯된 고통과 구속으로부터 벗어나겠다고 자유를 갈망합니다.

이제 알겠어요? 여러분은 참된 나가 아닌 것을 참나로 착각하고 있습니다. 참나가 아닌 것이 바로 가상적 존재입니다. 이 헛된 존재가 자아라는 착각 때문에 구속이 일어납니다. 이 가상적 존재가 죄책감과 구속에 괴로워하고 자유를 찾아 나섭니다. 참나는 감각을 느낄 기관이 없으므로 괴로워할 수 없습니다. 나라고 부르는 잘못 인식된 가짜 개체만이 그것이 좋은 것이든 나쁜 것이든 모든 경험을 할 수 있습니다.

그럼 마지막으로 깨달은 사람에게는 어떤 일이 일어나는지 알아봅시다. 깨달은 사람은 현상적 우주의 기본적 착각에 대해 통각했을 뿐 아니라, 자발적 작용으로 나타나는 현상으로서 자신의 뚜렷한 역할도 통각하고 있습니다. 주어진 삶의 여정을 지나 고향으로 돌아가는 과정에서 그는 일어나는 현상에 매끄럽게 적응합니다. 그는 보통 사람과 똑같이 살아가는 것으로 보이지만, 뚜렷한 차이점은 그가 스스로를 가상 존재로 여기지 않고 따라서 괴로움을 겪지 않는다는 점입니다. 보통 사람의 경우, 그 자체로 착각인 가상 존재는 뚜렷한 의지를 가진 독립된 존재라고 생각하며 꿈속 현상계를 살아갑니다. 그 가상 존재는 환생의 개념을 포함하는 업(카르마)이라고 불리는 인과관계에 얽매여 고통을 겪습니다. 절대 참나는 매 순간 창조되고 파괴되는 수많은 형태로 자신을 드러냅니다. 이런 자발적 작용의 세계에서는 어떤 개체적 개념도 들어설 틈이 없습니다. 따라서 자율적이고 독립적인 존재라는 개념을 바탕으로 이루어지는 모든 행동은 불이일원론의 핵심을 파악할 수 없는 것입니다. 스스로 찾는 자라고 여기고 자유를 찾아 애쓰는 가상 존재가 있는 한, 속박은 계속 남아 있습니다. 찾는 자와 찾고자 하는 자가 같다는 것을 직관적으로 알아야만 합니다. 그렇게 될 때, 허상인 찾는 자가 사라집니다.

해설 ┃ 바다에 바람이 불면 수십억만 개의 파도와 거품이 끝없이 일어났다 사라진다. 그때 만약 파도에게 개체의식이 있다면 하나의 파도가 일어날 때 자기가 태어났다고 생각할 것이다. 그렇게 찰나간에 존재하다가 파도가 스러질 때 자기는 죽는다고 여길 것이다. 그런데 바다 입장에서 본다면 끊임없이 파도가 일어났다 사라지지만 본래 하나인 바다가 조건에 따라서 여러 형태의 모습으로 변화할 뿐이지 새로 태어나거나 죽는 것이 아니다. 파도 역시 바다의 일부분이지 바다와 상관없이 독립적인 존재가 아닌 것이다. 그러나 파도 의식은 자신이 바다에서 분리된 독립적 개체라고 착각하는 것이다. 마치 사람들이 자신을 우주에서 다른 존재들로부터 독립된 주체적 자아라고 착각하는 것처럼 말이다.

당신은 영원합니다

어느 날 아침, 마하라지는 다락방으로 올라가는 사다리에 오르면서부터 이야기를 시작하여 자리에 앉을 때까지 계속했다. 몇몇의 방문객이 모여 있었지만 전혀 개의치 않는 것 같아 보였다. 한 사람이 마하라지에게 자기가 아는 어떤 사람이 제시간에 일을 마치지 않는다고 불평을 늘어놓았다. 그래서 자연스럽게 시간이 이야기의 주제가 되었다. 마하라지는 불쑥 사람들이 시간을 그들과 따로 떨어진 어떤 것, 개체로서 통과하여 나아가야 할 어떤 것으로 여긴다며 이야기를 시작하였다.

마하라지 여러분은 아마 시간에 대해 이렇게 생각할 겁니다. 과거에 태어났고, 지금 이 순간에는 현재에 있으며, 다가올 미래를 향해 늙어가고 있다고. 그러나 엄밀히 말해서 현재란 없습니다. 왜냐하면 현재는 한자리에 머물러 있지 않기 때문입니다. 여러분은 이런 개념이 올바른지 그른지 생각해보았습니까? 정말로 대상으로서 과거-현재-미래가 존재합니까? 과거는 되돌릴 수 없고 미래는 그것이 현재를 지나 과거로 되는 과정 속에서만 느낄 수 있습니다. 그래서 시간이란 여러분의 삶 속에서 실제로 존재하는 것이 아니고, 따라서 물리적으로 파악할 수 없다는 것을 분명히 알아야 합니다.

그러면 여러분과 시간은 어떻게 연관됩니까? 여러분은 측정되어지는 기간, 즉 지속이 나타날 때 시간과 연계됩니다. 지속은 여러분과 나를 포함하는 모든 현상들이 존재하는 데 없어서는 안 될 중요한 요소입니다. 그래서 여러분은 일시적인 것으로 보이게 되었고, 일시적인 것으로 스스로를 믿도록 조건지어졌습니다. 그러나 사실은 그렇지 않습니다. 여러분은 의식 너머의 실체로서, 시간의 구속을 받지 않는 존재로서 영원합니다. 현재란 본래 없으며 과거는 기억일 뿐이고 미래는 희망에 지나지 않습니다. 오직 지금 여기만이 있습니다. 지금 여기만이 영원성으로 존재하기 때문입니다.

내 말을 이해했는지 모르겠습니다. 내가 한 말의 중요성을 파악하셨습니까? 단적으로 내가 해줄 말은 '현상적 존재는 곧 시간이다' 라는 겁니다. 여러분이 생각하는 자신은 지속,

즉 시간일 뿐이고 본체로서의 참나는 시간을 넘어선 영원입니다. 여러분이 바로 시간이라고 한 내 말에 놀랐습니까? 현상적 대상으로서 여러분은, 다른 현시된 현상과 같이, 유아기에서 노년으로, 탄생에서 죽음으로, 창조에서 파괴로의 시간이라는 흐름 속의 일시적 존재가 아닙니까? 여러분이 생각하는 자아는 심신구조체로서 항상 변하고 움직입니다. 심지어 잠들어 있을 때도 깨어남을 향해 움직입니다. 의식의 본성이 움직임이기 때문에 가만히 있지 않습니다. 이러한 끊임없는 움직임이 바로 그 유명한 카르마입니다. 오직 육체를 자기와 동일시하여 행동에 책임을 지려 하고, 그것에서 비롯된 모든 결과까지도 책임지려 합니다. 이런 겉모습의 행동은 시공간에 펼쳐져 현상으로서 인지 가능하게 되고, 따라서 사건이 됩니다. 이 현상세계 전체는 본래 당신의 수백만의 모습입니다. 이러한 여러분의 모든 행동과 사건 전체가 움직이는 세계를 만들어냅니다. 공간과 별개일 수 없는 시간적 지속이 없다면, 현시와 인지가 일어날 수 없으므로, 탄생이란 단어는 시간에 의지합니다. 여러분은 여러분이 태어났다고 생각하지만, 여러분이 대상으로서 인지되는 시간적 지속이 탄생한 것입니다. 상대세계에서는 모든 것이 상대적으로 이루어져 있습니다. 개념상으로라도 존재하기 위해서는 서로 연관된 반대편이 있어야 합니다. 빛과 어둠, 음과 양, 선과 악 같은 상대개념은 개념적으로는 서로 분리되어 있는데, 이렇게 현상적으로는 서로 상반되는 상대적 개념도 전체성에 의해서 하나로 통합됩니다. 이 기본적이고 필수적인 결합이 참된 통찰입니다. 이런 시각을 잃어버리면 여러분은 균형을 잃고 마야의 나락에 빠질 것입니다. 절대에 대해 우리가 어떻게 생각하고 이야기하든지, 그것은 오직 개념적이고 껍데기에 불과할 뿐이며 참나의 본성을 드러낼 수는 없습니다. 왜냐하면 영원성이 우리의 본성이기 때문입니다. 우리가 말할 수 있는 것은 '나는 지금 여기 존재한다' 는 것입니다. 여기는 공간의 개념이 없고 지금은 시간의 개념이 없습니다. 이렇게 말하는 것조차도 너무 많은 말을 하는 것일 겁니다. 말하고 듣는 것이 중요한 것이 아닙니다. 중요한 것은 사실을 즉각 깨닫는 것입니다.

해설 ▎우리가 잠을 자면서 꾸는 꿈이 사실은 단 몇 초 동안 뇌에서 일으킨 의식 작용이라고 한다. 어느 때는 태어날 때부터 죽을 때까지 아주 긴 꿈을 꿀 때도 있는데 그런 경우에도 사실은 아주 짧은 순간에 이루어진 현상이라고 한다. 의식은 필요하다면 단 몇 초 동안에도 수십 년, 아니 수백 년이나 수천 년의 시공간까지도 만들어낼 수 있다. 이것이 어떻게 가능할까? 바로 시간과 공간이 실재가 아닌 허상이기에 가능한 것이다. 현상적 삶이란 스크린 위로 끝없이 펼쳐지는 영상과 같이, 실재하지 않는 시간과 공간을 타고 실재하지 않는 존재로서 살아가는 것과 같다. 그러한 허상이 참나일 수 없다. 절대인 참나는 실재인 존재 그 자체로서 생멸하지 않는 영원한 본체이다.

깨달은 사람이란 없다

　마하라지를 찾아오는 사람들 가운데 영적인 문제에 있어서 초보자는 거의 없다. 대체적으로 그들은 진리를 탐구하며 여러 곳을 다녔고, 많은 책을 읽고 숱한 구루들을 만났으며, 진리란 대략 어떠할 것이라는 관념을 가지고 있었다. 그러나 자신들이 무엇을 구하고 있는가에 대한 뚜렷한 안목을 가진 사람은 거의 없었으며, 자신들의 노력이 부질없음을 깨닫고서는 곧잘 실망해버리고 만다. 또 그들 중 어떤 사람들은 도대체 여태까지 도깨비불을 찾아 헤맸던 것이 아닌가 생각하기도 한다. 하지만 그러한 실망이나 의욕상실에도 불구하고 삶에는 분명히 뭔가 궁극적 의미가 있다고 생각한다. 마하라지는 그런 방문자들에게 깊은 관심과 애정을 보이지만, 단순한 호기심으로 왔거나 마치 주말 파티에서 가볍게 대화하는 자세로 찾아오는 사람들은 무시해버린다.

자신들이 쌓아올린 지식을 검증 받으러 오는 사람들의 경우는 이렇다. 그들은 자신들의 의식 수준을 알아보려는 마하라지의 질문을 받게 되면 그동안 읽었던 많은 책들과 만났던 성자들의 가르침에 바탕을 둔 자부심을 가지고 대답한다. 그럴 때면 마하라지는 장난꾸러기와 같은 웃음으로 응수하며 경우에 따라서는 그들의 자아상(에고)을 부추겨 주는 말을 하기도 한다.

예를 들면, "그래요, 우리는 모처럼 좋은 대화를 나누었군요"라든지, "아, 오늘 당신과 함께하여 정말 좋았습니다. 우리는 새로운 것을 배울 수 있었군요" 또는, "나는 겨우 초등학교 4학년 수준인데 당신은 철학 박사나 다름없군요. 《우파니샤드》를 그렇게나 잘 이해하다니 정말로 큰 축복입니다"라고 말한다.

토론이 진행되다보면 이러한 거창한 담론자들에게선 다양한 유형의 반응들이 나온다. 어떤 이들은 자신들이 마하라지와 거의 같은 경지라는 관점에서 시작한다. 그러나 얼마 지나지 않아 커다란 차이가 있음을 드러낸다. 즉 그들은 겸허한 자세가 되어 말하기보다는 듣기에 열중하는 자신들의 모습을 발견하게 되는 것이다. 그렇게 하여 그들은 자신들이 특별하게 생각해온 이론과 경험들이 허점투성이였음을 발견하게 된다.

어느 날 아침, 한 유럽 여인이 마하라지를 찾아왔다. 그녀는 《아이 앰 댓》이라는 책을 입이 닳도록 칭송하며 직접 친견하여 마하라지에게 존경을 보일 수 있는 것이 커다란 복이라고 말했다. 그녀는 여러 곳을 다니며 많은 영적 스승을 만났으나 자신이 찾고자 하는 것을 찾지 못했다고 느끼다가 마침내 마하라지의 발밑에서 자신의 긴 여행이 끝났음을 확신하게 되었다고 말했다. 그녀는 다른 구루들이 그녀의 영적 진보의 증거로서 인정했던 몇 가지 명백한 체험들을 가지고 있었다. 그녀는 그 체험들을 마하라지에게 상세히 설명하기 시작했다.

마하라지는 얼마 동안 그녀의 말을 듣고 있다가 질문으로 그녀의 말을 가로막았다.

마하라지 누가 그런 체험을 했는지 말해보세요. 그 체험들로 하여 누가 즐거워했습니까? 당신은 그 체험들 속에서 정확히 어디에 있었습니까? 그 긴 영적 훈련 기간에 나라고 생각했던 실체는 무엇입니까?

내가 당신을 모욕하고 있다고 생각하지 마세요. 그러나 지금 내가 한 질문들에 대해선 대답을 명확히 해야만 합니다. 그래야만 자신이 올바른 길을 가고 있는지 스스로 판단할 수 있을 것입니다. 지금 이 순간의 당신은 마치 좋은 옷과 장신구를 뽐내는 다섯 살짜리 아이와 같습니다. 세 살 이전만 하더라도 그와 같은 옷이나 장신구는 거들떠보지도 않았을 것입니다. 아마 오히려 귀찮은 물건들이었을 테고 극성스런 부모들에 의해 강제로 주어졌을 것입니다.

그러나 이제 동일시가 일어난 다섯 살짜리 그 아이는 어서 밖으로 뛰어나가 예쁜 치장거리를 갖고 있지 않은 다른 친구들의 부러움을 사고 싶어 안달이 났을 것입니다. 아주 어린 아이와 동일시 이후의 아이 사이에 일어난 이것이 바로 당신의 본성을 보지 못하도록 가로막는 장애물인 것입니다. 자의식이 들기 전에는 순수한 성품과 존재감을 간직하고 있습니다. 자신을 그 이름으로 여기기 전까지는 스스로를 주체인 '나'로 대하지 않고, 단지 인식할 뿐입니다.

내가 한 말에 대해 깊이 생각해보세요. 개인적 주체와 깨달음은 공존할 수 없습니다.

여태껏 나의 말을 다 듣고도 계속해서 나를 방문하고자 한다면 한 가지 경고를 하겠습니다. 당신은 아무것도 얻지 못하게 될 뿐만 아니라 당신이 오랜 기간 동안 많은 노력을 기울여 얻었던 것마저 모두 잃게 될 것입니다. 게다가 당신 자신조차도 잃게 될 것입니다! 그러므로 주의하세요. 나를 계속 방문하게 되면 깨달음을 구할 '나'나 '너'가 없고, 참으로 깨달음이라 할 것이 없다는 결론에 도달하게 될 것입니다. 이 사실을 받아들이는 그 자체가 깨달음입니다.

그 여인은 멍하게 앉아 있었다. 오랫동안 성심껏 꾸려왔던 신앙의 구조물이 기초부터 흔들리고 말았다. 그녀는 존경의 표시로 합장을 하며 자기가 뭄바이에 머무는 동안에는 날마다 방문할 수 있기를 바란다며 허락을 구했다.

마하라지는 그러한 그녀를 보고 웃으며 말했다.

"환영합니다."

해설 ┃ 사실은 있는 그대로가 진리인데 사람들은 진리를 밖에서 찾으려고 헤매고 다닌다. 그러다가 멋진 말을 얻어듣거나 황홀한 체험이라도 할라치면 영적인 진보에 대한 증거로 삼는다. 용맹정진 해서 성불하려고 한다. 그러나 깨달음은 '무아연기'다. 깨달을 놈이 본래 없다는 것을 깨닫는 것이다. 그러니 깨달은 놈이 어찌 있을 수 있겠는가. 깨닫고 나면 깨달은 사람이라고 불리는 허상으로서 캐릭터만 있는 것이다.

모든 구도자들에게 경고한다. 당신이 추구하는 깨달음이 특별한 존재인 부처가 되는 것이라면 꿈을 깨기 바란다. 본래 부처가 부처되겠다고 용쓰는 것이 얼마나 웃기는 일인지 빨리 깨달아야 한다. 본래 절대가 어떻게 또다시 절대가 되겠다고 애를 쓰는지 모르겠다. 눈 있는 자는 보고 귀 있는 자는 들으라.

태어나기 전의 당신은 무엇이었는가

25세쯤 되어 보이는 미국 청년 한 명이 삭발한 모습으로 마하라지를 찾아왔다. 키가 6피트쯤(1피트는 약 30센티정도로 6피트는 1미터 80센티—옮긴이) 되어 보였는데 키에 걸맞은 건장한 체격을 지녔고, 끌로 깎아 놓은 듯한 가늘고 긴 얼굴에 인도의 많은 종교들 중 한 곳에서 입는 기다란 황색 가사를 입고 있었다. 그는 자신을 방랑하는 승려라고 소개하면서 지난 일이 년 동안 북인도의 대부분을 돌아다녔고, 그 전에는 삼 년 정도 행자 생활을 했노라고 했다.

마하라지가 찾고자 하는 것을 찾았느냐고 묻자, 그는 웃으며 이렇게 방랑하는 것으로 과연 찾고자 하는 것을 찾을 수 있을지 의구심을 갖기 시작했다고, 이제 와서 생각해보면 찾고자 하는 것으로부터 오히려 벗어나 헤매고 있었던 것은 아닌가 의심스럽다고 말했다. 그런데 최근에 《아이 앰 댓》이라는 책을 접하게 되었고, 책을 읽고 나자 드디어 목적지에 다다랐구나 하는 대단히 선명한 느낌을 받았다고 했다. 책 표지의 마하라지 선생님의 사진을 보았을 때 특히 그랬으며 선생님의 눈을 보았을 때는 사진에서 시선을 뗄 수가 없었고, 그래서 직접 찾아뵙고 선생님의 발치 아래 머물고 싶었다고 말했다.

마하라지 정말로 원하는 것이 무엇이지? 찾고자 하는 것을 명확히 아나? 신을 찾고 있는 것인가? 자네가 정말 찾고자 하는 게 뭔가?

방문자 인생이 제게 줄 수 있는 것은 모두 덧없음을 압니다. 그러한 것들이 저를 만족시켜주지 못한다는 것을 깊이 느껴왔습니다. 그러니 제가 원하는 게 무엇이겠습니까? 저는 진정으로 실재에 도달하고 싶습니다. 이것만이 제 바람입니다.

마하라지 (미소를 머금고 끄덕이며) 자네가 "실재에 도달하고 싶다"고 하는 것이 얼마나 우스꽝스러운 것인지 알 수만 있다면 좋을 텐데……. 자네가 말하는 도달하고자 하는 '나'란 누구인가? 누가 실재에 도달하길 원하나? 몸-마음 복합체인 자네의 그 몸인가? 그 몸이 실재를 받아들일 수 있다고 확신하고 있는 건가? 또 어떤 방법으로 그 '나'가 '실재'에 도달할 수 있을까? 높이뛰기로? 멀리뛰기로? 아니면 로켓으로? 그것도 아니라면 정신적인 뜀뛰기로? 자네가 도달하고자 하는 그 실재란 정확히 무엇을 의미하는 건가?

방문자 (웃으며) 이렇게 말씀하시는 거로군요. 저의 시도가 정말 우습게 보이는 일이든가 혹은 제가 아주 희망이 없는 이야기를 하고 있다고 말입니다.

마하라지 우습거나 절망적인 이야기를 했다고 듣는 그것은 무엇이지?

방문자 접니다. 여기 앉아서 지금 선생님하고 대화를 나누고 있는 저 말입니다.

마하라지 각각의 감각들은 프라나의 도움으로 현실의 일을 하고 있지. 그렇지만 그 무언가가 없으면 감각으로도 사물을 인식할 수 없는 그 어떤 것이 있지 않을까? 의식 있는 존재에게 인식을 가능케 하는 그것은 과연 무엇일까?

방문자 예, 제가 의식하지 못한다면 감각들은 활동하지 못할 것입니다.

마하라지 그런 생각이 든다면, 몸이 있는 한 자네라는 것은 바로 그 의식이라는 것을 이해하도록 하게. 몸이 없어지면 생명력을 따라 그 의식도 함께 소멸하는 거야. 그러면 진정한 자네는 무엇일까? 그것은 이 몸과 마음 이전부터 존재하는 절대적이고 영원한 존재야. 그것이 진정한 자네이지. 그것이야말로 진실로 존재하는 실재이지. 지금 그리고 바로 여기에 말이야. 그러니 도달하고자 하는 자의 목표가 어디에 있기나 할까?

태어나기 전의 자네는 무엇이었나? 그 상태에서 어떤 필요나 바람이나 욕구가 있었을까? 실재에 대한 것이든 자유나 해탈에 관한 것이든 그런 바람이 있었을까? 자네의 그 이전은 일체요, 절대적 현존이요, 상대적 부재의 상태야. 그것이 자네가 바라는 진실한 모습이요 본성이지. 이것의 나툼이 의식이고, 내가 있음이며, 존재한다고 하는 것이지. 그러나 태양의 반영이 태양이 아니듯 그것이 절대적 현존일 수는 없는 거야.

이러한 의식의 현존을 자네라고 하는 거야. 자신의 현시 안에 의식으로 머무는 육체가 자네가 아니란 말이네. 그리고 몸이 죽을 때 개체의식은 사라지고 그때는 더 이상 의식의 현존이 아니지. 더 이상 상대적 현존이 없기 때문이야. 그때 자네는 근본적이고 절대적인 본래성품인 거야. 상대적 부재는 존재한다는 의식조차 없는 절대적 상태를 뜻하는 거네. 찾고자 애쓰는 사람에게서 나왔던 해탈이나 자유에 대한 갈망은, 찾는 자 자체가 찾고자 했던 바로 그것이란 것을 깨닫게 되면서 사라져버리는 거야. 이 갈망을 놓지 못하면 두 가지 장애가 있어. 하나는 자유를 갈망하는 실체가 있다는 착각이고, 또 그것이 연속되는 존재라고 상상하는 것이야. 그러나 현상적 대상에게 있어 자유에 대한 갈망은 있을 수 없어. 왜냐하면 대상은 결코 독립적으로 존재할 수가 없기 때문이지. 둘째는 이러한 갈망이 투영된 마음의 수준에서 실재를 찾으려 한다는 거야. 이것은 지식으로는 결코 알 수 없는 세계를 이해하려고 하는 것과 같아.

방문자 그러면 어떠한 수행Sadhana으로 이룰 수 있을까요?

마하라지 이봐. 수행을 한다는 것 자체가 허상의 존재를 인정하는 거야. 누가 수행을 하나? 누가 있어서? 또 무슨 목적으로 수행을 한다는 거야? 그른 것을 그른 것으로 볼 줄 알면 그것으로 충분한 것 아닌가? 자네가 자네라고 고집하는 것이 빗나가 있는 거야. 자네는 자네가 생각하는 그런 존재가 아니야. 진정한 자네는 실재야. 존재entity라는 것이 순전히 개념적이란 걸 이해하고 나면, 또는 직관적으로 받아들이고 나면 이제 남은 것은 전체적으로 합일된 의식뿐이야. 행위자가 없기 때문에 아무것도 할 게 없네. 그리고 더욱 중요한 건, 그것을 하지 않는 자 또한 없다는 거야. 남겨지는 것은 비의지적으로 순수하게 살아지는 것이야. 왜냐하면 상대적 존재들이란 원래 꿈속에서 조작 당하는 꼭두각시일 뿐이기 때문이지. 각자의 꿈에서 깨어나는 것은 각자의 몫이야. 그리고 이러한 사실을 받아들이는 것 자체가 깨어남이지.

귀 기울여 듣고 있던 그 미국 청년은 마하라지에게 이렇게 말했다.

방문자 선생님의 말씀은 제 마음의 모든 찌꺼기들을 한꺼번에 쓸어버렸습니다. 이제 실재가 무엇인가를 알았습니다. 바로 제가 실재임을 받아들입니다.

해설 | 참나인 절대성을 설명하기 위해 '네가 태어나기 이전의 상태'라고 말한다고 해서 의식이 없고 물질이 없는 공의 상태라고 착각하면 안 된다. 내가 태어나기 이전 상태란 세상은 그대로 있지만 '나'라는 개체적 인식이 없는 상태, 즉 무아 상태를 말하는 것이다. 그러므로 현상세계를 인식하고 있는 지금이라도 내가 개체적 존재가 아니라 전체성이라는 사실을 확연히 깨닫기만 한다면 바로 참나인 절대의 상태인 것이다.
절대란 상대성의 양쪽을 모두 포괄한다. 만물이 가득한 색의 상태가 절대요, 일체가 사라져 텅 빈 공의 상태가 절대다. 나라는 개체가 현상적으로 존재해도 절대고 사라져도 절대다. 즉 어떠한 상태도 절대 아닌 것이 없다. 다만 개체를 나라고 착각한 순간 개체의식에 속아서 모든 것을 이분법적으로 시비분별하는 의식구조 때문에 진리의 전체성을 바로 보지 못하는 것이다.

마하라지의 본성에 대하여

정기적인 방문객 몇 명이 함께 자리한 어느 날 저녁, 마하라지는 늘 앉던 자리에 조금의 움직임도 없이 앉아 있었다. 그 조그만 다락방은 이상하리만치 조용했고 방 안의 모든 사람들도 마하라지와 함께하는 듯 눈을 감고 아주 편안하게 앉아 있었다. 마치 시간이 멈춰버린 듯 했다.

그때 마하라지가 부드러운 목소리로 말문을 열었다.

마하라지 나를 찾아오는 사람들이 나에 대해 어떻게 이해하고 있는지 궁금하군요. 여러분들과 근본적으로 다르지 않은 나의 상태를 여러분들도 진정으로 이해하고 있는지요.
과거에도 존재했으며 지금도 존재하고 미래에도 존재할 모든 존재가 근원인 절대로서의 '나'입니다. 본래의 나는 이 육체가 아닌데 어떻게 내가 태어났겠습니까? 그 자체가 본래 각성인데 어떻게 다시 각성을 알겠습니까? 나는 독립된 어떤 '것'이 아니며 인식되어야 할 어느 것도 아닙니다.

실체로서 나는 자각을 자각하지 못합니다. 현상으로서 작동하는 비개인적 실체의 작용으로서, 나의 잠재적 측면에서 움직일 따름입니다. 나는 아무런 의지력 없이 저절로 생동하는 순수한 작용일 따름입니다. 그러므로 나는 보이고 들리며, 인지되고 알려지고, 행해지는 그 모두를 봄이요, 들음이요, 앎이요, 행함입니다. 즉 이것-지금-여기의 동시성을 통각하는 '나'입니다.

절대적 근원으로서 나는 인식할 수 없는 실체이지만, 상대적 현상으로서 나는 앎의 대상이 됩니다. 모든 현상이 완벽하게 부정된 뒤에 남는 것은 존재 그 자체인 '나'입니다. '나'는 절대성, 전체성, 동시성, 유일성, 허공성이기에 완벽한 상대적 개념의 부재입니다. 그러니 실체인 내가 어떻게 알려지고, 경험되고, 인지될 수 있겠습니까? 나 자신이 드러나 보일 때, 그것은 지속 기간(시간)동안 인식되어 공간상에서 확장된 '지각력'입니다. 어떠한 경험이라도, 슬픔과 기쁨처럼 서로 밀접한 관계가 있는 짝으로써 구별과 판단, 주관과 객관의 관계와 같이 이원적인 것입니다. 의식이 정말로 고요해지고 텅 비어 시비분별하는 개념화가 정지될 때,

당신의 모든 것은 내가 됩니다. 합일, 전체, 순수. 이것만이 진실이고 그 외의 것들은 모두 쓰레기입니다. 너무나 간단한 것임에도 불구하고 내가 말하는 것을 얼마나 많은 사람들이 이해할지 궁금합니다. 개념화를 멈추면 당신이 곧 나입니다. 그 외에는 아무것도 없습니다.

해설 ▎ 현상 속에 투영된 개체적 존재로서 인간 마하라지를 말하는 것이 아니다. 스승을 만난 후 3년간 명상을 하고 드디어 깨닫고 나서 전 세계 사람들로부터 추앙 받는 붓다 마하라지를 말하는 것이 아니다. 깨달은 인간 마하라지는 허상이다. 깨달은 사람은 자기에게 주어진 캐릭터가 아무리 그럴듯해도 속지 않는다. 어차피 생멸하는 허상체이기 때문이다.

오직 근원인 절대만이 참나임을 알기 때문이다. 현상적으로 깨달은 사람과 깨닫지 못한 사람 사이에는 큰 차이가 있는 것처럼 보이지만, 사실은 아무 차이도 없다. 왜냐하면 모두 절대 그 자체이기 때문이다. 현상계에 드러난 모든 존재는 절대의 화현이다. 진리에는 시비분별이 없기 때문에 나와 네가 둘이 아니다. 선도 악도 없다. 만물이 상호의존적으로 맞물려 돌아가면서 연기 법칙에 의해 저절로 펼쳐지는 것이다. 희로애락의 쌍곡선을 그리면서 말이다. 모든 존재는 절대이고 있는 그대로가 진리다.

개인적인 체험

    강의 도중 마하라지가 정기적인 방문객 중의 한 사람을 지적하여 자신의 말에 대한 방문객의 개인적 반응을 묻는 것은 자주 일어나는 일이다.

    그가 이렇게 물을지도 모른다. "당신의 마음속에 확고히 남아 있는 내 가르침 중에서 특별히 간직하고 있는 것이 있다면 말해보겠어요?" 또는 "내가 하는 말을 듣고 당신의 진정한 정체에 대해 확실한 결론을 내리게 되었나요?"

    어떠한 질문이 되었든 마하라지가 하는 말은 일상의 자연스러운 현상이라, 그러한 질문을 특정한 사람에게 하는 이유가 뭔지를 따지는 것은 아무 쓸모없는 일이다. 아무튼 그러한 마하라지의 질문에 대해 즉각적으로 대답한다는 것은 퍽이나 당혹스러운 일이다. 그것은 그가 말하는 것을 주의 깊게 듣고 나서야 확신할 수 있는 것이며, 즉각적으로 대답하지 못했다는 것은 그것에 대하여 스스로 탐구해보지 않았다는 고백이나 마찬가지이다.

이런 일이 바로 그날 일어났다. 마하라지는 정기적으로 방문하는 한 사람에게 물었다.

"당신은 아주 박식한 사람이고, 꽤 오랫동안 인내심을 가지고 집중하여 깊은 관심을 갖고 내 말을 들어왔습니다. 내가 사람들에게 전달하려고 하는 핵심이 뭔지 한번 말해보세요."

상당히 오랫동안 그의 대답을 기다리는 것으로 보아 마하라지는 그 대답에 특별히 흥미를 느끼고 있는 것 같았다. 그 사람은 대답을 하려고 눈에 띄게 애를 쓰고 있었지만 뭔가 딱 부러진 대답을 하지 못했다. 그러는 동안 방 안은 아주 조용했는데 바로 그 순간 내(발세카) 마음속에 하나의 대답이 자연스럽게 떠올랐다.

'무언가를 찾는다는 생각이 계속되는 한 깨달음은 일어날 수 없다.'

강의가 끝나고 다른 방문객들은 다 돌아가고 나와 나의 친구인 물라파탄만이 마하라지와 남게 되었다. 나는 조금 전 그 사람의 대답을 기다리는 동안 아주 분명한 대답이 떠올랐으나 강의 도중 뭔가를 말한다는 것이 적절치 않아서 가만히 있었다고 말했다. 마하라지는 그게 뭐냐고 물었고, 나는 그 질문을 받자마자 그때 떠오른 생각을 말했다. 그러자 마하라지는 다시 한 번 말해보라고 했다. 나는 좀 더 천천히 그리고 분명하게 말했다. 나의 대답을 들은 마하라지는 만족스러운 미소를 머금고 눈을 감은 채 일이 분 가량 가만히 앉아 있다가 물라파탄에게 나의 대답에 대해 평가해 보라고 말했다. 그가 특별하게 말할 것이 없다고 했으므로 그 문제는 그 상태 그대로 남게 되었다. 물라파탄이 그의 의견을 내놓았더라면 마하라지께서 그 주제에 대하여 최소한 짧은 말씀이라도 기꺼이 해주셨을 텐데 하는 아쉬움이 남았다.

개인적으로 특별한 의미를 갖는 또 다른 일이 있었다. 어느 날 마하라지의 강의를 통역하는데 갑자기 마하라지께서 멈추라 하셨다. 어떤 날엔 통역이 다른 날보다 더 자연스럽고 부드럽게 되는데, 그날이 바로 그런 날이었다. 눈을 감은 채로 통역을 하고 있었기에 나는 마하라지께서 그만하라고 하는 것을 알아채지 못했다. 옆에 앉아 있던 사람이 내 무릎을 치고 나서야 방금 전에 내가 말한 부분을 다시 반복해보라고 하셨음을 알아차리게 되었다.

나는 그 부분을 다시 상기하느라 일이 분 정도 기억을 더듬으면서 마하라지와 대화를 했는데, 그 순간 묘하게도 나 자신이 마하라지와 나의 대화에서 저 멀리 떨어져 스스로 증인이 되어 지켜보고 있다는 것을 느꼈다. 내가 다시 대화의 틀 속으로 돌아왔을 때, 사람들은 놀란 듯 나를 바라보았고 마하라지는 만족한 미소를 지은 채 제자리에 돌아가 앉아 있었다. 강의는 계속 되었고 통역은 기계적으로 이어지고 있음을 느낄 수 있었다.

강의가 끝난 후, 강의 도중 내게 뭔가 특별한 일이 발생했다는 것을 인지했다. 그러나 아쉽게도 물라파탄이 참석하지 않았기에 그것에 대해서 물어볼 수 없었다. 그래서 나는 그 강의 테이프를 빌렸다. 녹음 상태는 아주 나빴고 외부 잡음 때문에 잘 들리지도 않았지만, 내 목적을 충족시키기에 부족함이 없었다. 왜냐하면, 테이프가 돌아가는 순간 강의 도중 발산되었던 것들이 내 기억 속으로 쏟아져 들어왔기 때문이다. 모였던 사람들이 놀란 것도 무리는 아니었다. 나는 마하라지에게 아주 평온한 목소리로 이야기하고 있었는데, 만일 내가 무엇을 말하고 있는지 의식하고 있었다면 일어나기 힘든 상황이었다. 테이프를 들어보니 방문객들을 놀라게 한 것은 말이 아니라 확신에 찬 어조였다. 그 대화의 마지막 부분에서 나는 만족과 평안함을 느낄 수 있었는데, 마하라지께서 대단히 행복하고 기쁜 표정을 보였기 때문이다. 마하라지와 나 사이에 오갔던 대화는 다음과 같다.

마하라지 방금 말한 부분을 다시 반복해보겠나?

발세카 나는 세계가 그 안에서 일어나는 의식입니다. 그러므로 드러난 세계를 구성하는 모든 것, 그 어느 것도 확실히 '나 아님이 없다' 라고 말했습니다.

마하라지 어떻게 자네가 '모든 것' 일 수 있지?

발세카 선생님, 내가 어떻게 모든 것이 아닐 수 있습니까? 그림자는 실체를 떠나서는 아무것도 아닙니다. 거울에 비춰진 모든 영상이 어떻게 거울에 비춰진 영상 그 이상이나 그 이하일 수 있겠습니까?

마하라지 그렇다면 자네의 정체는 뭔가?

발세카 나는 특정한 어느 '것'일 수가 없습니다. 나는 오직 모든 것일 수밖에 없습니다.

마하라지 그러면 자넨 세계 속에서 어떻게 존재하나? 어떤 모습으로?

발세카 선생님, 내가 어떻게 개체의 나로서 존재할 수 있겠습니까? 나는 모든 드러남이 반영되는 곳에 의식으로서 언제나 절대적으로 존재합니다. 모든 존재는 오직 객관적이고 상대적이므로 나는 개인적으로 존재할 수 없습니다. 그러나 참나는 '존재'와 '비존재'를 포함하고 지속적인 나타남과 사라짐도 포함합니다. 참된 '나'는 언제나 존재합니다. 영원한 절대적 현존은 현상세계에서는 상대적 부재입니다. 그것은 어떤 개별적인 것도 없습니다. (이때 마하라지가 눈썹을 꿈틀 움직인 듯하다.) 사실 이것은 에고가 무너질 때에만 알 수 있는 것입니다. 그리고 누구라도 이렇게 말할 수 있습니다.

거기에는 그것을 말할 수 있는 그 누구도 없다. 그저 통각만이 있을 뿐이다.

마하라지 아주 좋군. 계속 진행하지.

나는 강의가 끝날 때까지 방문객들의 질문과 마하라지의 대답을 계속 통역했다. 그 후에 마하라지가 상세히 설명했던 속박과 해탈의 주제에 대해서 곰곰이 생각해보았고, 그것들이 내 일상생활 속에서 어떻게 연루되고 있는지 명확히 하려고 하였다. 나는 마하라지가 자주 쓰는 '반추하라'는 것과 내가 받아들였던 것들을 요약 정리하였다.

해설 | 발세카는 유력한 가문에서 태어나 영국 유학을 다녀왔고 인도 최고의 은행에서 고위직 간부 생활을 하다가 은퇴 후에 친구 물라파탄의 소개로 스승 마하라지를 만났다. 그는 평생을 힌두교 전통 속에서 살아왔지만 영국에서 유학을 하는 동안 서구적 합리주의와 현대 과학의 혜택을 받았기 때문에 종교적 맹신 상태에서 벗어날 수 있었다. 그 저력이 마하라지를 만났을 때 그의 파격적이고도 위험한 설법을 이해하고 받아들일 수 있었던 바탕이다. 발세카는 3년 동안 매일 아침과 저녁 두 차례씩 강좌에 참여하여 영어 통역을 담당했다. 통역을 하

는 사람은 한순간도 딴생각을 해서는 안 된다. 이와 같은 3년 동안의 온전한 몰입이 그로 하여금 우주의식을 체험하도록 이끌었다. 아직 완전한 깨달음은 아니지만, 그는 자신을 개체가 아닌 나누어질 수 없는 하나의 전체성으로 확고하게 인식할 수 있는 의식 상태가 되었다.

마하라지 선생 주변에는 수십 년 동안 공부하러 드나드는 사람들도 많이 있었다. 발세카가 그들과 다른 점은 짧은 기간이지만 일심으로 몰입했다는 것이다. 때가 되면 감은 저절로 익게 되어 있다.

보는 자는 없고 오직 '봄'만 있다

어느 날 아침, 한 방문객이 보통 때처럼 "내가 알고 싶은 것은……"이라고 영어로 질문하자, 마하라지는 통역되기도 전에 'I'라는 단어를 알아듣고는 갑자기 웃기 시작했다. 그러더니 방문객의 질문을 가로막으며 영어로 "나—누구Who?"라고 농담을 하고는 다시 마라티어로 이렇게 말했다.

마하라지 내가 여러분들에게 말하고자 하는 바는 정말 아주 간단합니다. 여러분들도 그것을 발견할 수 있습니다. 다만 '나'라는 개념을 빼놓고 이야기를 듣는다면 말입니다. 내가 말하는 것을 이해하려고 하는 어떤 자율적인 실체가 있다고 착각하는 한, 참된 이해가 불가능하다는 것을 잊지 않기만 하면 됩니다.

은유적인 표현을 이해하기 위해서는 열린 마음, 텅 빈 마음, 그리고 알고자 하는 마음이 필요합니다. 그래야 내가 전하고자 하는 말들이 여러분들 안으로 자연스럽게 들어갈 수 있습니다. 그런데 자신을 '독립적'이라고 생각하는 존재는 조건 지워진 상대적 개념으로 가득 차 있어서 내가 전해주고자 하는 진리에 대한 이해를 방해하고 있답니다. 내 말이 이해되었는지 모르겠습니다!

내가 비록 언어를 사용하고 있고 여러분들은 그것을 듣고 있지만 바른 뜻의 전달은 오직 주체와 객체, 즉 말하는 자와 듣는 자가 전하고자 하는 뜻에 녹아들어 하나가 될 때에만 가능합니다. 말하거나 듣는 '자'가 있는지, 아니면 단지 말하고 듣고 이해하고 경험하게 되는 '기능'만이 있는지 잘 생각해보세요.

여러분들이 존재하는 무엇인가를 생각할 때, 여러분들은 어떤 형태를 가진 대상을 떠올리게 됩니다. 이처럼 여러분은 대상화된 현상에만 관심이 있지만, 나는 여러분을 포함한 모든 대상을 그저 의식 속에 나타난 것으로 볼 뿐이며, 따라서 실재하지 않는 것으로 봅니다. 이렇듯 객체가 없는 것처럼 주체도 존재할 수 없는 것입니다. 그렇다면 무엇이 존재합니까? 존재하거나 존재하지 않는 것은 없습니다!

조금 전에 질문하려던 방문객의 문제로 돌아가봅시다. 그는 자신을 더 나은 사람, 말하자면 성인이나 깨달은 사람으로 변모시킬 어떤 방법을 찾기 위해서, 불편함을 무릅쓰고 또 적지 않은 비용을 들여가며 이곳에 왔습니다. 자, 이제 여러분들은 내가 웃지 않을 수 없었던 이유를 아시겠습니까? 나는 그를 보고 웃은 것이 아니라, 마야가 스스로의 환영을 통해 꾸며놓은 속임수에 웃지 않을 수 없었던 것입니다.

자아성취라는 것, 즉 한 상태에서 다른 상태로 바뀌는 변형을 생각하는 자는 누구입니까? 생각을 한다는 그 자는 확실히 의식 안에서 나타나는 이미지일 뿐입니다. 말하자면 영화 속의 배역이나 꿈속에서의 개인처럼 하나의 상(相)에 불과하다는 말입니다. 꿈속의 그 가짜 실체는 자신이 카르마의 작용을 받고 있다고 스스로 여기게 됩니다. 그러나 그런 꿈속의 배역이 카르마의 작용을 어찌 받겠으며, 또 완벽함으로의 향상 같은 것이 어디 있겠습니까? 어떻게 환영이 실체로 완성되는 게 가능하겠습니까? 꿈꾸는 자가 꿈의 근원인 진정한 본성을 알기 위해 꿈으로부터 깨어나는 것 외에 달리 어떤 방법이 있겠습니까?

'깨어남' 이란, 이 현상세계를 지각하는 개별적인 인식자는 본래 없음을 아는 것이며, 모든 현상의 목적과 본질은 단지 현상을 바라봄, 다시 말하면 이것-지금-여기 안에서의 작용만이 있을 뿐입니다. 몸이라는 심신구조체를 통해 객관적으로 현상세계를 경험하며, 경험의 잠재적 근원으로서 모든 지각 있는 존재를 이해하는 것입니다. 이런 것을 알기 위한 첫걸음은, 자아를 의지가 있는 개별적 실체로 여기는 그릇된 관념을 버리고, 순수하게 지각하고 기능하는 데 있어서 수동적 역할을 하는 일련의 과정으로 받아들이는 것입니다. 힌트를 좀 드릴까요? 내가 무슨 말을 하든지 여러분들은 자기 개발을 위한 어떤 힌트를 여전히 찾을 것이라는 걸 압니다. 자, 노트를 펴고 적어보세요.

1. 수동적으로 생각하거나 말하는 습관을 들이세요. 말하자면 이런 것입니다. "나는 무엇을 봅니다" 대신에 "무엇이 보입니다", "내가 무엇을 듣습니다" 대신에 "무엇이 들립니다"로 말입니다. 그렇게 하면 지각이 어떤 주체적 존재의 행동에 근거하는 것이 아니라, 연기 법칙에 의한 사건 발생에 근거한다는 사실을 알 게 될 것입니다. 그렇게 하면 허상체인 나는 뒤로 물러서게 될 것입니다.

2. 잠들기 전 10분 정도 앉아서 '나'는 몸-마음의 구성체가 아니고 생기를 주는 근원이라고 생각하세요. 그렇게 해서 잠자는 동안에도 이러한 생각이 의식 속에 깊이 스며들어야 합니다.

해설 ❙ 모든 사물과 현상의 본성을 있는 그대로 보려면 위파사나(고타마 붓다가 6년 고행을 끝내고 보리수 밑에 앉아 위파사나 명상을 통하여 완전한 깨달음을 이루었다. 그 후 45년의 설법기간 동안 제자들에게 위파사나 명상법을 전수해주었다. 명상 방법은 몸, 마음, 감각, 자연현상을 있는 그대로 바라봄으로써 순수지혜를 통해 무아연기를 깨닫는 것이다)를 해야 한다. 위파사나 명상을 하게 되면 이 안에서 일어나는 생각과 말과 행위가 자신의 자유의지에 의해 일어나는 것이 아니라는 사실을 명확하게 알게 된다. 생각과 말과 행위는 상대방과의 연기성으로 인해 저절로 일어났다 사라지는 현상이고, 나는 그러한 생멸 현상을 바라보는 주시자임을 알게 된다. "나는 행위자가 아니고 주시자다." 이 정도만 해도 엄청난 발전이다. 그러나 그것이 끝이 아니다. 행위자를 버리고 주시자가 된다 할지라도 그것 또한 양면의 반쪽에 해당하는 것이다. 절대인 참나는 행위자도 아니고 주시자도 아니다. 이걸 깨달아야 행위자이면서 주시자로서 전체성이 되는 것이다. 최종적으로 절대인 참나는 "행위자도 아니고 주시자도 아니지만, 행위자이면서 주시자다"라고 말할 수 있다.

완전한 일치

대화 첫머리에 마하라지가 물었다.

"오늘은 무엇에 대해 이야기해볼까요?"

참석한 사람 대부분은 대화 모임에 자주 참여했던 사람들이었기에 그들은 마하라지 스스로 주제를 정할 것임을 알고 있었다. 또한 그동안의 주제가 다양한 것도 아니었기에 무엇을 이야기하리라는 것도 대충 짐작할 수 있었다. 마하라지는 늘 한 가지의 주제, 즉 인간의 참된 본성에 대해서만 이야기하기 때문이다. 그런 까닭으로 한 방문객이 이렇게 물었다.

"인간의 참된 실체를 늘 의식하기 위해서 붙잡아야 할 무엇이 있습니까?"

마하라지는 웃으며 그런 사고방식이 바로 문제라고 말했다.

마하라지 '누군가'가 무엇인가를 얻기 위해 붙잡을 그 '무언가'를 원한다!

당신은 이러한 일련의 생각이 잘못되었다는 걸 이해할 수 없습니까? 사실을 사실대로 볼 수만 있다면 아주 간단합니다. 그러나 일반적으로 본다는 것은 적절하지 않아요. 보통 사람들이 본다는 것은 보는 자가 무엇인가를 본다는 걸 말하는데, 사실을 사실대로 보기 위해서는 이렇게 보는 것으로는 곤란합니다. 완전히 부적합하지요. 아주 특별한 종류의 지켜봄이 필요합니다. 말하자면 직관적으로 보는 것, 내면적 봄이 필요합니다. 그 안에서는 보는 자도 없고 보이는 자도 없습니다!

내가 여러분을 혼란스럽게 하려는 게 아닙니다. 주제 자체는 이렇습니다. 실체는 없으나 너무나 가득 차고 충만해서 다른 주제는 논할 가치조차 없다는 것입니다.

나는 여러분에게 어떤 공식을 줄 수도 있습니다. 그러나 그것마저 '내면적 봄'을 기억해야 도움이 될 것입니다. 그런데 그것을 단지 공식으로만 받아들인다면 여러분은 만트라나 별반 차이 없는 몇 마디 말들만 받아들인 셈이 됩니다. 그 뜻을 받아들인 것이 아니게 됩니다. 만트라의 의미를 받아들인다 해도 그렇게 되면 만트라의 효능은 잃어버리고 만트라에 대한 지식만을 갖게 되겠지요. 이 공식의 진정한 의도는 보는 것을 전적으로 절대에게 넘겨주는 것입니다.

항상 기억해야 할 것은 실재하는 이것과 드러나는 그것이 완전히 일치한다는 것입니다. 한순간이라도 현시되지 않은 것과 현시된 것, 실체와 현상, 절대적인 것과 상대적인 것은 다르지 않다는 것을 잊지 않도록 하십시오. 현시란 현시되지 않은 것에 의해 창조된 것이 아니라, 단지 거울에 비치듯 그것이 표현된 것에 불과합니다. 달리 말하면 주체와 객체 사이에는 본래부터 이중성이 없다는 것입니다. 사실 객체란 주체 없인 한순간도 존재할 수 없는 것이며, 주체 역시 객체 없이는 잠시도 존재할 수 없는 것입니다.

실체로서 존재하는 이것은 현상으로 드러나는 그것을 초월하지만 또한 그 안에 내재하는 것입니다. 말하자면 실체와 현상은 떼려야 뗄 수 없는 동일성 그 자체입니다.

현시에서는 어떤 일이 일어납니까?

실체로서 내가 존재합니다. 비록 스스로 알아차리지 못할지라도 이것은 사실입니다. 또한 잠시라도 나는 실체가 아닐 수 없습니다. 한편, 현상으로서의 나는 존재하는 것도 존재하지 않는 것도 아닙니다. 왜냐하면 모든 대상들은 의식 속에서의 나타남에 불과하기 때문입니다. 거울에 비친 상처럼 말입니다. 사실 우리가 인식할 수 있는 것은 무엇이 되었든 의식 속의 투영일 뿐 다른 어떤 실체성을 따로 가질 수가 없습니다.

그러면 의식이란 무엇입니까?

내가 곧 의식입니다. "나는 존재한다"라는 생각이 떠오르자마자 의식은 객관화의 과정을 밟습니다. 이 객관화의 과정은 상대성의 개념을 통해서만 가능합니다. 즉 개념상의 주체와 객체의 구분, 기쁨과 고통처럼 상호 밀접한 반대 개념을 통해서만 드러날 수가 있다는 것입니다. 이러한 과정 속에도 영원하며 순수 주체인 '나'가 분리되지 않은 채로, 전체적으로 순수하게 영원히 있습니다.

개념화의 과정에서 인식할 수 있게 하기 위해 드러난 것, 즉 객체(대상)는 두 개의 개념이 주어져야 감지되어집니다. 공간이라는 개념에서 모양과 크기가 주어져야 하며, 시간이라는 개념에서 기간이 주어져야 인식되는 것처럼 말입니다.

여러분이 실체와 현상 사이의 완전한 일치에 머무를 수만 있다면, 여러분이 벗어나려고 애쓰는 생각 속의 속박이라는 것은 어디에도 발붙일 근거가 없게 될 것입니다. 이것을 잘 이해하시기 바랍니다. 여러분이 가지고 있는 속박의 느낌은, 여러분 자신을 카르마의 인과에 종속되는 독립된 개체라고 생각하는 착각일 뿐입니다. 여러분이 자신의 근원적이고도 본질적인 영속성을 통각한다면, 시간과 공간이라는 요소는 드러난 현상을 인식 가능케 하는 장치일 뿐이며 따라서 속박의 수단이 되는 독립된 어떤 것이 아니라는 것을 확실히 알게 됩니다. 그러나 자신의 본질을 통각하지 못하면, 시간과 공간이라는 요소는 인과 개념의 기본을 형성하게 되고 결과적으로 속박을 가져오는 요인이 될 것입니다.

다시 한 번 말하겠습니다. 상대적 현시, 즉 세상은 절대의 드러남이기에 '실체가 없는 것'이 아닙니다. 절대는 세상에 내재되어 있는 것입니다. 정말로 실체가 없는 것은 여러분의 잘못된 인식, 즉 어떠한 특정 현상과 자신을 동일시하는 그릇된 인식입니다. 그런 것은 정말 있지도 않은 것입니다. 잊지 마십시오. 그림자란 실체 없이는 존재할 수 없으므로 그림자는 실체가 아닙니다.

 해설 ┃ 나와 너는 하나다. 음과 양은 하나다.
색과 공은 하나다. 선과 악은 하나다.
성스러움과 속됨은 하나다. 생과 멸은 하나다.
주체와 객체는 하나다. 시작과 끝은 하나다.
아름다움과 추함은 하나다. 밝음과 어둠은 하나다.
안과 밖은 하나다. 몸과 마음은 하나다.
깨달음과 무지는 하나다. 행복과 불행은 하나다.
진실과 거짓은 하나다. 사랑과 미움은 하나다.
기쁨과 슬픔은 하나다. 원인과 결과는 하나다.

만남과 이별은 하나다. 과거와 미래는 하나다.
시간과 공간은 하나다. 앞과 뒤는 하나다.
깨끗함과 더러움은 하나다. 절대와 상대는 하나다.
행위자와 주시자는 하나다. 바다와 파도는 하나다.
이것과 저것은 하나다. 모든 것은 하나다.

행위자는 없다

어느 날 아침, 방문객 중에 북인도에서 온 철학 교수가 한 사람 있었다. 그는 마하라지를 몇 번 친견한 사람이었는데, 이날 아침에는 이름이 알려진 예술가 친구와 함께 왔다. 예술가 친구는 마하라지가 이야기하는 것에 별반 관심이 없어 보였고, 교수가 마하라지에게 질문을 했다.

방문자 지난번에 왔을 때 선생님의 말씀에 엄청난 충격을 받았습니다. 그것을 생각할 때마다 온몸에 전율이 일어났습니다. 이야기 말미에 선생님께서는 "되돌아가는 유일한 길은 내가 서 있는 길이며 다른 길은 없다"고 하셨습니다. 그 말은 제 가슴에 깊이 와닿았고 의심의 여지가 없었습니다. 그러나 집으로 돌아가서 그 문제, 특히 그 '방법'에 대해 생각해보았지만 터무니없는 숱한 생각과 개념에 뒤엉킨 채 속수무책인 저 자신을 보고 말았습니다. 저는 선생님으로부터 아주 귀한 보석을 선물 받았으나 그것을 곧바로 잃어버린 기분입니다. 저는 어떻게 해야 합니까?

마하라지 잘 이해해보도록 합시다. 어떠한 진리라도 그것이 표현되는 순간 진리로 남아 있을 수가 없습니다. 개념이 되어버리기 때문입니다. 덧붙여 말하면 나와 너, 우리, 그런 말들은 의사소통을 위해 필연적으로 사용되는 말이기는 하지만, 그런 개념들은 또한 전체성을 깨뜨리고 이중성을 만들어내는 원인이기도 합니다. 사실 대화로써 의사소통이 가능한 것은 이중성 안에서뿐입니다. 말은 스스로의 이분법으로 확장되어 갑니다. 그러나 그것이 전부가 될 수는 없습니다. 이분법을 통해서 듣는 사람은 상대의 의사를 직접 듣고 인식할 수 있지만, 절대 주체, 즉 본체에 적용될 때는 문제가 생깁니다. 절대를 상대적으로 추론하려 들기 때문입니다. 지금까지 내가 한 말을 이해하겠습니까?

그 철학 교수는 가만히 있었고, 별 관심이 없어 보이던 그의 예술가 친구가 마하라지의 말에 빨려 들어가는 듯 아주 진지한 표정이 되었다. 마하라지가 다시 말을 시작했다.

마하라지 상대적인 추론이란 무엇일까요?

그것은 주체가 그 의식 안에서 비교될 수 있는 반대의 성질을 가진 객체를 만들어내는 작업을 의미합니다. 이렇듯 주체-객체의 이원성에 기초하지 않고는 이러한 과정은 이루어질 수 없습니다. 상대적 추론은 객체를 비교하고 설명하는 데는 효과적이며 사실 필요하기도 합니다. 그러나 인식의 주체, 지각의 주체는 분명 자기 자신을 객체(대상)로 인지할 수는 없는 것입니다! 눈은 모든 대상을 볼 수 있으나 그 자신은 볼 수 없는 것과 같은 경우입니다. 그러니 어떻게 자신이 벗어나기 어렵다고 생각하는 개념의 수렁 속에 빠졌음을 스스로 알겠습니까? 당신이 당신을 볼 수 없는데 말입니다. 당신이 실제적인 상황을 직시할 수만 있다면 그러한 생각이 얼마나 터무니없고 멋쩍은 이야기인지 알게 될 것입니다.

이것이 그 혼란의 원인입니다. 자, 그러면 이제 문제의 핵심으로 들어가봅시다. 온 길을 되돌아가려는 그 '자'는 도대체 누군가요? 당신이 그림자를 쫓아 아무리 멀리 간다 하더라도 쫓아가는 한 그림자는 항상 당신 앞에 있게 됩니다. 그러면 진정한 의미의 되돌아감은 무엇을 뜻하겠습니까? 그것은 분별 짓는 의식 자체가 완전히 사라진 자리로 되돌아감을 의미합니다.

그러나 계속 시비하고 분별하면서 그림자를 뒤쫓는 자가 있는 한 '당신'은 부정되지 않은 채로 남게 됩니다. 내가 하는 말을 머리로만 받아들이지 말고 전체적으로 즉각 받아들이도록 하세요. 그냥 말입니다. 이해하겠습니까?

그때 나는 우연히 그 예술가를 보게 되었는데, 그가 보여준 고도의 집중력에 탄복했다. 그는 마치 최면에 걸린 듯 마하라지의 말씀을 한마디도 놓치지 않고 듣고 있었다. 마하라지 또한 빙긋이 웃었는데, 왜냐하면 그 교수의 예술가 친구가 열심히 집중하여 마하라지의 말을 경청하고 있다가 마하라지의 질문에 아무 말 없이 합장하며 머리를 끄덕여 수긍하는 모습을 보였기 때문이었다. 하지만 교수는 꿰뚫을 수 없는 정신적 장애에 봉착한 것 같다고 했다. 마하라지는 교수의 그 '장애'에 대해서, 자신을 육체라고 동일시한 가상의 '나'에 의해 야기된 상상의 난관일 뿐이라고 말했다. 마하라지가 다시 말문을 열었다.

마하라지 되풀이하건대, 마지막까지 부정을 하여 부정하는 자마저 완전히 사라져야 합니다. 당신은 당신이 생각하는 행위자라는 개념으로 당신이 무엇인지를 파악하려 하지만 그것은 곤란합니다. 실체로서 '나'는 존재하는 것도 존재하지 않는 것도 아닙니다. '나'는 존재의 개념 자체를 넘어선 것이며, 실재와 비실재의 양쪽 개념을 모두 넘어선 것입니다. 이것이 이해되지 않는 한 당신은 계속해서 점점 더 강한 당신 자신의 상상의 장애물을 만들어나갈 것입니다. 그러나 당신이 찾고자 하는 것은 이미 당신 자신입니다!

그러자 그 교수는 아무도 자기 자신에게로 돌아가는 길을 인도해줄 수 없는 것이냐고 물었다. 마하라지는 정말 그렇다고 확인해주었다.

마하라지 당신은 이미 당신이 되돌아가려는 그 자리에 있습니다. 한시도 그 자리에서 벗어난 적이 없었으며 항상 그곳에 있었습니다. 사실이지 당신이 새롭게 갈 그 어떤 '곳'은 없습니다. 이 명백한 사실을 알아차리는 것이 가장 좋은 대답이 될 것입니다. 단지 전체를 즉각적으로 보는 것, 그 외에는 할 일이 없습니다. 다만 비극적인 아이러니라면 이런 알아차림과 통각은 의지적인 행동일 수가 없다는 것입니다. 잠에서 깨어나는 것과 똑같습니다. 당신은 아침에 저절로 깨어납니까? 아니면 의지적 행동으로 자신을 깨웁니까? 만일 당신이 아주 조그만 노력이라도 시도하게 된다면, 그렇게 하지 않았더라면 자연히 일어났을지도 모를 깨달음을 막게 됩니다. 또한 의도적으로 아무것도 하지 않으려는 것 또한 통각을 막게 합니다. 무엇인가를 해야겠다는 것이나 말아야겠다는 것이나 둘 다 똑같이 헛된 망상일 뿐입니다. 행위자가 완전히 사라져야 합니다. 행위의 긍정적인 면과 부정적인 면 모두가 없어져야 합니다. 이것이 진정한 '놓음'입니다.

모임이 끝나고 그 교수와 예술가가 떠나려고 할 때, 마하라지가 그 예술가에게 미소 지으며 다시 오겠느냐고 물었다. 예술가는 아주 공손히 경배를 드리며 아마도 피할 수 없을 것 같다고 말했다. 지식을 많이 갖추고 적극적이며 조리 있는 철학 교수가 도움을 받았는지, 아니면 아주 깊은 통찰력을 지니고 수동적으로 마하라지의 말씀을 수용하던 그 예술가가 진정한 도움을 받았는지는 그들 자신만이 알 것이다.

해설 ▎본래 참나는 전체성 그 자체인데, 본래 참나인 절대가 자기 자신을 인식하는 순간, 현상적 존재로 확 드러나서 우주의 시공간 속에 펼쳐진다. 본래 하나인 참나가 왜 드러날 때는 수십억만 개로 나누어져 인식되는가?
인식되기 위해서는 관찰자와 대상이라는 상대적 조건이 필요하기 때문이다. 그래서 수십억만의 모습으로 나누어진 것처럼 인식되지만 진짜로 나누어진 것은 아니다. 우리 몸속의 세포가 60조 개나 되지만 유기체로서 몸은 하나인 것처럼 우주 안에 이루 헤아릴 수 없는 별들과 그 별들 속의 무수한 물질이나 생명체들도 독립적으로 존재하는 것이 아니다. 각각의 역할을 수행하는 캐릭터로 존재하는 것이다. 60조 세포 중 어느 하나 소중하지 않은 세포가 없듯이 우주 안에 티끌 하나도 소중하지 않은 것은 없다. 그러나 소중하긴 하지만 개체 하나하나가 자유의지를 행사하는 독립된 주체는 아니다. 그런데 개체적 모습을 띠고 세상에 나오는 순간 자신을 독립된 주체로 착각하는 개체의식이 발생한다. 그래서 하나의 세포와 같은 개체적 존재를 '나'라고 착각한 채 살아가다가 죽는 것이다.

이것이 주체로서 '나'라는 인식을 가지고 있기 때문에 여기에서 일어나는 생각과 말과 행위를 '내가 했다'고 또 착각한다. 사실은 우주 전체가 하나의 유기체로서 서로 연기되면서 끝없이 인연을 만들어내는 과정일 뿐인데도 말이다. 상대와 더불어 상호 작용에 의해 일어난 행위를 자신의 자유의지에 의해 독단적으로 일으킨 행위라고 착각함으로써 그 행위에 대한 책임을 스스로 지려고 하는 것이다. 그러나 안타깝게도 행위에 대한 책임을 질 수 있는 주체적 자아란 없다. 왜냐하면 개체적 존재란 세포처럼 유기체 안의 한 부분을 맡아서 그 임무를 수행하는 수동적 캐릭터로서 잘잘못에 대해 책임질 수 있는 위치에 있지 않기 때문이다. 자기 혼자서는 생각, 말, 행위뿐만 아니라 그 어떤 것도 할 수 있는 것이 하나도 없다. 이것이 붓다의 깨달음인 무아연기이다. 현상으로 드러난 '행위'는 있지만 그 행위를 일으킨 주체로서 독립된 '행위자'는 없다.

태어나지도 않고 죽지도 않는다

마하라지는 다락방으로 통하는 계단을 오르면서 그 주제에 대해 생각하고 있었음에 틀림없다. 그는 자리에 앉자마자 그것에 대해 이야기하기 시작했다. 이런 경우는 자주 있는 일이었다.

마하라지 요즘 사람들은 일상생활에 너무 사로잡혀서 자신의 내면을 관찰해볼 시간을 거의 갖지 못하는 것 같습니다. 사람들은 아침에 일어나서는 곧바로 일과에 대한 계획을 세웁니다. 그러니 진리라든가 명상이라든가 하는 것은 썩은 생선 다루듯 취급합니다. 스스로 짊어진 일상의 압박감만 없다면 깨어남의 과정을 지켜보는 것이 아주 흥미로울 텐데 말입니다.

이를 테면, 사람들은 다음과 같은 사실을 알아차리게 됩니다. 깊은 잠을 자는 동안의 아무것도 의식할 수 없을 때와 완전히 깨어 있을 때와의 사이에 중간적 공백 기간이 있습니다. 의식이 막 활동을 시작하여 가벼운 꿈속에서 현실로 빠져 나오려는 순간이 바로 그런 순간입니다.

여러분이 깨어날 때 일어나는 첫 번째 인식작용은 무엇입니까? 여러분들은 진정으로 그것을 경험한 적이 있습니까? 잘 지켜본 적이 있나요? 여러분이 깨어날 때 일어나는 첫 번째 인식작용에 대하여 질문을 받는다면 아마도 방 안에 있는 사물(대상)들을 보게 된다고 말할 것입니다. 모든 사물은 3차원의 형태를 가지고 있는데, 그것은 소위 '당신'이라고 하는 존재에 의해 인식됩니다. 사물의 형태를 인식하는 그것은 무엇입니까? 사물의 형태를 인식하는 것은, 그것이 무엇이든 인식되는 사물에 앞서 존재해야만 합니다. 여러분은 여러 가지 사물(대상)들을 인식합니다. 인식의 주체에게는 당연한 대상인 여러분의 몸을 포함해서 말입니다. 그러므로 인식하는 주체는 몸이 아니며, 몸이 인식되어질 수 있다는 측면에서 단지 대상일 뿐입니다. 인식의 주체는 바로 의식입니다. 존재감the being-ness 또는 내가 있음the I-am-ness이라고 하는 의식이 바로 인식자입니다. 잠에서 현실로 깨어난다는 것은 바로 현존being present을 의미한다는 것을 알아차리게 될 것입니다. 즉 이러이러한 이름을 가진 어느 특정인으로서가 아니라 의식 있는 현존 그 자체로서, 지각 있는 존재에게 지각을 부여하여 갖가지 감각 기관들이 작용할 수 있게 해주는 그런 의식 있는 존재로서의 현존의식을 말합니다.

그리하여 관념적이지만 전혀 다른 두 개의 중심이 있다는 것을 알게 될 것입니다. 직관적으로 '나'라고 지칭하는 이러한 의식의 자리가 있고, 세상 속에서 활동하면서 특정 이름을 자신과 잘못 동일시하는 심신구조체로서의 객체적 중심이 그것입니다. 하나는 '참나'로서 주체인 진정한 당신이고, 다른 하나는 물리적 형상인데 이것은 대상으로서의 '나me'로 드러난 당신입니다. 사실은 나me와 너you란 없고 오직 참나만이 있을 뿐입니다.

이것을 깊이 이해하도록 하십시오. 그러면 잘못된 동일시로부터 자유로워질 것입니다.

이제 이해해야 할 마지막 단계가 있습니다. 이 의식은 '이러함'입니다. 그것 역시 육체가 만들어지고, 육체가 있어야만 함께 유지될 수 있는 음식의 정수인 것입니다. 그런 점에서 의식 역시 육체와 마찬가지로 한시적인 것입니다. 연료가 다 타면 불꽃이 사라지듯이 육체가 죽을 때 존재의식도 사라집니다. 사실, 의식이란 시간의 지속입니다. 그것 없이는 대상이 현시되거나 감지될 정도로 충분한 기간을 존속하지 못합니다.

그렇다면 '당신'은 무엇입니까? 육체가 존재하는 한 당신은 내면에 있는 의식적 현존, 즉 인식의 근본이며, 육체가 죽으면 '당신'은 일시적인 의식이 절대자각Absolute Awareness 안으로 녹아 들어가는 순수의식입니다. 그리하여 존재감은 더 이상 없습니다. 그러므로 기억하십시오. 태어나는 자도 없고 죽는 자도 없다는 것을! 모든 형상들은 일정기간 동안 머물다가 사라지는 참나의 표현, 절대의 반영이기 때문입니다.

해설 ▎불생불멸(不生不滅). 석가모니 붓다가 깨닫고 나서 처음 한 말이 "나는 생사를 해탈했다"였다. 인간 석가모니는 분명히 태어나서 살다가 죽었다. 그런데 왜 "나는 태어나지도 않고 죽지도 않는다"고 말했을까? 깨닫기 전까지 나라고 착각했던 이 몸이 생사를 해탈한 것이 아니라, 참나인 본래성품이 태어나거나 죽는 것이 아닌 영원한 존재라는 뜻이다.

흔히 기독교에서는 예수를 믿으면 죽은 후 천국에 올라가 영생한다고 말한다. 그러나 이는 불가능하다. 이 세상에 영원한 것은 하나도 없다. 우주도 영원할 수 없고 하느님도 영원할 수 없다. 모든 존재는 결국 멸하기 때문이다. 영생이란 생하고 멸하는 것이 동시에 없는 상태다. 시작도 끝도 없는 것이 영원이다. 참나는 영원한 존재이기에 태어나지도 죽지도 않는다. 이 불생불멸의 영원한 절대성이 바로 참나라는 것을 깨달아야 한다.

근원적 생각과 지엽적 생각

마하라지는 방문객들이 질문하길 원한다. 그러나 그 질문들이 몸-마음과 동일시하는 관점이어서는 안 된다고 말한다. 그런 유형의 질문들과 문제들은 사람의 태도나 행위에 관한 것들이며, 거기에 대해서는 이미 수많은 책들이 씌어졌고 그 방면에 권위 있는 스승들 또한 셀 수 없이 많다고 말한다.

어느 날 평소처럼 마하라지가 질문하라고 하자, 한 방문객이 질문했다.

방문자 선생님께서는 깨닫고자 하는 사람이라면 생각을 삼가야 한다고 종종 말씀하셨습니다. 그러나 모든 생각이 다 피해야 될 개념화를 의미하지는 않습니다. 예를 들면, 선생님의 대답은 아주 적절하면서도 자연스럽고도 시의적절하여 생각이 없는 것처럼 보입니다. 그러나 그 이면에는 어떤 생각이 내포되어 있지 않습니까?

그 질문이 알맞다는 듯이 마하라지는 따뜻한 미소를 띠면서 말했다.

마하라지 사실 생각과 생각 사이에는 커다란 차이가 있습니다. 백일몽 같은 생각, 과거에 대한 후회의 생각, 미래에 대한 두려움, 걱정, 기대 같은 생각들은 의식의 깊은 곳에서 자발적으로 일어나는 생각과는 당연히 매우 많은 차이가 있습니다. 자발적으로 일어나는 생각은 마음에 의한 증명이나 해설을 필요로 하지 않는 생각이라고 불러도 좋을 것입니다. 전자는 무시할 수도 있고 피할 수도 있는데, 후자는 그럴 수가 없습니다. 왜냐하면 그 생각들은 본질적으로 자발적이고 즉각적이며, 기본적으로 비개념적이기 때문입니다.
'나는 존재한다' 라는 바로 그 첫 생각은 확실히 하나의 생각입니다. 그러나 이 생각은 마음으로부터의 논증이나 동의를 필요로 하지 않습니다. 사실 '내가 존재한다' 는 생각은 그 뒤에 일어나는 모든 생각들의 바탕으로서, 선 개념의 생각입니다. 분리되고 이원론적인 의식 상태로 모든 것을 시비하고 분별하며 살아가는 삶이, 대부분의 사람들이 살아가는 삶입니다. 왜냐하면 그들은 그들 스스로를 모든 행위의 주체로 착각한 채 가짜 실체와 동일시하기 때문입니다. 그러나 직접적이고 실재적인 생각은 절대가 스스로를 나타내는 과정입니다. 그런 생각은 자발적이고 동시적이어서 분리된 마음의 모습인 시간의 경과라는 요소가 없습니다. 시간의 개입이 있다면 그 생각은 어쩔 수 없이 현상적이고 이원론적으로 해석된, 지엽적으로 파생된 생각임에 틀림없습니다.

개념적인 생각의 폭풍이 가라앉고 시비분별하는 마음이 쉬지 않는 한, 자발적이고 비이원적이며 직관적인 생각은 떠오를 수 없습니다. 그리고 직관적인 생각은 속박을 알지 못합니다. 그러므로 즉각적이고도 순수한 생각은 아무런 구속도 없는 순수한 행동을 낳는 것입니다. 왜냐하면 분리의식이 개입되어 있지 않기 때문입니다.

대부분의 종교들은 근본적으로 직접적이고 순수한 생각들에 기초하고 있습니다. 그러나 시간이 지나면서 그 생각들은 상대적 개념으로 타락했습니다. 그리고 이 개념 위에 점차 거대한 무형의 구조를 세우고 마법을 만들어서 사람들을 유혹하고 잘못 인도하게 된 것입니다.

해설 | 생각을 자발적이고 근원적인 생각과 상대적 개념에 의해 재해석된 지엽적 생각으로 분석하고 있다. 그러나 생각 자체에 근원과 지엽의 차이가 있는 것은 아니다. 다시 말하면 생각은 그냥 생각일 뿐이다. 어떤 생각이 떠올랐을 때 그냥 생각이라고 보지 못하고 나의 생각 또는 너의 생각이라고 규정짓는 것이 바로 분별심이고, 좋은 생각 또는 나쁜 생각이라고 단정 짓는 것이 시비심이다. 그냥 생각을 이차적으로 상대적 개념화를 시킨 것이 시비분별심이다. 어떤 생각과 말과 행위를 나니 너니, 옳으니 그르니 하고 시비분별만 하지 않으면 절대 참나에 의해 펼쳐져 있는 그대로의 진리적 모습인 것이다.

종교란 진리를 깨달은 스승에 의해 시작되었지만, 시간이 흐르면서 깨닫지 못한 종교가들에 의해 시비분별적 교리로 변질되어 혹세무민하는 집단으로 왜곡되었다.

존재가 바로 신이다

마하라지의 말을 얼마 동안 듣고 나면 몇몇 방문객들이 알아차리는 것이 있는데, 그것은 그는 인간의 참된 본성에 대해 설명할 때 좀처럼 '사랑'이라는 단어를 사용하지 않는다는 것이다. 사실, 그는 종종 "절대가 현시되는 과정에 종교적이니 헌신이니 그런 건 없다"고 말한다.

만약 어떤 방문객이 마하라지에게, 그가 설명하는 내용 속에서는 사랑이라는 말을 전혀 찾아볼 수 없는 것인지 구체적으로 물어본다면, 마하라지는 미소 지으며 역으로 다음과 같은 질문을 할 것이다. "사랑이라는 말을 사용할 때, 당신은 진정 무슨 의미로 그 말을 사용합니까? 당신에게 '사랑'이라는 말은 어떤 의미를 갖습니까." 이 질문은 대개 방문자의 말문을 막히게 만들어버리곤 한다. 왜냐하면 '사랑'이란 이 말은 어쩔 도리 없이 오해되고 마음대로 오용되는 말들 중의 하나이기 때문이다.

그런 다음 마하라지는 계속해서 말하곤 했다.

마하라지 '사랑'이란 말은 기본적으로 어떤 대상에 대한 일종의 '필요'를 의미하지 않습니까? 왜 그렇게 말할 수 있을까요? 당신은 당신의 필요를 만족시켜주는 사람이나 물건을 사랑한다는 사실이 그걸 말해주지 않습니까? 사실 남녀 간의 사랑을 보더라도, 그 필요가 육체적인 것이거나 정신적인 것이거나 또는 다른 어떤 형태나 방법이거나 간에, 상대방에 대한 각자의 필요를 만족시켜줍니다. 상대가 더 이상 자신의 필요를 만족시켜주지 못한다는 것을 알게 되면 사랑은 무관심으로 변하게 되고 나중에는 미움으로 바뀔 수도 있는 겁니다. 특히 서양에서는 연인들이, 결혼을 했거나 하지 않았거나 간에, 배우자가 더 이상 그전처럼 상대방의 필요를 만족시켜주지 못한다는 단순한 이유 때문에 쉽게 헤어지고 있지 않습니까?

방문자 하지만 선생님의 말씀은 명백히 사랑에 대한 협소한 견해입니다. 확실히 비개인적인 우주적 사랑도 존재하지 않습니까?

마하라지 아! 우리가 말하고 있는 바를 명확히 합시다. 우리는 지금 두 사람 사이의 상대적 관계인 감정에 대해서 이야기하고 있는 중 아닌가요? 만일 그렇다면, 사랑이란 '미움'과 관련되어 짝지어진 미움의 다른 한쪽 부분이라는 것 이외에 진정으로 다른 어떤 것일 수 있습니까? 그 둘은 다 한 사람이 다른 사람에게 갖는 감정입니다. 그러한 관계는 주관-객관이라는 이원적 현시에서만 일어날 수 있습니다. 그러나 만일 당신이, 본체는 객관적 대상으로 표현될 수 없다는 관점에서, 즉 전혀 객관성을 찾아볼 수 없는 절대적 참나의 관점에서 사랑을 말하고 있다면, 그 상태에서는 사랑이란 단어조차 없습니다. 그리고 당연한 말이지만, 그러한 상태에서는 사랑-미움의 관계라는 것은 전혀 생각조차 할 수 없는 것입니다. 대체 누구 사이의 관계란 말입니까? 그러므로, 만일 당신이 본체의 상태를 가리키기 위해 사랑이라는 말을 사용하고 있다면, 이 말은 다른 말과 마찬가지로 전적으로 부적당한 말이 되는 것입니다.

방문자 솔직히 그 문제에 대해서 그처럼 깊이 분석하여 생각해보진 못했습니다. 아마도 제 마음에 품고 있었던 것은 '신은 사랑이다' '사랑은 종교다' 라는 등의 말들이 뜻하는 그런 일반적인 것이었나 봅니다.

마하라지 (웃으며) 자, 보세요. 자기가 좋아하니까 다른 사람에게도 억지로 떠안기고 싶어 하는, 사람들의 헛된 관념에 근거를 둔, 단지 단어들의 조합에 불과한 이런 것들이 무슨 의미가 있겠습니까? 그런데도 사람들은 자신들에게 어떤 정신적 의지처를 주는 것이라면 거짓된 개념도 덥석 받아들이고 맙니다. 그러한 경우 찾는 자는 가식 속에서 흡족해하며 자기만족을 하게 됩니다. 그런 사람들은 '자기들의 생을 허비하는 길 잃은 영혼들'인 다른 사람보다 자신이 훨씬 더 우월하다고 느낍니다. 그리고 이런 자아도취적인 '깨우침' 속에서 그는 행복해하며 즐거움을 주는 단어, 그들의 조합에 근거를 둔 개념에 매달리는데, 그러한 개념은 정신적 허영이라는 에고만 키울 뿐입니다.

방문자 하지만 마하라지 선생님, 기독교의 위대한 성인인 성 요한도 "신은 사랑이다" "사랑에 머무는 자는 신 안에 머무는 것이며 신이 그 안에 머문다"는 말을 했으며, 그 또한 지혜로운 사람으로 여겨지고 있습니다.

마하라지 나는 성 요한이 지혜로운 이였다는 사실을 의심치 않습니다. 하지만 불행하게도, 그를 따르는 사람들 중에 그가 말한 것의 진정한 의미를 명확히 이해한 사람은 없는 것 같습니다. 성 요한이 마음속에 품었던 신은 본질적 성품이었지, 사랑을 품은 객관적이며 현상적인 존재가 아니었음을 확실히 알았을 겁니다.

이제, "사랑의 바탕은 필요"라고 내가 말했던 내용으로 다시 돌아갑시다. 지각 있는 존재에게 가장 귀중한 것은 무엇인지 생각해보십시오. 만일 그에게 이 세상에 있는 일체의 부(富)를 택하겠는가, 아니면 그것이 없으면 육체는 시체에 불과해지는 '생명' 또는 '의식'(그것 위에 이미 쌓아 올려진 수천 가지 이름에 추가하여 어떤 이름을 부여해도 좋습니다)을 택하겠는가 묻는다면, 그 사람은 무엇을 택할까요? 의식이 없으면 이 세상에 있는 일체의 부도 아무런 소용이 없다는 것은 명백합니다. 이 실재는 지구상의 모든 감각 있는 존재들의 생명, 즉 온 우주의 존재 그 자체입니다. 그러므로 이것this—여기here—지금now, 이 생명의식이야말로 신일 수밖에 없습니다. 우리가 다른 어떤 것보다도 사랑하는 것은 바로 이것입니다. 왜냐하면 그것이 없다면 우주도 없고 신도 없기 때문입니다. 그러므로 이것이 바로 현존-사랑-신입니다. 성 요한이 "신은 사랑이다"라고 했을 때 실재의 전체성을 의식하고 그렇게 말했던 것이 틀림없습니다. 그가 의도한 것은 그 자신이 순수한 주관성이자 본체로서 신과 서로 다르지 않다는 것을 말하고자 했던 것입니다. 그리하여, 사랑이며 신인 생명의식 안에 머무는 이는 신 안에 머물고 신도 그 안에 머물게 되는 것입니다.

해설 | 질문자는 아마도 기독교 문화에서 성장하면서 기독교의 가치관에 깊이 영향을 받은 사람인 것 같다. 기독교적 서구 문명에서 자란 구도자들 대부분이 '신과 사랑'이라는 개념에서 빠져 나오기가 쉽지 않다. 질문자는 결국 《신약성서》의 〈요한복음〉에 기록된 "신은 사랑이다"라는 명제를 들고 나왔다. 그런데 재미있는 사실은 마하라지는 기독교나 성서에 대해서 문외한이라는 것이다. 그래서 요한이 의도했던 것보다 더 진리에 맞게 더 근원적인 설명을 하게 되었다. 한마디로 꿈보다 해몽이 더 완벽하게 승화되었다.

나는 의식하는 실재다

어느 날 참석한 방문객들 중에 유럽 베단타 협회의 임원이 한 사람 있었다. 마하라지가 곧바로 핵심으로 들어가며 질문이나 설명을 필요로 하는 것이 있느냐고 물었다. 그 방문객은 질문하기 전에 마하라지의 말을 잠시 듣고 싶다고 말했다. 그러자 마하라지는 당신이 베단타 협회의 임원이니, 관심을 갖고 찾아오는 사람들에게 어떻게 설명하고 있는지 말해달라고 제안했다.

방문자 글쎄요. 서양인들은 대체적으로 육체의 건강에 관심이 많습니다. 그래서 먼저 요가에 대해서 말해줍니다. 요가는 신체적 인내의 기술을 익혀 고도의 정신집중을 이루게 하는 의미가 있습니다. 요가의 아사나 과정을 거치고 나면, 계속해서 '참나'는 육체가 아니며 육체와는 다른 어떤 것이라고 말해줍니다.

마하라지 그 말은 두 가지 의문을 일으킬 수 있습니다. 첫째는 육체를 인식하는 출발점은 무엇인가? 다시 말해서 육체 안에 자신이나 다른 사람을 인식하는 그 무언가가 존재하는가? 둘째는 과연 가르치는 사람이 참나에 대해 정확히 이해하고 있는가? 참나가 육체와는 다른 어떤 것이라면 과연 그것은 무엇인가? 하는 점입니다.

방문자 선생님의 말씀을 잘 이해하지 못하겠습니다.

마하라지 몸이란 에너지, 생명력, 내가 있다는 감각, 살아 있음을 아는 것, 현존하고 있다는 느낌을 제공해주는 의식 없이는 아무 쓸모없는 하나의 도구에 불과합니다. 사실은, 이 현존의식이 진정한 우리이지 육체와 같은 현상적 외양이 진정한 우리가 아닙니다. 이 의식이 무언가에 의지할 필요성을 느끼면서, 자신을 육체로 잘못 동일시하고 일개 특정한 하나의 육체적 한계에 매여 스스로의 무한한 잠재력을 포기할 때 바로 개체가 태어나는 것입니다. 이것이 가르치는 사람이 확고하고 직관적인 신념으로 가져야 할 첫 번째 중요한 점입니다.

기본적으로 요구되는 다른 하나는, 육체와 의식간의 이러한 관계가 어떻게 발생하는가에 대해 명확히 이해하고 있어야 한다는 것입니다. 다시 말해서, 가르치는 사람은 그 자신의 참된 본성에 대해 털끝만큼의 의혹도 없어야 합니다.

그러려면 육체와 의식, 달리 표현하면 존재감, 내가 있음의 본성뿐만 아니라 현상세계의 성질에 대해서도 이해해야 합니다. 그렇지 못하면 그가 가르치는 것은 무엇이든 다만 빌려온 지식이거나 떠도는 말과 같은 다른 사람의 개념에 불과할 뿐입니다.

방문자 (미소 지으며) 그것이 바로 제가 이곳에 온 이유입니다. 저는 이곳에 일주일 정도 머물면서 아침과 저녁 모임 모두 참석할 생각입니다.

마하라지 당신은 지금 올바른 일을 하고 있다고 확신합니까? 당신은 이곳에 올 때 어느 정도의 지식을 갖고 왔습니다. 그러나 내 이야기를 계속 듣는다면, 모든 지식은 한 묶음의 쓸모없는 개념들에 불과하고, 더 나아가서 당신 자신 또한 하나의 개념이라는 결론에 도달할지도 모릅니다. 그러면 당신이 그동안 쌓아놓았던 재산이 하룻밤 사이에 재로 변해 버리게 될 것입니다. 그래도 좋습니까? 당신의 '재산'을 고스란히 가지고 집으로 돌아가는 편이 더 바람직하고 안전하지 않을까요?

방문자 (그 유머에 대꾸하면서) 위험을 무릅쓰고 한번 해보겠습니다. 저는 기꺼이 제가 소유하고 있다고 생각하는 재산의 진정한 가치를 아는 길을 택하겠습니다. 쓸모없는 재산을 내던져버리고 난 후 얻게 될 다른 종류의 재산은, 값을 매길 수 없을 정도이며 도난이나 분실의 위험도 없을 것 같은 느낌이 듭니다.

마하라지 그렇습니다. 자, 말해보세요. 당신은 자신이 무엇이라고 생각합니까?

방문자 그것이 정말 말로 잘 옮겨질 수 있을지는 모르겠습니다만, 저는 육체가 아니라 의식의 현존감인 듯싶습니다.

마하라지 간단히 설명해주겠습니다. 육체는 부모님의 정자와 난자가 결합하여 당신 어머니의 자궁에 임신되었습니다. 이 수정체는 부모님이 섭취한 음식물의 정수였습니다. 그러므로 육체는, 음식물의 정수로 만들어졌고 또한 음식물에 의해 유지됩니다. 단맛이 사탕수수의 성질이듯이 당신이 언급했던 그 현존의식이야말로 육체, 즉 음식물의 정수, 바로 그것의 정수입니다. 하지만 육체는 제한된 시간 동안만 존재할 수 있으며, 육체의 구성 재료가 쇠락하여 결국은 육체가 죽을 정도가 되었을 때, 생명력(호흡)과 의식 또한 육체로부터 사라지게 된다는 것을 이해해야 합니다. 그렇게 된다면 당신에게 어떤 일이 일어날까요?

방문자 정말로 의식이 사라진다는 말인가요? 그 말을 듣고 보니 놀라지 않을 수가 없군요.

마하라지 육체가 없는데 자기 자신을 의식할 수 있겠어요? 의식은 육체 없이는 더 이상 나타나지 않습니다. 여기서 우리는 또다시 원점으로 되돌아갑니다. 당신은 누구입니까?

방문자 말씀 드린 것처럼 정말 말로 옮기기 힘들군요.

마하라지 물론 그것은 말로 옮길 수도 없지만 당신은 알고 있나요? 일단 표현하고 나면 그것은 개념이 되어버릴 것입니다. 그리고 비록 개념을 생각해낸 자이기는 하지만, 당신 자신 또한 개념 아닙니까? 그러니 당신은 진정 누구입니까? 아니면, 나처럼 누구라는 표현이 싫고 무엇이라는 표현을 더 좋아한다면, 당신은 무엇입니까?

방문자 '진정한 나'란 의식의 현존이라고 생각합니다.

마하라지 당신은 '생각한다'고 말했습니다! 이것을 생각하는 것은 무엇입니까? 그것은 생각이 그 위에 나타나는 의식 그 자체 아닙니까? 그리고 우리가 살펴보았듯이, 의식이나 존재는 육체와 함께 시간에 구속되어 있습니다. 이것이 육체와 생명력, 즉 의식의 성질을 이해할 필요가 있다고 말한 이유입니다.

단지 현상으로 드러난 육체가 있는 동안에는 진정한 당신은 '존재함' 입니다. 그런데 의식이 저절로 드러나기 이전에 당신은 무엇이었습니까? 나는 '저절로' 라는 말을 사용합니다. 왜냐하면 당신은 육체를 받겠느냐고 누가 당신과 사전에 상의한 것도 아니고 당신의 부모 역시 특별히 당신을 아들로 삼을 작정이었던 것도 아니기 때문입니다. 그렇다면 몸-마음의 상태가 일어나기 전에는, 상대적으로 당신은 존재했다기보다는 부재했던 것이 아닐까요?

방문자 제대로 이해가 안 되는군요.

마하라지 자, 보십시오. 어떤 것이 나타나고 존속하기 위해서는, 절대의 허공성이라고 하는 배경이 있어야 합니다. 이 절대의 허공성은 부재뿐만 아니라 존재도 포함합니다. 이것은 터득하기 쉽지 않지만 노력해보세요. 어떠한 존재라도 완전한 허공성으로부터만 나타날 수 있습니다. 그러나 허공성을 현상적으로 실재하는 거라고 생각하지는 마십시오. 그러므로 허공성이라는 것은 일체의 개념화가 부재하다는 것을 의미합니다. 그것이 당신의 진정한 본래 상태입니다. 다시 말하자면 당신이라는 것은 개념화라는 자궁에서 탄생됩니다. 개념화의 부재인 본래 상태 위에서 내가 존재한다는 한 조각의 의식이 일어나고, 그것에 의하여 본시 일원성이며 전체인 본래 상태 위에 이원성이 발생합니다. 추론하고 비교하고 판단하는 등등에 있어서의 주관-객관, 옳다-그르다, 깨끗함-더러움의 이원성 말입니다. 이것을 잘 생각해 보십시오.

방문자 오랫동안 《베단타》를 공부해왔습니다만 오늘 선생님의 가르침은 참으로 뜻밖이었습니다.

마하라지 당신은 본래적 실재가 모든 개념화에 우선한다는 것을 명확히 압니까? 나타난 현상으로 존재하는 그것은 개념적인 것 이외에 아무 것도 아닙니다. 개념화가 멈춘 상태에서는 어느 누구도 자신이 무엇인지를 이해할 수 없다는 간단한 이유 때문에 당신이 진정 무엇인지를 이해할 수도 이해할 필요도 없는 것입니다.

방문자 선생님, 오늘 저녁은 물론이고 제가 뭄바이에 있는 동안은 날마다 선생님을 방문하여 더 많은 가르침을 받고 싶습니다.

마하라지 언제든지 환영합니다.

해설 ▮ 어느 정도 공부가 된 사람들은 육체가 나라는 착각에서는 벗어나 있다. 하지만 참나를 성스러운 어떤 초월적 존재, 즉 현상적으로는 설명할 수 없는 신비스러운 영적 존재로 믿고 있다. 그러나 그 존재 역시 개체성을 벗어나지 못하는 것은 마찬가지다. 하느님도 부처님도 참나가 아니다. 그것 역시 현상세계에서 대상으로 불리는 이름일 뿐이다. 절대인 참나는 무엇으로도 불릴 수 없는, 개념화 될 수 없는 오직 하나인 전체로서의 허공성이다. 허공성이란 비어 있는 상태인 공의 상태와 만물로 가득 찬 색의 상태를 함께 포함하는 전체성이다. 물질은 허공성을 의지해서 나타난다. 물질이 나타났다고 해서 허공이 없어졌겠는가? 또 물질이 사라졌다고 해서 허공이 새로 생겼는가? 생했다 멸했다 하는 것은 허공이 아니라 물질이다. 현상세계의 관점에서 물질이 생하면 색이라 하고 물질이 멸하면 공이라고 분별하는 것이다. 물질이 생하든지 멸하든지, 색의 상태든지 공의 상태든지 상관없이 항상 허공성인 것이다. 어떤 상태든 상관없이 항상 허공성인 그것이 바로 참나인 절대다.

절대에 대하여

어느 날 저녁 마하라지가 말했다.

마하라지 지식을 구하러 여기에 온 사람들에게는 아무 것도 해드릴 것이 없습니다. 내가 무슨 지식을 드릴 수 있겠습니까? 여기에 오는 대다수의 사람들은 자신을 육체와 동일시하고 있어서, 비록 그들이 진실하다 하여도 내가 하는 말을 잘 받아들이지 못하는 듯합니다. 심지어는 가르침의 미묘함과 깊이를 헤아린 듯한 사람들도 실제 의미는 이해하지 못하는 것 같습니다. 만일 내 말을 직관적으로 이해할 수만 있다면 나와 단 한 번의 만남으로도 족합니다. 내가 다음과 같이 말한다면 몇 사람이나 그 뜻을 이해할까요.

1. 나는 현상적으로 부재하므로 항상 존재합니다. 그리고 내가 개체적으로 부재할 때에만 나는 실재하는 것입니다. 보

다 명확히 하기 위해서, 나는 항상 상대적으로가 아니라 절대적으로 존재해왔다는 것을 강조하고자 합니다. 내가 이렇게 형상의 모습으로 존재하고 있는 것이 곧 명백한 나의 없음입니다. (혼란이 점점 가중되었다!)

2. 어느 것도 아닌 나는 모든 것입니다. 나는 개체적 자아가 아니지만 우주 전체가 나 자신입니다.

3. 너you라든가 나me라든가 하는 것들이 모두 부정된 후에야 나I(진아)만 남게 됩니다.

4. 당신이 어떻게 나를 사랑할 수 있겠습니까? 당신이 바로 나의 본래면목인데 말입니다. 내가 어떻게 당신을 미워할 수 있겠습니까? 내가 곧 당신의 본래면목인데 말입니다.

5. 나는 결코 태어난 적이 없는데 어떻게 죽을 수 있겠습니까? 결코 구속 받은 적이 없는데 어찌 해방될 필요가 있겠습니까?

6. 개체적 존재가 어떻게 절대를 판단할 수 있겠습니까? 자기 자신을 상대적으로 만드는 모든 개념화를 포기하고 더 이상 상대적이 되기를 그만둔다면 의식은 자기 자신을 개체성으로 의식하지 못합니다.

7. 태어나기 전에 당신은 무엇이었습니까?

8. '선택이나 차이'라는 것은 모두 관념적인 헛된 말에 불과합니다. 그것들은 상대적으로만 파악되는 것입니다. 그러나

실상인 절대에서 볼 때는 그런 개념들이 아예 나타나지 않으며 따라서 선택이나 차이라는 것도 있을 수 없는 일입니다.

9. 세속적인 것이든 비세속적인 것이든 당신이 원하는 모든 지식을 모으도록 하십시오. 그리고 나서 그 모두를 절대에 바치도록 하십시오. 깨달을 때까지 그렇게 계속하십시오. 이런 말을 듣는 사람들이 나를 어떻게 생각할까요? 나에 대해 무슨 생각을 할 수 있을까요? 아마 내가 미쳤다고 생각할 겁니다. 이것이 그들이 내릴 수 있는 유일한 결론 아니겠습니까?

해설 ┃ 자신의 명성을 듣고 찾아온 알렉산더 대왕이 한 가지 소원을 말하면 그것이 무엇이든 다 들어주겠다고 하자 "지금 내 햇빛을 가리고 서 있으니 비켜 달라"고 했다는 그리스 철학자 디오게네스를 세속인들은 분명히 미쳤다고 할 것이다. 권력자와 줄을 대기 위해서 별의별 짓을 다하는 세상이고 보면 넝쿨째 굴러 들어온 호박을 발로 차는 디오게네스 같은 사람을 도저히 이해할 수 없을 터이다. 그러나 한편 도를 닦는 사람들은 오히려 그런 삶이 목표일 것이다. 세상의 권력이나 물질로부터 초연할 수 있는 고고한 인품을 갖추는 것이니 말이다. 하지만 깨달은 사람은 세상을 등지고 사는 도인들보다 더욱더 이해받지 못한다. 왜냐하면 아무리 남에게 추앙 받는 고고한 인품의 소유자라 할지라도, 그 '나'라는 존재 자체를 부정하기 때문이다.

환생은 없다

　마하라지가 기본적으로 다루고 있는 내용은 인간과 우주, 사람들이 자기 자신이라고 생각하는 것의 정체, 현상세계의 진실에 관한 것이다.

　대화는 항상 일대일로 진행되며 경전 같은 것에 의존하는 일은 없다. 그것이 전통적으로 존중되는 경전이라 할지라도 마찬가지다. 마하라지의 이 같은 접근 방식은 진실한 구도자들에게 진리를 있는 그대로 알기 쉽게 잘 전달되게 한다. 그를 찾아오는 사람들 모두가 철학을 공부한 것이 아니기에 더욱 그렇다. 다시 말하자면, 어떤 사람이 아주 신성하고 거룩한 경전 속에 나오는 말을 인용하더라도 그 말이 신 그 자체로서 받아들여지지는 않는 것과 같다. 이러한 접근 방식은 다음과 같은 질문을 위한 질문을 방지한다.

어느 종교의 신도가 자신의 친구를 개종시키기 위해서 천사와 대화를 나눌 수 있다는 어느 특별한 능력자에 관한 얘기를 꺼냈다. 그의 친구가 그 사람의 그러한 주장을 어떻게 믿을 수 있느냐고 묻자 그 사람은 이렇게 말을 했다.

"천사와 이야기할 수 있는 사람이 거짓말을 할 리가 있겠어?"

정기적인 방문객들은 마하라지가 환생을 전혀 의미 없는 개념으로 여기고 완전히 도외시한다는 것을 잘 알고 있다. 그러나 새로운 방문자들은 마하라지의 이 같은 가르침에 반발하곤 한다. 특히 힌두교의 추종자일 경우에는 충격에 휩싸이기까지 한다. 한번은 힌두교에 헌신하고 있는 한 사람이 마하라지를 찾아왔다. 그는 황색 가사를 입은 젊은이였는데, 마하라지가 환생에 대해서 그와 같이 말하자 눈에 불을 켜고 대들었다. 그는 힌두교의 기반인 환생설에 대한 마하라지의 말에 큰 충격을 받은 듯 했다. 그 젊은이는 지지를 요청하듯 주위를 둘러보았으나, 다른 사람들은 그 심정을 이해한다는 연민의 미소만 짓고 있었다. 그는 당황했다.

마하라지 환생이 터무니없는 것이라고 한 내 말은 그리 놀랄 일이 못됩니다. 만약 당신이 계속 여기에 오게 된다면 더욱 충격을 받게 될 것입니다. 나는 어떤 철학이나 종교도 가르치지 않으며 어떠한 전통적 경전에도 근거하지 않습니다.

나의 스승께서 내 의식을 열어주신 후부터, 나는 단지 내가 체험한 바에 의해서만 말해왔습니다. 나는 사람들의 감정을 상하게 할 의도는 없습니다. 그래서 나는 종종 사람들에게 듣기 싫으면 언제든지 나가도 좋다고 말합니다. 사람들이 내게서 얻게 되는 것은 듣기 좋은 말이 아니라 내가 깨달은 직접적이고 진실한 것입니다. 나는 사람들의 관념에 영합할 뜻이 없습니다.

이러한 접근 방식은 그 젊은이를 무기력하게 만드는 동시에 매료시켰으므로 그는 계속해서 마하라지의 가르침을 원했다. 그러자 마하라지가 계속 말했다.

마하라지 당신은 인간의 근본적 성질에 대해 깊이 생각해본 적이 있습니까? 당신이 읽고 들은 것들은 잊어버리십시오. 이 문제를 독자적으로 생각해본 적이 있었습니까? 다시 묻겠습니다. 당신은 마치 당신이 세상에서 유일하게 의식을 지닌 존재이고 무엇에도 의지할 것 없는 상황인 것처럼, 철저하게 그리고 깊게 생각해보았습니까? 세상에 당신을 안내해줄 사람은 아무도 없습니다. 또한 잘못 인도할 사람도 없습니다.
당신이 자신이라고 믿고 있는 것의 가장 기본은 무엇입니까? 육체인가요? 지금은 건강하고 강인한 그 육체가 어머니의 자궁 속에 있었을 때는 단지 한 점의 화학물질에 불과했습니다. 생각해보십시오. 당신은 그렇게 수태되어지기 위해 무엇을 시도했습니까? 당신이 원해서 그렇게 된 것입니까? 당신이 생각한 일이었습니까? 이것은 중요한 문제인데, 수태된 한 점의 작은 물질 속에 잠복해 있다가 그것을 피와 살과 뼈를 가진 다 자란 아이로 성장시킨 것은 무엇입니까? 처음에는 당신 어머니의 자궁 속에 있다가 열 달 후 이 세상에 태어나 존재해왔으며, 지금은 내 앞에서 진리에 관해 토론하고 있는 그것은 무엇입니까? 자라나면서 육체는 당신이라고 생각되어지는 다양한 이미지들을 가정해왔지만 그 중 어느 것도 지속적으로 유지되지는 않았습니다.

그러나 진실로 바뀌지 않고 남아 있는 것이 있습니다. 그것은 살아 있고 실재한다고 느끼는 감각, 즉 몸-마음의 복합적 도구에 지각과 에너지를 부여한 '의식' 이 아니겠습니까? 이 의식은 실재, 진아, 자아, 아트만 등 다양한 이름으로 불리고 있습니다. 그리고 또 마야, 신, 사랑 등도 그것의 다른 명칭입니다. 세상은 단지 의식이 있는 동안만 존재합니다. 깊이 잠들어서 인식을 못하게 되면 당신에게 세상이 존재할 수 있겠습니까? 이제 본능적으로 당신 자신으로 인식하게 만드는 것이 무엇인지를 어느 정도 알았습니다. 당신이라고 믿고 있는 것은 외적인 형상이며 실제의 당신 자신은 의식입니다.

그러면 환생의 문제로 돌아가봅시다. 태어난 것, 즉 물질적 육체는 때가 되면 죽게 됩니다. 그리고 나서 그것은 분해됩니다. 회복될 수 없게 소멸한다는 말입니다. 그리고 생명력은 육체를 떠나 외부의 대기와 섞이게 됩니다. 지각하는 존재의 물질적 부분은 파기되고 결코 다시는 같은 육체로서 환생할 수 없습니다. 그러나 의식은 물질이 아니며, 그 어떤 것도 아닙니다. 그러므로 비물질적인 의식은 태어날 수도 죽을 수도 없으며 분명히 '환생' 할 수도 없습니다.

이것은 현상적으로 현시된 모든 존재에 대한 부정할 수 없는 사실입니다. 그렇지 않습니까? 본성의 작용과정으로서 현상이 나타나게 되는데, 어떤 때는 창조의 형태로 또 어떤 때는 파괴의 형태로 나타납니다. 누가 태어납니까? 누가 죽습니까? 그리고 누가 환생을 합니까?

그렇다면 "카르마나 인과, 환생이라는 개념은 도대체 어떻게 생겨난 것입니까?" 하고 물어올지도 모르겠습니다. 그 답은 이렇습니다. 사람들은 모든 현상을 절대가 현시된 것으로 받아들이지 않고, 자기 자신을 개체와 동일시하여 자유의지를 가진 존재로 생각하는 망상을 일으킨 것입니다. 그래서 자유의지를 가진 허상을 만들어내고, 그것이 자율적으로 선택의지를 지녀 결정하고 행동한다고 믿게 되었습니다. 태어나서 살아가고 고통 받고 죽는 것은 바로 이 허상에 의한 환영입니다. 그리고 이러한 과정 속에서 이 환영은 카르마라는 거짓된 인과에 얽매이게 되고, 거짓된 '환생'을 받아들이며 상상된 '해탈'을 추구하는 것입니다.

결론적으로 다시 말하자면, 현상이 드러나는 자연적 과정에서 가상의 자율성과 독립성을 지녔다고 상상된 의지적 행동이 일어납니다. 즉 카르마, 구속, 환생 등이 거기에 덧씌워지게 된 것입니다. 당신은 이제 왜 내가 환생설의 거짓된 정체를 폭로했는지 이해하겠습니까?

해설 ┃ 한국의 상황에서는 불교를 믿는 거의 대부분의 신도들이 죽은 후에 다시 태어난다는 윤회설을 확신하고 있다. 혹자는 죽은 후에 인간 세상이 아닌 도솔천이나 아미타 부처님이 계시는 서방정토 극락세계에 환생한다고 믿기도 한다. 그러다가 윤회가 없다는 말을 듣게 되면 마치 부모 죽인 원수를 대하듯 맹렬하게 덤벼든다. 이것이 모든 종교가 숙명처럼 안고 있는 맹신성이다. 오늘날 윤회가 불교의 핵심 교리가 된 것은 부처님의 깨달음인 '무아연기'를 제대로 이해하지 못한 상태에서 힌두교의 영향을 강력하게 받은 결과물이다. 윤회설이란 상대적 존재인 개체가 주체로서 자유의지를 가지고 선업과 악업을 선택하여 지은 결과 주어지는 상벌적 업보이다. 그래서 진리적 입장에서 볼 때 윤회설은 근본적 착각이 아닌 지엽적 착각에 불과하다는 것이다. 윤회가 있느냐 없느냐, 자유의지가 있느냐 없느냐가 중요한 것이 아니라, 그 모든 것을 선택하고 행사할 수 있는 주체적 자아가 없다는 사실이 근본적으로 중요한 것이다.

지성에 중독될 수 있다

　마하라지를 찾는 방문객들 중에는 열흘이나 보름 정도밖에 시간 여유가 없는 사람들도 있는데, 그 짧은 기간 동안 획기적으로 변모하는 경우가 있다. 그런 방문객은 예외 없이 매우 열정적이어서 조용히 앉은 채 마하라지의 이야기를 몰두하여 경청할 인내심이 부족하다. 물론 큰 향상을 보이는 그런 방문객은 마하라지의 수준을 테스트하거나 자신을 과시하러 온 사람은 아니며, 순수한 구도자의 열정 때문에 흔히 그런 모습을 보이곤 했다. 어떤 사람은 심지어 마하라지가 미처 말을 끝마치기도 전에 이미 마하라지의 말을 간파했다는 듯이 질문을 하려고 한다.

　그런 경우 마하라지의 반응을 예상하기란 쉽지 않다. 대개는 잘 참고 있지만, 진실성이 없어 보이는 방문객들에게는 퉁명스러워질 때도 있고, 며칠 동안 조용히 앉아 듣기만 하라고 요구하기도 한다. 점차 안정이 되어 성급함을 억제할 수 있게 되면, 마하라지의 말 속에 담긴 보다 세세하고 미묘한 뜻을 이해하고는 태도를 완전히 바꾼다. 그 후에는 질문을 던져도 아무 반응이 없으며, 그러면 처음의 그 열정을 기억하는 마하라지는 끓어오르던 질문들은 모두 어떻게 되었느냐며 웃는다.

그러나 어떤 방문객들은 쉽사리 안정하지를 못한다. 참아보려 노력하지만 타고난 성급함 때문에 또다시 질문을 쏟아붓곤 한다. 그들에게는 마하라지의 말이 자신들에게 와 닿는 것을 거부하는 지적 장벽이 있는 듯 보였다.

한번은 방문객이 자신은 논쟁을 하려는 것이 아니었으며, 마하라지의 말이 너무나 매력적이어서 그 말을 있는 그대로 받아들인다고 재삼 말했다. 그러나 그의 마음에는 여전히 의심이 남아 있었고, 그의 태도도 솔직해 보이지 않았다.

마하라지가 그에게 말하기를, 자신은 그의 진실성이나 질문의 의도를 의심하지는 않지만, 만약 그가 중독되어 있는 마약과 같은 것을 버리지 않는다면, 참된 진리를 받아들이기 전에 그것에 중독되고 말 것이라고 말했다. 방문객은 '마약'이라는 말에 당황해서 항의했지만 마하라지는 개의치 않고 계속해서 말했다.

마하라지 물론 지성은 세상의 지식을 익히고 평가하는 데 필수적인 도구입니다. 또한 그것은 영적인 지식에 대해서도 어느 정도까지는 필요하지만, 의식이 깊어지면 지성이 아니라 자발적인 직관력이 필요하게 됩니다. 당신은 바로 이러한 지성이라는 이름의 마약에 중독되어왔으며 그 영향 아래서 모든 것을 분석하고 있습니다. 당신은 궁리하고 생각함으로써 단순한 문제를 복잡하게 만듭니다. 이제 당신은 이렇게 중독된 것을 떨쳐버리고 순수한 이해력을 갖는 직관적 과정에 당신을 내맡겨야 합니다. 그렇게 해야만 지성의 간섭 없이 내가 하는 말을 직접적으로 받아들일 수 있게 됩니다. 꼭두각시는 그것을 조정하는 사람이 전달하는 자극에 의해서만 반응합니다. 하지만 지각하는 존재는 자극에 반응할 뿐만 아니라, 외부의 어떤 자극과도 상관없이 독립적으로 행동할 수 있는 능력도 지녔습니다. 즉각적이고도 자발적인 이해력을 얻으려면 자극에 휩쓸리지 않아야 함은 물론이고, 개인적 성향을 개입시키거나 생각으로 이리저리 분별함이 없이 즉각적으로 의식을 열어야 합니다.

문제는 당신이 개별적 인격체로서 역시 개별적 인격체인 나의 말을 듣고 있다고 생각하는 것입니다. 그러나 실제로 말하고 있는 것은 개인으로서 내가 아니라 형태나 모양이 없는 '의식'입니다. 들음 또한 가상의 개별적 존재라는 개념이 방해 못하는 의식이어야 합니다. 의식이 없다면 당신이 어떠한 질문을 갖고 어떤 말을 한다는 것이 가능하겠습니까? 의식이 의식으로 의식에 대해 말하는 것을 듣게 하십시오! 모든 생각들은 의식의 작용이며, 의식에 의해 관찰되고 인식된다는 점을 기억하십시오. 의식 속에 나타나는 이러한 작용에서 개인이라는 것은 없습니다.

그 방문객은 마하라지에게 공손히 절을 하고 이같이 말했다.
방문자 선생님, 저는 이제야 저의 성(城)이라고 믿었던 것이 실제로는 감옥이었음을 이해했습니다.

해설 ▎현대인 중에서도 특히 지성인들은 절대에 대한 깨달음조차 머리로 해결하려고 한다. 그들은 진리를 이해하기 위해서 엄청난 양의 경전과 철학서와 해설집 등을 연구한다. 그리고 아주 논리적이고 합리적으로 설명하고 분류한다. 사전적 정의는 더할 나위 없이 깔끔하다. 어느 때는 진리를 설명한 학자들의 글을 읽다가 깜짝 놀라기도 한다. 그들의 설명이 학문적으로 너무나 완벽하기 때문이다. 그러나 그것은 어디까지나 머리로 이해하고 정리한 분별지일 뿐이다. 절대적 참나에 대한 깨달음은 오직 직관에 의한 가슴으로 체득하는 것이다. 절대성은 아는 것이 아니라 체득되는 것이다. 진리에 대한 이론 정립이 어느 단계까지는 많은 도움을 주지만 계속 거기에 매달릴 경우 오히려 깨달음을 체득하는 데 걸림돌이 되고 만다. 깨달음도 지성과 감성, 좌뇌와 우뇌의 조화가 필수적이다.

거짓을 거짓으로 보는 것이 진리다

한번은, '구속을 이루는 것이 정확히 무엇인가' 라는 주제에 대해 마하라지는 이같이 말했다.

마하라지 진정한 '나' 는 시간을 초월하여 영원하고, 무한하여 감지할 수 없는 절대적 근원입니다. '나' 는 결코 시간에 구속 받거나 유한하며 감각에 의해 감지될 수 있는 개별적 대상이 아닙니다. '구속' 은 내가 본질적 실체임을 망각하고, 자신을 현상, 즉 심신 상관장치에 불과한 몸과 동일시함으로써 생겨나는 것입니다. 이해하겠습니까? 질문 있으면 하세요.

그때, 모임에 몇 번인가 참석하면서도 좀처럼 질문을 하지 않던 한 방문객이 손을 들고 질문했다.

방문자 육체와의 동일시, 단순히 그러한 동일시로 인해 구속이 생긴다는 것입니까? 깨달은 사람들도 살아 있는 동안은 그들의 육체를 버릴 수가 없습니다. 그들 역시 신체기능에 관한 한 다른 사람들과 마찬가지로 살아가야 합니다. 게다가 모든 깨달은 사람들은 동일한 방식으로 행동하지 않으며, 그들은 각자 나름대로의 방식으로 세상에서 행동하고 다른 사람을 대합니다. 이런데도 과연 깨달은 사람들에게 개인적 육체와 동일시가 없는 것입니까?

마하라지는 정연한 질문에 미소를 지으며 이렇게 대답했다.

마하라지 몸은 의식이 나타나기 위해 필요한 도구입니다. 생명력이 육체를 떠나고(보통 '죽음'이라고 한다), 의식의 현상적 작용이 풀어지기 전에 어떻게 몸과 의식이 동일하지 않음을 알 수 있겠습니까? 몸은 독자적으로는 존재할 수 없는 도구일 뿐입니다. 물론 다섯 가지 원소로 이루어진 심신의 구조물인 몸을 자신과 동일시하는 것만으로 구속이 생기는 것은 아닙니다. '구속'은 그러한 동일시의 결과로 생긴 가공의 행위자, 독립적으로 존재할 수도 없건만 자율적 존재라고 지어놓은 상상의 개념이 행위와 그 결과의 책임을 스스로 짊어짐으로써 생기는 것입니다.

다시 말하지만 구속의 책임이란 개념은 단지 자신과 육체와의 동일시 때문만은 아닙니다. 몸은 도구로써 계속 사용되어야만 합니다. 구속은 표면적 의지 작용이 있을 때, 즉 행위를 가공의 존재인 '행위자'의 선택에 의한 것으로 착각하여 카르마와 구속의 인과적 과정을 가정할 때 발생하는 것입니다.

본성이 현시되는 일반적 과정 위에, 어떻게 해서 외적인 대상물이 겹쳐지게 되었는지 이해할 필요가 있습니다. 일단 당신이 거짓을 거짓으로 보게 되면 더 이상 진리를 구할 필요가 없습니다. 여하간에 진리를 대상으로 인식할 수 없습니다. 그러면 어떤 단계에서 동일시의 문제가 일어나겠습니까? 현상이 본성 속에 완벽히 숨어 있다면 동일시의 문제는 전혀 일어날 수 없습니다. 실재인 절대가 각각의 현상적 대상으로 현시될 때에만, 즉 상대성(감지되고 인식되는 대상과 감지하고 인식하는 주체로 이분화됨)을 요하는 대상화의 과정이 있을 때에만 생겨나는 것입니다.

중요한 것은 인식하는 주체와 인식되는 객체가 상호의존적이며 이것들은 단지 의식 안에서만 존재할 수 있다는 점입니다.

다음과 같은 기본적인 것을 이해해야 합니다.

우리는 단지 서로 간의 객체로서 존재할 수 있을 뿐입니다. 그리고 또한 우리는 우리를 인식하는 인식 주체의 의식 안에서만 존재할 수 있습니다. 각자의 의식은 인식 주체의 자리를 차지하고, 대면하고 있는 다른 것들을 대상으로 봅니다. 여기에서 '개체'라는 착각이 생겨납니다. 이 인식 주체는 그의 주체적 기능을 의식하여 자신을 의지와 선택력을 지닌 독립적이고도 자율적인 자아로 생각하기 시작합니다. 그리하여 이 허상의 존재는 참과 거짓, 선과 악 등과 같은 상대적 개념의 입장에서 객체를 비교, 분석, 판단하고 객체를 선택하기 위해 현시의 가장 기본이 되는 이원론을 더욱 추구하게 됩니다.

구속의 근원은 이러한 가상적 존재의 '존재화'이며 단순한 육체와의 동일시 때문만은 아닙니다. 한 번 더 말하자면, 참나, 즉 현상의 총합으로 나타나는 본질적 절대는 개개의 객체적 존재가 아닙니다. 그러므로 참나는 어떠한 태어남이나 죽음도 겪을 수 없으며, 구속이나 해탈 또한 겪을 수 없는 것입니다. 구속과 그 결과인 고통은 둘 다 완전히 상상으로 이루어진 거짓 개체와 자신을 동일시하는 데서 근거한 개념일 뿐입니다.

마하라지가 이야기하는 방식 중 한 가지는, 어떤 주제에 대해 대화하며 그것이 흥미 있게 진전되는가를 보고 평가하는 것이다. 난해한 주제에 대해 토론하는 동안, 청중 중 누군가가 자신의 말을 간파했음을 느끼면 마하라지는 갖고 싶었던 장난감을 갖게 된 아이처럼 아주 기뻐했다. 그럴 때 그는 "오늘 아침에는 큰 진척이 있었군요"라고 말하곤 했다.

그러나 집중하지 않아 자신의 말을 이해하지 못하여 그 함축적 의미를 전혀 알아차리지 못했을 때에는, 불이일원론 같은 수준 높은 이야기는 아무데도 쓸모없는 것이라고 말하기도 한다. 그러한 그의 모습이 변덕스럽게 보일지도 모르겠지만 그때그때의 상황에 따라 저절로 나타나는 자연스러운 반응인 것이다.

라마나 마하리쉬는, 사람들이 자신을 찬미하는 노래를 부를 때, 함께 노래하며 박자에 맞춰 손뼉을 친다. 그는 어느 특정 존재를 자신으로 동일시하지 않으므로 그의 행위가 암시하는 바를 이미 완전히 잊었던 것이다. 깨달은 사람들은 실제로 개별적 대상을 갖고 있지 않으며 그의 심신적 도구인 몸은 그 기능을 의식함이 없이 저절로 정상적인 기능을 수행한다.

해설 ┃ 나(해공)에게 있어서 일생일대의 사건을 일으킨 장이다. 미얀마의 마하시센터에서 명상을 하던 중 이 부분을 읽다가 마침내 '무아'를 깨달은 것이다. 당시 썼던 수행일지 일부를 소개하겠다.

1998년 12월 3일, 오늘은 잠에서 깨어나면서부터 머리가 무척 맑았다. 이삼 일 전부터 어떤 것에도 집착하거나 부대낌이 없이 평화로운 기운에 감싸여 지내온 것이 느껴졌다. 명상시 일부러 집중하지 않아도 모든 것이 선명하게 알아차려졌다.

특히 책을 읽고 있는데 글자가 그냥 가슴에 와서 박히는 것이었다. 그야말로 독서삼매에 빠져서 시간 가는 줄을 모르고 있었다.

책을 한참 읽어나가다가 다음 문장에서 나는 그만 숨이 멎더니 그 말의 의미가 내면을 치면서 가슴을 뻥 뚫어버렸다. 그 순간 마치 잡고 있던 밧줄이 툭 끊어져 나가는 것처럼 에고가 떨어져 나가는 것이었다.

"구속은 육체를 자신과 동일시한 결과로 생긴 가공의 행위자, 독립적으로 존재할 수도 없건만 자율적 존재라고 지어놓은 상상의 개념이 행위와 그 결과의 책임을 스스로 짊어짐으로 생기는 것이다."

드디어 에고의 정체를 본 것이다. 붓다가 말한 '집을 짓고 있는 놈'의 정체를 확연히 본 것이다.

'이것이 바로 무아로구나, 본래 독립적으로 존재하는 나는 없는데 이 몸과 마음을 나라고 착각하고 있었구나.'

이렇게 확실한 것을, 이렇게 단순한 것을 그동안 보지 못했다는 것이 너무나 어이가 없었다. 지금까지 에고적 개체의식으로 '무아'를 이해하고 분별했던 것이다.

육체와의 동일시란 이 몸과 마음을 나라고 생각하는 것이다. 깨달음이란 동일시의 착각에서 벗어나는 것, 즉 이 몸과 마음은 본래 내가 아니라 참나인 절대가 투영시킨 수십억만 개의 전체 중 하나라는 것을 체득하는 것이다. 이것을 머리로 이해하고 받아들인다고 해서 되는 것이 아니다. 경계가 와서 후려치면 한순간에 이것은 내가 되고 이놈이 일으킨 생각과 말과 행위는 내가 했다고 철석같이 속는다.

깨닫게 되면 어떤 상황이 되더라도 다시는 착각하지 않는다.

위험한 명상

어느 날 새로 온 방문객이 낭패스러운 질문을 했다.

방문자 예전에 어느 스와미(힌두 철학을 연구하고 가르치는 스승—옮긴이)로부터 열흘간의 집중 명상 과정을 지도 받은 적이 있습니다. 저는 명상에 특별한 관심을 가진 것도 아니었으나, 이 명상 과정에 몹시 참여하고 싶어 하는 친구들이 함께하길 원해서 저도 등록하게 되었습니다. 마침 제가 하는 사업에 시간적 여유가 있었기에 가능했습니다. 저는 제 성격상, 제 앞에 떨어진 일은 무엇이든 전력을 다하고 집중하여 모든 정열을 다 쏟아붓는 스타일입니다. 그래서 일단 명상 과정이 시작되자 모든 주의력을 거기에 쏟아부었고 거기에서 하라는 것은 무엇이든 전력을 다했습니다. 그 결과, 명상 과정이 거의 끝나갈 즈음에 육체로부터 제가 분리되는 명백한 느낌을 갖게 되었습니다. 그러자 이 세계가 꿈과 같이 느껴졌습니다. 그 느낌은 이후에도 계속 지속되었습니다. 그것은 기분 나쁘지 않은 느낌이었습니다. 오히려 구속으로부터 벗어나 자유로운 느낌의 특별한 감각을 가져다주었습니다. 그러나 문제는 실생활에서 어려움이 생긴 겁니다. 제가 이 꿈 같은 허상의 세상에 살면서 동시에 먹고 살기 위해 어떻게 사업을 해나갈 수 있느냐 하는 것입니다.

방문객의 질문은 마하라지에게 마라티어로 통역되었는데, 통역이 끝나기도 전에 마하라지는 방문객의 문제를 알아차린 듯했다. 보통 때와는 달리 그의 표정이 아주 엄숙했고 잠시동안 아무 말 없이 앉아 있다가 말문을 열었다.

마하라지 명상은 무엇이 일어나는가 알아보기 위해 하는 어떤 실험이나 향연이 아닙니다. 명상은 결코 취미로 그저 한 번 해보는 것이 아니라는 말입니다. 명상을 위해서는 사전에 그만한 준비가 있어야 합니다.
의식은 현상적 세계의 모든 현시의 기초입니다. 이 세상에서 의식보다 더 거대한 힘은 없습니다. 만일 의식을 가지고 놀이를 하듯 장난친다면, 뒤따라올 그 결과는 아무도 예측할 수 없는 사태에 이를 것입니다. 더구나 몸이 그 결과들을 맞이할 만한 아무런 준비도 되어 있지 않다면 아주 커다란 고통에 빠지고 말 것입니다. 자신을 육체와 동일시하지 않는 사전 준비가 되어 있지 않기 때문에 몸-마음의 차원에서 당연히 겪게 되는 것입니다. 만일 높은 전압의 전력이 그것을 받아들일 만큼 강하지 않은 수신자에게 간다면 무슨 일이 벌어지겠습니까?

마하라지는 그 방문객에게 적어도 보름간은 항상 방문하여 자신이 하는 이야기를 잘 들으라고 했다. 그러나 불행하게도 그 방문객은 곧바로 떠나야 할 처지였다. 마하라지는 그에게 《아이 앰 댓》을 주의 깊게 읽고, 가능한 한 자주 자신과 함께 나눈 대화를 깊이 생각해보라고 했다. 그리고 이렇게 덧붙였다.

마하라지 '내가 누구인가'에 대한 기억은 당신이 누구인가에 대한 지식이라는 것을 기억하십시오. 당신은 전체 우주를 꿈으로 볼 수도 있습니다. 그러나 분리된 실체로써 이 꿈을 보는 '당신'이 남아 있는 한 당신은 고통 가운데 있게 될 것입니다. 당신 또한 살아 있는 이 꿈 속의 인물이며, 꿈의 핵심적 일부일지언정 그것과 따로 떨어져 있거나 꿈과 분리되어 있는 사람이 아니라는 것을 점차적으로 깨달아 가기 바랍니다. 그러면 당신은 문제없이 제대로 될 것입니다.

해설 | 실제로 장기 합숙을 하면서 명상이나 수련, 기도회 같은 것을 하는 단체에서 심심찮게 발생되는 사건이다. 대체로 집중력이 높으면서 감성이 뛰어난 사람에게 많이 나타난다. 경우에 따라서 자신이 구세주라는 계시를 받는 사람도 있고, 의식이 열려서 신기한 장면이나 생각들이 끝없이 나타나기도 하고, 자신이 세상과 분리된 느낌을 받기도 하며, 외계인을 만나 우주선을 타고 외계에 다녀왔다고 믿기도 하고, 천상 세계의 신이나 귀신들이 나타나 대화하기도 한다.

옛날 같으면 일종의 신비 체험이라고 좋아할 수도 있었겠지만 현대에 와서는 뇌과학의 발전으로 인하여 뇌세포에 일시적인 정신적 충격이 가해져 호르몬의 이상 분비에 의해 생긴 의식의 착란 상태임이 밝혀졌다. 한마디로 준비가 안 된 의식이 한 순간에 너무 강한 체험을 당하여 나타난 이상 증상인 것이다.

이 세상 전체를 꿈속처럼 인식하면서 개체로서 자기 자신은 꿈속에 들어 있다는 사실을 간과한 것이다. 즉 개체의식이 주체가 되어 세상을 인식하고 있기 때문에 자신과 세상이 분리된 것처럼 착각하는 것이다.

오직 '참나' 만이 존재한다

　마하라지는 사회에 널리 퍼져 있는 행동양식이자 도덕률인 윤리에 대해서는 토론하기를 원치 않는다. 대다수의 사람들은 윤리의 문제에 대해 토론하도록 훈련 받았고, 또 거기에 대해서 깊고 상세하게 토론할 의향과 시간을 가지고 있다. 그러나 마하라지는 그러한 주제로부터 멀리 떨어져 있었다. 물론 사회의 법을 따르고 다른 사람들을 고의로 해쳐서는 안 된다는 것은 그도 인정했다. 행동과 도덕에 대한 아주 일반적이고 보편적으로 받아들일 수 있는 최소한의 기준은 물론이고 윤리에 관한 세세한 것들에 대해서도 언급을 피했다. 왜냐하면 행동과 도덕의 표준이나 기준은 시대와 상황에 따라 늘 변하기 때문이다. 마하라지는 오직 변하지 않는 참된 본성만을 다루었다. 만일 자신의 참된 실체를 정확히 이해하고 깨닫는다면 그 나머지 것들은 의미와 중요성을 상실하고 말 것이다. 왜냐하면 참된 모습을 깨달은 이후의 사고와 행동은 직접적이고 직관적이며 자발적이지만, 그 외의 것들은 이원성에 바탕을 둔 것이기 때문이다.

윤리의 테두리 안에서 먹고 살기에 바쁜 보통사람들이 마하라지의 이러한 견해를 받아들이기란 지극히 어렵다. 새로운 방문객들은 자신들이 생각하기에는 아주 중요한 인생 문제의 핵심으로부터 마하라지가 벗어나 있다고 종종 느끼며, 오랜 기간 동안 그의 말을 들어왔던 사람들도 절대적 입장에서만 말을 하는 마하라지의 견해를 받아들이기 어려워한다. 그들은 진리와 그 나머지의 현상적인 것들 사이에서 그 둘의 양분을 모두 흡수하는 것은 어렵다고 여기는 것이다.

말하자면, 사람이 그 자신의 본성에 관하여 확연하다 해서 어찌 사회의 규범인 도덕, 윤리를 소홀히 할 수 있는가 하고 생각하는 것이다. 그러한 이유로, 오랜 기간 모임에 참석했던 한 부인이 핵심을 찌르는 질문을 던졌다.

방문자 선생님, 만일 어떤 사람이 선생님의 말을 듣고 깨달음을 얻었다고 했을 때, 그 사람이 핵무기를 준비해 자기 마음대로 사용한다면 그것이 과연 옳고 정당한 일일까요?

마하라지 당신의 질문은 과거 수백 년 전에는 어떤 문제도 일으킬 필요가 없었습니다. 이 기본적인 사실을 염두에 두고 그 문제에 대해 깊이 생각해본다면, 당신 스스로 답을 얻을 수 있었을 겁니다. 결론은 이렇습니다. 당신의 질문 자체가 잘못된 것입니다.

당신이 말하듯이 깨달은 자가 될 정도로 자신의 참된 본성을 이해하고 받아들였다면, 그는 다음과 같은 결론에 이르렀어야 하지 않겠어요? 즉 모든 현상, 또 현상으로서의 자기 자신을 포함하여 일체의 감각체들은 꿈속에 있는 것처럼 허상인, 그런 의식 속의 개념적 이미지에 불과한 것이라고 말입니다. 이런 진리를 깊게 이해한 사람이, 그것을 사용하는 것은 차치하고라도 핵무기를 준비할 생각이나 하겠어요?

그러나 이 대답은 알지 못하는 사람들을 위한 피상적인 대답이 될 뿐입니다. 먼저 발견해야만 하는 것은, 지금 우리가 이야기하고 있는 '나'와 '너', 그리고 '그'가 누구인지, 이것 혹은 저것을 자유로운 의지와 기분에 따라 하고 있는 자가 과연 누구인지를 찾아내는 것입니다.

당신은 자신을 어떻게 봅니까? 당신은 당신의 몸을 봅니다. 그리고 그것을 자신과 동일시합니다. 그러나 깊은 잠에 빠졌거나 혹은 마취되었을 때는 육체와 자신을 동일시할 수가 없습니다. 따라서 당신이 자신이라고 여기는 겉모습은 다른 사람들의 관찰에 의해서 그렇게 느껴지듯, 의식 속에 떠오른 것을 감지하고 그렇게 이해하는 것뿐입니다. 당신의 자신에 관한 이해는 다른 사람들의 인식처럼 환영적이고 덧없는 것입니다. 다른 사람이 관찰하는 것보다 조금 더 생생하게 보일지라도 그렇습니다. 또 하나 아주 중요한 사실은 당신이 그렇다고 여기는 그 견고한 정체성도 단지 의식 속의 나타남일 뿐이라는 것입니다. 게다가 당신 자신에게 내리는 그러한 해석조차도 시시때때로 변할 것이며 지금까지도 변해오고 있는 것입니다. 그뿐만 아니라 당신이 자신에 대해 생각하는 것은 그 어떤 것이라도 의식 속에서의 움직임, 즉 일시적인 정신적 영상에 지나지 않습니다. 그것이 당신 스스로 한 생각이든 다른 사람의 생각이든 마찬가지입니다. 그것이 소위 당신의 전부입니다. 그러나 그것이 진정한 당신일까요? 단지 정신적 영상에 불과한데도 말입니다. 불변하고 독립적이며 자신의 행동양식을 선택할 줄 아는 자율적인 존재로서, 자신을 확인할 수 있는 영상이 정말로 있을까요?

상대적이고 현상적인 존재인 '너'나 '나'는 자궁 속에 수태된 물질적인 한 점에 불과합니다. 상대 세계의 그런 헤아릴 수 없이 많은 현상의 모습은 모두 절대적 주관성이 내재하고 있습니다. 말하자면, 모든 현상의 기본인 절대적 '나'는 주객(主客)의 양면을 포함하고 있다는 것입니다. 그러므로 주체든 객체든 이원성의 범위 안에 있는 그것들은, 그 자체로는 결코 독립적으로 존재할 수 없습니다. 그러므로 우리 모두는 단순히 의식 속의 외양이며 개념인 것입니다. 또한 각각의 감각적 존재들은 그 자신의 개념과 그가 대상으로 간주하는 사람들의 개념에 지나지 않습니다.

만일 당신이 이와 같이 독립적인 존재가 아니라면 어떻게 행동하겠습니까? 정말 행동하기라도 합니까? 아니면 꼭두각시처럼 외부의 자극에 반응만 합니까? 당신이 조용히 앉아 무슨 일이 일어나고 있는지 정확히 볼 수만 있다면 즉각 간파할 것입니다. 당신은 살고 있는 것이 아니라 살아지고 있는 것입니다! 그런 삶은 그 자체로서는 외관상의 작용이라고 불리는 것에 지나지 않습니다. 왜 외관상이냐 하면 모든 작용이 의식 속에서 파노라마처럼 펼쳐지는 것에 불과하기 때문입니다. 만약 깊은 잠이나 마취 상태에서처럼 의식이 없다면 이러한 작용도 없을 것입니다. 그런데 이런 모든 기능 속에서 독립적인 '나'라는 개념이 어디 있겠습니까? 독립적으로 보이는 '나'는 이 마야의 연극 속에서 본다면 웃음거리일 따름입니다. 우리의 진정한 존재는 전체이며 신성하고, 본체이며 절대적입니다. 또한 우리의 실재는 상대적 감각으로 인지할 수 없으며, 오직 현시된 현상으로서 이원성 안에서만 지각되고 인지됩니다. 오직 진정한 '나'만이 있을 뿐이고 상대적으로 나와 다른 사람이란 없습니다. 상대적 현시 속에서 현상은 의식 속에서 나라는 개념을 갖게 되고 모든 대상은 스스로를 주체라고 생각하여 다른 대상을 남으로 인식하는데, 실제로는 대상이 없는 진정한 '나' 만 있을 뿐입니다.

이제 다시 핵무기 이야기로 돌아가봅시다. 만일 당신이 이와 같은 사실을 정말로 자각했다면 당신이 계속해서 "독립적이고 자율적인 본질을 갖고서 악을 행할 엄청난 능력을 소유한 어떤 악인이 존재한다"고 생각할 수 있겠습니까? 또는 "선을 행할 거대한 능력을 소유한 선의 화신이 있다"고 생각할 수 있겠습니까? 당신이 고집하는 '당신' 이란 선과 악이 서로 의존하는 상대개념일 뿐이고, 이원성 안에서의 필연적 나타남이며 전체적 기능 안에서 각자의 역할을 하는 의식의 외형일 뿐이라는 것을 확실히 알아야 합니다. 스스로를 실체적 존재라고 믿는 것이야말로 '속박' 이며, 전체성과 따로 떨어져 존재하는 실체란 없다고 바로 아는 것이 해탈입니다.

해설 ┃ 이런 질문은 근본적으로 각 개인에게 자유의지가 있기 때문에 윤리 도덕심을 고양시켜서 세상을 혼란에 빠뜨리는 일이 생기지 않도록 해야 한다는 관념에 의해 일어난다. 세상 사람들에게 인간에게는 자유의지가 없다는 것을 설명하기가 여간 힘든 것이 아니다. 이것은 마치 살아 있는 자기를 보고 너는 죽었으니 믿으라고 하는 것만큼이나 어처구니없는 궤변으로 들릴 것이다. 그러나 2500년 전 붓다에 의해 밝혀진 무아연기 법칙에 따르면, 현상세계의 모든 존재는 주체적 자아가 없이 상대와 더불어 씨줄과 날줄을 함께 엮어가며 살아갈 수밖에 없는 연기적 존재이다.

존재에 대한 부정

하루는 대화중에 마하라지가 이렇게 말했다.

마하라지 나에게 있어서 죽음이란, 육체라는 현상이 어쩔 수 없이 의식에게 부과하고 있는 한계로부터의 해방입니다. 반면에, 보통 사람들에게는 죽음이 두려움의 대상으로 여겨지고 있습니다. 왜 사람들은 그것을 끔찍한 일로 생각하고 있을까요? 사실이지 육체가 죽으면 개체의식은 해방되고 근원적 의식과 합쳐집니다. 마치 한 방울의 물이 대양으로 합해지듯 말입니다.

마하라지는 이렇게 설명을 하다가, 한 방문객이 의문을 갖고 있다는 것을 알아채고 그에게 물었다.

마하라지 무언가 질문이 있는 것 같군요.

질문을 받은 그 방문객은 마음속에 일어난 의문을 정확히 설명할 만한 적당한 말을 생각하지 못해 잠시 당황하다가 마침내 질문을 하였다.

방문자 선생님께서는 "죽음에서 실제로 일어나는 일은 호흡과 생명력이 육체를 떠나 비인격적 의식과 합일하는 것이다. 그리고 죽은 육체는 이런저런 식으로 파괴되며 이런 개별적 모습은 결국 아무것도 남지 않는다"라고 말씀하셨습니다. 만일 선생님의 이러한 말씀이 깨닫지 못한 사람에게나 깨달은 사람에게나 똑같이 적용되는 것이라면 굳이 깨달아야 할 필요가 있습니까?

마하라지 당신은 깨닫지 못한 사람과 깨달은 사람에 대해 얘기하면서 또 깨닫지 못한 사람은 깨달을 필요가 있다고 말하면서, 은연 중 독립적이고 자율적인 개인, 즉 자기 자신의 선택과 결정에 따라 의지적 행동을 할 수 있는 그런 자가 있다고 생각하고 있습니다.

현상적 우주가 현시의 세계로 드러나는 과정에 과연 그러한 독립적인 실체라는 게 있을까요? 현상계가 현시되기 위해 꼭 필요한 기본적인 개념의 틀은 무엇일까요? 부피를 나타내는 공간 개념이 없다면 사물이 삼차원으로 보이는 게 가능하겠어요? 그리고 또 다른 개념인 시간이 없다면 물체의 모습이 지각될 수 있을까요? 물체가 인식되려면 지각에 필요한 만큼 머물러 있는 지속 기간이 필요합니다. 만일 우리가 시간과 공간이라고 부르는 그 토대 자체가 개념일 뿐이라면, 그 개념의 틀 안에 들어 있는 인간을 포함한 모든 사물들이 개념적이요 만들어진 허상이 아니면 무엇이겠습니까? 그러므로 어떠한 사물일지라도, 설혹 그것이 독립된 실체라고 착각되더라도, 그것들은 독립적 존재일 수도 없고 인격적 의지도 가질 수 없다는 것을 확고하게 이해하십시오. 아무것도 태어나지 않으며 아무것도 죽지 않습니다. 태어나는 것은 단지 개념일 뿐이며, 그래서 해탈되어야 할 자도 없는 것입니다. 이것을 이해하지 못하는 것이 무지의 속박입니다. 이것을 통각하는 것이 진리의 자유입니다. 기억하십시오. 진리는 있는 그대로 볼 때 절대적으로 현실과 일치합니다. 이것은 인간의 참된 본성에 관한 흔들리지 않는 사실입니다.

해설 ▎본래성품인 참나가 청정한 스크린이라면 그 스크린 위에 펼쳐지는 온갖 삶의 형태는 물질적 현상계이고 영화를 보고 있는 것은 의식이다. 영화가 상영되는 동안은 눈에 보이는 화면을 실재하는 것으로 착각하고 희로애락 애오욕의 감정을 느낀다. 영화가 끝나고 나면 영상은 사라지고 본래성품인 깨끗한 스크린만 남는다. 스크린 위에 나타났던 사람과 물질, 세상과 사건은 실재하는 것이 아니기 때문에 태어난 자도 죽은 자도 없는 것이다. 깨달은 사람은 삶을 살면서도 스크린처럼 결코 그 삶에 물들지 않는다. 거짓 나인 이 몸은 태어나면 존재하고 죽으면 사라지지만 참나인 본래성품은 현상적 생멸과 상관없이 항상 그대로이다.

그런데 왜 깨달아야 할까?

에고는 이놈을 나라고 착각하고 있기 때문에 자신과 주변에 대하여 끊임없이 집착하고 욕심부리고 시비분별 하면서 번뇌 망상에 휩싸여 고통의 늪에 빠져 허우적대며 살고 있다. 본래성품인 참나를 깨닫는 것만이 현실적 삶에 있어서도 욕심과 집착, 번뇌 망상, 시비분별, 희로애락 등 상대적 감정의 늪에서 빠져나와 본래의 여여하고 평화로운 대자유인으로 살아지는 길이다.

찾는 자가 찾던 대상이다

한번은 유럽인 부부 한 쌍이 약 일주일가량 마하라지를 방문하기 위해 찾아왔다. 그 부부는 수년 동안 베단타학파의 형이상학에 관심을 가져왔고 그것에 대해 깊게 공부해왔노라고 했다. 그러나 그들의 표정과 행동에서는 거의 좌절에 가까운 피곤함이 엿보였다. 그들은 오랜 시간 동안 이곳저곳 순례를 하면서 수많은 구루로부터 진리의 지침을 찾았으나 성공하지 못하였다. 그동안의 진지한 탐구에도 불구하고 진리에 대해서 확연하게 이해하지 못한 좌절감이, 마하라지를 방문한 상태에서도 계속 그들을 피곤하게 하는 것 같았다. 그들은 이 방문 역시 쓸데없는 시도가 되어 또 다른 좌절을 맛보는 것은 아닐까 하는 걱정에 싸인 것처럼 보였다.

그들은 마하라지의 일상적인 질문에 답하여 자신들의 배경을 설명하고는 힘없이 자리에 앉았다. 마하라지는 그런 그들을 잠시 물끄러미 바라보다가 말문을 열었다.

마하라지 내가 당신들에게 줄 것은 아무것도 없다는 것을 이해하세요. 내가 할 수 있는 일은 당신들 앞에 당신들의 진정한 본성을 비추어줄 거울을 놓는 것뿐입니다. 물건을 주듯 손에 쥐어줄 수가 없다는 말입니다. 내가 하는 말이 직관적으로 명백히 이해되고 깊은 확신 속에 즉각적으로 받아들여진다면 다른 어떤 지식도 필요치 않을 것입니다. 이러한 이해는 시간이 필요한 것이 아닙니다. 그것은 진실로 시간이라는 개념을 넘어선 것입니다. 그것은 시간과는 전혀 무관하게 갑자기 충격처럼 일어납니다. 그것은 모든 이분법적인 관점이 멈추는 것을 의미하고, 시간과 공간의 개념이 일어나기 이전의 하나로 통합된 순수의식처럼 절대적인 깨달음이 일어나는 순간을 의미합니다. 그렇게 한 번 이해의 씨앗이 뿌려지면 거짓된 속박으로부터의 해방은 나름대로의 과정을 가지고 진행됩니다. 그러나 깨달음 그 자체는 언제나 순간적입니다.

내가 말하려는 핵심은 모든 것이 저절로 이루어진다는 것입니다. 따로 독립적으로 존재하는 자유의지적 개인이란, 하나의 개념일 뿐입니다. 모든 우주의 현시는 우주적인 꿈, 정확히 말하자면 개인의 소우주적인 꿈입니다. 모든 사물들은 꿈꾸어진 것들이며 모든 것은 의식 안에 나타나는 모습일 뿐입니다. 그것이 잠자는 동안에 이루어지는 개인적 꿈이든, 아니면 일상생활 안에서의 살아 있는 꿈이든 똑같습니다. 모든 사물들, 모든 모습들은 의식 안에서 의식에 의해 꿈꾸어지는 것입니다. 그리고 의식은 꿈꾸어지는 형상인 동시에 꿈꾸는 자입니다. 꿈꾸어지는 형상이 아니면서 꿈만 만들어내는 자는 없습니다. 각 개인이 꾸는 현재의 우주적 꿈은 의식 안에 있습니다. 그 의식은 지각과 이해가 일어나는 매개체인 몸-마음 안에 있고, 그것은 개인적 실체로서 잘못 이해됩니다. 깊은 잠 속에서는 꿈이 없으며 그래서 우주도 없습니다. 당신이 다른 사람들과 세계로부터 떨어져 존재하는 것은 오직 당신이 분리된 마음을 가지고 있을 때입니다. 당신은 꿈을 꿀 때 꿈속의 사물들에 대한 통제력을 갖지 못합니다. 꿈속에 등장하는 당신이라는 객체를 포함해서 그렇습니다. 모든 것은 저절로 일어납니다. 그리고 당신의 개인적인 꿈속에 나타난 모든 객체는 당신 이외에 다른 것이 아닙니다. 또한 삶이라는 꿈속에서도 모든 객체들은 당신 자신입니다. 그런 까닭으로 삶에서의 모든 작용과 행동은 저 스스로 일어나는 것입니다. 왜냐하면 어떤 행위를 하는 실체가 없기 때문입니다. 당신은 작용이자 꿈이며 절대의 우주적 춤입니다!

마지막으로, 어떤 종류의 꿈이든 반드시 현상적이며, 의식이 깨어 있을 때, 말하자면 의식이 자신을 인식할 때 나타나는 것임을 기억하세요. 의식이 자신을 인식하지 못할 때에는 깊은 잠에서와 같이 어떤 꿈도 있을 수 없습니다.

그 즈음에서 그 부부의 남편이 질문을 하였다. 그 질문의 핵심은 이러했다. 만약에 우리 모두가 결단을 내릴 수도 없고 행동에 대한 독립적 선택도 할 수 없는 단지 꿈꾸어지고 있는 상(相)에 불과하다면 어째서 우리가 속박이나 해탈에 관여하는 것인가? 왜 우리가 마하라지에게 와야 했는가? 그의 질문에 마하라지는 웃으며 대답했다.

마하라지 당신은 옳지 못한 방법으로 바른 결론에 도달했군요! 만약 당신이 전혀 의심 없이 다음과 같은 것을 확신했다면 당신은 전적으로 옳습니다. 이제 내가 하는 말이 당신이 확신한 것과 같은가 잘 들어보세요.
"당신이 자신과 동일시한 객체는 실제로는 실체의 독립성과 자율성을 완전히 상실한 현상, 그래서 단순히 누군가의 의식 안에서 꿈꾸어지고 있는 모습일 따름이며, 그런 까닭으로 이러한 단순한 그림자에게는 해탈이다 속박이다 하는 어떤 질문도 있을 수 없다. 결과적으로 나에게 찾아와 내 말을 들을 필요가 없다."

맞습니까? 이것이 당신이 확신하는 바입니까? 만일 그렇다면 당신은 옳을 뿐만 아니라 이미 해탈한 것입니다! 그러나 당신이 독립성이나 자율성이 없는 꿈꾸어진 상에 불과하다는 사실을 받아들이지 못해 계속 나를 방문해야겠다는 뜻으로 한 말이라면, 당신은 첫걸음조차 내딛지 못한 것입니다. 이것이 진실입니다. 해탈을 구하는 자가 있는 한 결코 해탈을 찾지 못할 것입니다.

이렇게 단순하게 바라봅시다.

어떠한 행동의 원인이나 기초는 무엇입니까? 그것은 '필요'입니다. 당신은 그럴 필요가 있기에 먹고, 그럴 필요가 있기에 배설을 합니다. 또 당신은 나를 방문해서 내 말을 들을 필요가 있기에 나를 찾아왔습니다. 이렇듯 필요가 있을 때의 행동은 다른 사람들의 간섭 없이도 자연적으로 일어납니다. 그러면 누가 필요를 느낍니까? 물론 의식이 몸-마음의 상관적 장치를 통해서 느낍니다. 만약 당신이 자신을 그런 몸-마음의 복합체라고 보고 있다면 그것은 자신의 참모습을 잘못 파악한 것이 아닐까요? 그렇게 생각하고 있다면 당신은 속박되어 있는 것이며 그래서 해탈을 추구하고 있는 것이지만, 그러나 실제로는 자신의 참모습에 의문을 갖고 그것을 찾는 자 자신이 바로 찾아야 할 대상인 것입니다.

방 안의 모든 사람이 깊은 고요 속에서 마하라지가 한 말에 빠져들었다. 다른 방문자들이 서서히 자리를 뜨는 동안, 그 부부는 전혀 타인을 의식하지 않은 채 눈을 감고 앉아 있었다.

해설 ┃ 1990년대, 배창호 감독이 안성기, 황신혜와 함께 〈꿈〉이라는 영화를 만들었다. 이 영화의 원작은 개화기 대표적 소설가인 춘원 이광수가 말년에 불교의 심오함에 매료되어 《삼국유사(三國遺事)》에 나오는 일화를 소설로 쓴 것이다.

젊은 승려 조신은 예불 드리러 절에 온 아름다운 아씨에게 마음을 빼앗겨 상사병이 날 지경이다. 하루는 도저히 참을 수가 없어서 밤에 침입하여 아씨를 겁탈하고 나서 함께 먼 곳으로 도망을 갔다. 그 후 온갖 고초를 겪으면서 자식들도 낳아 살다가 전염병으로 자식들을 다 잃고 부인도 죽고 원수에게 쫓겨 도망 다니는 거지 신세가 되었다.

늙고 병들어 다 죽게 된 조신은 마지막으로 자신이 지내던 절을 찾아가 참회를 하다가 잠에서 깬다. 그리고 그 모든 일들이 한순간 꿈이었음을 안 조신은 가슴을 쓸어내리며 인생무상을 절실히 깨닫고 수행에 정진한다는 내용이다.

그런데 조신은 하나만 알고 둘은 몰랐던 것이다. 그는 잠 속의 꿈에서 깨어나 현실이라는 깨어 있는 꿈속으로 들어왔을 뿐이다.

궁극적으로는 깨어 있다고 믿고 있는 이 현상세계의 꿈에서 깨어나야 한다.

깊은 잠의 상태와 본래성품

마하라지를 찾아오는 사람들 중에는 이미 습득한 일반적인 가르침에 대한 이해 때문에 오히려 난관에 빠져 있는 사람들이 있다. 그래서 그들은 그것들에 대한 명확한 이해를 바랐다. 그러한 문제들 중 하나는 깊은 잠의 상태와 본성에 대한 문제였다. 한번은 한 그룹의 사람들에 의해서 이 문제가 집중적으로 다루어졌다. 그들이 이해한 바로는, 아니 들은 바로는 깊은 잠의 상태가 진정한 '궁극적' 상태 또는 우리의 본래적 상태로 알고 있는데, 마하라지께서 그것은 진리와 거리가 먼 이야기라고 하니 당황스럽다고 했다. 이 문제에 대해 마하라지는 이렇게 말했다.

마하라지 어떻게 의식 속에서 깨어 있는 상태와 교대로 나타나는 깊은 잠의 상태가 우리의 진정한 상태라고 할 수 있겠습니까? 의식은 그 자체로서 시간상의 제약을 받는 한시적인 것, 즉 일정기간 존재했다가 없어지는 것이고 그것이 나타나고 유지되기 위해서는 몸에 의지해야만 합니다. 따라서 깊은 잠의 상태는 단지 깨어 있는 상태와 교대로 나타나면서 일정기간 지속하는 심신적 조건일 뿐입니다. 그것이 비상대적인 의식으로 오인되어지는 이유는 깊은 잠을 자는 동안에는 의식이 일시적으로 휴식을 취하고 있기 때문입니다. 그러나 특기할 중요한 차이점은, 깊은 잠의 상태는 깊은 잠으로 인해서 상대적 시비분별심 자체가 없다는 점에 있어서 절대자각과 흡사하다는 점입니다. 그러나 이 상태는 시작과 끝이 있기 때문에, 곧 다시 활동을 시작하게 되고, 그 후 깨어 있는 상태로 대체됩니다. 깨어 있는 상태에서 느껴지는 '존재감'이 깊은 잠의 상태에서는 없다고 할 수 있을 따름입니다. 그러나 우리의 진정한 상태인 절대성은 존재감의 있음과 없음의 분별이 완전히 사라지는 전체성을 의미합니다. 이것이 두 가지 상태의 가장 중요한 차이점인 것입니다. 영적 수준이 상당한 경지에 이르렀다고 생각되는 사람들이 자각과 깊은 잠의 기본적 차이점을 쉽게 통각하지 못했던 것은 조건 지워진 개념의 틀 때문입니다.

마하라지가 그들이 오랫동안 끔찍이도 아껴왔고 쉽게 내려놓으려 하지 않던 그런 관념들을 하나씩 깨뜨려 나가는 것을 보는 것은 안타까운 일이었지만, 그것은 꼭 필요한 일이었다. 그는 특유의 유머를 써서 질문한 사람들의 마음 상태가, 마치 백만장자가 그의 전 재산이 갑자기 모두 쓸모없게 되었음을 알았을 때에 받는 충격으로 비유했다. 마하라지는 덧붙여 설명했다.

마하라지 깨어 있는 상태와 깊은 잠의 상태는 둘 다 현시 속의 의식에 교대로 나타나는 것에 불과합니다. 이것이 명백히 이해된다면 혼동은 있을 수 없습니다. 당신은 백 년 전에 깊은 잠에 대해 관심이 있었습니까? 그때 당신은 잠을 필요로 했었습니까? 그러다가 의식이 몸으로 스스로를 현시했을 때, 깨어 있기 위해 상대적으로 깊은 잠이 필요하게 된 것입니다. 내가 하는 말은 이렇습니다. 깊은 잠의 상태나 깨어 있는 상태나 모두가 시간적으로 일정기간 동안 현시되어지는 같은 개념을 구성하고 있습니다. 그런데 어떻게 그것이 일시적이 아니며 한 점의 객체성도 없는 순수 주체인 본래 성품과 같다고 할 수 있겠습니까?

해설 | 인간은 일생 동안 살면서 세 가지의 의식 상태를 반복하면서 살아간다. 정신이 깨어서 현실을 똑바로 인식하는 상태, 잠이 들어서 현실은 인식하지 못하지만 뇌 활동에 의해서 잠재의식 속에 내재되어 있던 영상이 떠올라 그것을 현실이라고 인식하는 꿈의 상태, 의식이 완전히 가라앉아 표면의식과 내면의식 모두를 인식할 수 없는 깊은 잠의 상태가 그것이다.

깨달은 사람들이 절대인 참나의 상태에 대해서 시비분별이 끊어진 상태, 자기 자신도 인식할 수 없는 상태, 태어나기 이전의 상태 등으로 설명하다보니까 구도자들이 본래성품을 마치 아무것도 인식하지 못하는 깊은 잠의 상태와 동일시하게 된다. 그러나 절대인 참나의 성품은 전체성이기에 셋 중에 어느 하나의 상태가 될 수 없다. 그것은 부분이 되어버리기 때문이다. 그 세 가지 모두가 통째로 참나의 상태인 것이다. 절대는 색도 아니고 공도 아니지만 색과 공 모두인 것이다. 나도 아니고 너도 아니지만 나와 너 모두가 절대인 것이다. 시비분별로 나누면 상대적 존재가 되고, 나누지 않으면 있는 그대로 절대인 참나인 것이다.

나는 없다

어느 날 아침 마하라지가 말했다.

마하라지 여러분들 중 상당수는 몇 주 동안 계속 이곳에 왔습니다. 관광을 하기 위해서가 아니라 오로지 나를 만나기 위해 멀리 해외에서 오는 사람들에게 특히 주목하고 있습니다. 그들은 긴 시간을 여행하여 이곳 뭄바이에 와서 머무는 동안 많은 돈을 썼습니다. 그 많은 비용이 아깝지 않게 제대로 이해하고 있는지 궁금해집니다. 자 한번 얘기해보세요. 지고의 진리란 무엇입니까? 여러분들 각자에게 궁극적 진리의 의미는 무엇을 뜻합니까? 대답하기 전에 그동안 내가 말했던 것에 대해 잘 생각해보고 말하세요.

한 용감한 외국인이 대답했다.

방문자 자유입니다. 저는 이 삶의 속박으로부터 자유롭게 되기를 원합니다. 선생님의 말씀대로 저는 그것을 '의식의 속박'이라고 하겠습니다.

몇몇 사람들이 동조하였다. 마하라지는 그와 같은 대답을 듣고 웃으며 말했다.

마하라지 이 고정관념이라는 게 얼마나 강력한지 보세요! 그 관념이 유전인자로부터 온 건지 후천적 가르침으로부터 온 건지는 중요한 일이 아니지만 어찌 되었던 지독하게 단단합니다. 이 '속박'과 '해탈'의 문제는, 직관으로 진리의 참된 본질을 파악할 정도가 못 되는 사람들에게 주어지는 방편적 가르침의 일부분입니다. 그러나 여러분은 이미 의식 수준에서 유치원생이 아닙니다.
나는 분명히 자신을 현상적 개체로 착각하여 생각하고 말하는 것을 그만두어야 한다고 여러분들에게 말했습니다. 나는 당신이 결코 현상적 객체가 아니라 의식 그 자체, 지각 있는 존재에게 지각을 부여해주는 바로 그 의식 자체라고 계속 말해왔습니다. 더 나아가 당신은 현시 속에서만 의식이지,

사실 당신은 의식 그 자체로서 절대자각이라고 말했습니다. 단순한 객체, 드러난 것들, 물질적인 형태로 나타나는 모든 것들은 결코 독립된 존재로서 어떠한 행위도 할 수 없다는 것은 아주 명백한 일입니다. 그럼에도 불구하고 비개인적 의식이 스스로를 대상화하여 현시할 때, 개인적인 '나' 라는 착각에 사로잡혀 자신을 개별적 대상과 동일시함으로써 멍에를 자초하는 것입니다. 이러한 개념이 속박의 원천이 되는 것입니다. 순수한 주체인 '참나' 를 상대적 '가아' 로 대상화하면서 말입니다. 개념적 속박이란 이러한 '나' 라는 개념 또는 에고입니다. 해탈을 구하는 지각 있는 존재의 정체가 무엇인지를 명확하게 인식한다면 이런 모든 생각들이 얼마나 우스꽝스러운지 알게 될 것입니다.

몸이란 여성의 자궁 속에서 자양분을 취하며 자란 수정체가 성장한 것에 불과합니다. 태아는 부모로부터 섭취된 음식의 정수이고, 그 안에 의식이 잠재되어 있는 것입니다. 이렇듯 모습으로서의 인간은 단지 음식의 정수라는 것이 이해되었다면, 당신은 음식의 어느 요소를 자유롭게 하려는 겁니까? 또한 음식은 다섯 가지 요소로 구성되어 있는 바, 당신은 음식의 어느 요소를 당신이라고 할 것입니까?

깨어남, 깨달음, 해탈 등과 같은 것은 없습니다. 깨어남, 깨달음, 해탈이라는 것은 진정한 자아란 독립적으로 존재하는 개체가 아니라는 사실을 직관적으로 인식하는 것입니다.
잠시 생각해봅시다.
개체로서의 '너' 또는 '나'가 그 근저에 깔리지 않은 질문이 있을 수 있습니까? 본다든가 보지 않는다든가, 이해한다든가 이해하지 못한다든가, 행한다든가 행하지 않는다든가 등, 모든 경우에 있어서 관심이 있는 것은 개체로서의 '나'일 뿐입니다. 그러므로 사물이 보인다든가, 어떤 일이 이해된다든가, 사건이 일어난다든가 하는 주객으로 나뉜 상황이란 없는 것입니다. 그저 순수한 움직임이 있을 뿐입니다. 완전하고 전체적인 변화가 있을 뿐이며, 그 변화는 어떠한 실체에 의해서 의지적으로 이루어지는 것이 아닙니다. 모든 것은 '저절로'일 뿐입니다. 깨달아지지 않는다는 말은 바로 이런 사실 때문입니다. 깨달아질 수 없는 까닭은 그 변화를 직접적이고 의지적으로 일으킬 실체가 있을 수 없기 때문입니다. 단지 '보는 자'라고 하는 '당신'을 없애고, 모든 것이 시비분별 할 것 없는 온전한 하나라고 이해하는 것이 진실을 곧바로 통각하는 것입니다. 그것은 결코 개별적 존재에 의해서 이루어지는 것이 아닙니다. 통각은 개별적인 '당신'을 찰나에 사라지게 합니다.
사물들과 그들의 속성은 감각에 의해 지각되고 마음에 의해 받아들여진 것처럼 주체와 객체가 아니며, 모두가 현시된 객체일 뿐입니다. 거기에는 소위 인간이라는 것도 포함됩니다. 결국 대상은 자유로워질 수도 없고 자유로워질 필요도 없는 것입니다. 이것을 반드시 명심하도록 하십시오.

해설 | 1860년대에 독일의 물리학자 헬름홀츠Hermann Helmholtz는 뇌신경 과학에 심취하여 신경계에서 발생하는 전기 신호를 처음으로 측정했는데, 그 결과 '무의식적인 추론'이라는 대단한 연구 결과를 발표했다.

무의식적 추론이란 어떤 것을 의식하지 않은 채 생각하고 추론하는 것을 말한다. 이런 주장을 하게 된 이유는 인간의 뇌에서 일어나는 활동 중 상당수는 사물에 대한 의식적인 지각보다 앞서서, 무의식중에 일어난다는 연구 결과 때문이다. 그러나 이 주장은 대다수 뇌 과학자들로부터 인정받지 못하다가 1970년대에 와서야 인정받기 시작했다. 그 중에 가장 유명한 것은 1986년 벤저민 리벳Benjamin Libet의 실험이었다.

그는 실험 참가자들의 머리에 전극을 설치하고 아무 때나 손가락 하나를 들어 올리라고 했다. 그 결과 손가락을 올리기 약 1초 전에 준비 전압이 먼저 활동하는 것을 확인했다. 이어서 참가자가 손가락을 움직이겠다고 결정하는 데 걸리는 시간과, 준비전압이 활동하는 시간을 비교해본 결과 놀랍게도 손가락을 움직이기로 결정하기 0.2초 전에 준비전압이 나타난다는 것을 확인했다. 그래서 리벳은 참가자들이 손가락을 움직이기로 결정했다는 것을 스스로 인식하기 0.2초 전에 이미 그들이 손가락을 올릴 것을 예측할 수 있었다. 이 실험들은 다음과 같은 질문을 던진다.

만약 하나의 선택이 내가 그렇게 행동하겠다고 결심하기 전에, 뇌에서 무의식적으로 결정된다면 자유의지는 어디에 있는가? 이런 선택들은 뇌 속에서 미리 결정돼 있는 것인가? 우리가 우리의 행동을 자유롭게, 의지에 따라 선택한다고 느끼는 것은 착각에 불과한 것인가?

헬름홀츠와 리벳은, 우리가 하는 선택은 우리의 자유로운 의지에 따르는 것이 아니라, 우리가 의식하지 못하는 상태에서 이루어지는 것이라고 말한다.

모든 생각과 말과 행위는 대상과 더불어 상호작용에 의한 연기 법칙으로 일어나는 것이고 의식은 단지 그것을 지각하는 역할을 할 뿐이다. 이처럼 상대세계에서 대상과 더불어 상호작용에 의해 저절로 일어나는 현상을 의식이 자기가 선택하고 결정해서 일으킨다고 착각하는 것이다.

현시에 성스러움은 없다

마하라지의 일과 중에는 하루 네 차례의 바쟌이 있는데, 첫 바쟌은 아침 5시 30분에 시작된다. 바쟌을 하는 동안 그는 성가(聖歌)의 구절에 깊이 잠겨 있는 것을 볼 수 있다. 그는 이 시간이면 노래도 하고 아주 흥에 겨워 춤까지 추었지만 점차 기력이 떨어지고 있었다.

어느 날 모임에서 한 방문객이 물었다.

방문자 선생님은 완전히 깨달은 분인데도, 그처럼 춤추고 노래하는 것을 보면 아직도 헌신이라는 것이 선생님께 그대로 남아 있는 것 같습니다. 물론 기쁜 일상이긴 합니다만…….

마하라지 모든 것은 일상생활에서처럼 이 세상에서 각각 제자리가 있는 것입니다. 중요한 것은 정말로 제자리를 이해하는 것, 올바르게 보는 것입니다. 헌신과 공경은 그 뜻이 무엇인지를 잘 인식하고 있는 한 괜찮습니다. 어느 정도의 속박이라는 것도 그것을 잘 알고 있기만 하면 별 문제가 없습니다. 그러나 그것에 속게 되면 속박이 점점 더 강해지게 됩니다.

사랑이라든가 헌신을 포함한 모든 느낌과 감정들은 모두 이중성에 근거하고 있습니다. 그리고 이런 느낌들이 자신을 지배하게 되면 이중성에 얽매여 진정한 성스러움, 전체성, 통일성과 멀어지게 됩니다. 진리는 매우 단순함에도 불구하고 그 주위에 쌓아 올려진 미신이나 신비의 환영적인 구조물을 보게 되면 웃음이 절로 나오지 않을 수가 없습니다. 근원적 성품은 너무도 단순한 것이기에 심지어 불경스럽기까지 합니다. 얼마나 단순하고 직접적인지 볼까요?

'참나'는 알아차림을 알아차리지 못하는 순수의식입니다. 티끌만큼의 객체성도 없는 전체적인 주체성(일원성)인 '참나'는 의식을 통해, 지속성을 통해, 그리고 주객의 상대성에 의해 스스로를 나타냅니다. 또한 그것 없이는 현시와 객체화가 불가능한 시공의 개념, 또 서로 의존하는 반대되는 것들을 통해 현시합니다.

중요한 것은 이것입니다.

모든 현시는 '참나'의 표현인 것입니다.

현상세계는 참나가 개체로 드러나는 거울 속의 비침입니다. 이렇게 투영된 지각 있는 존재가 스스로를 주체라고 착각합니다. 그러나 '참나'가 유일한 주체이며, 현시된 세계에서의 모든 작용은 의식 속에서의 객체화 작업입니다. 참나의 일면인 모든 현상적 객체는 공간으로 확장되고 시간으로 측정될 때만 감각적으로 느껴집니다.

다시 한 번 말하겠습니다. 단순하고 명백한 사실은 '지금 여기 있는 이것', 즉 감각적으로 인지되는 모든 현시는 '전체로서의 나'와 다르지 않다는 사실입니다. 이는 모든 지각 있는 대상에게도 해당됩니다.

이런 단순한 사실이 명백히 이해된다면 당신은 일생을 지내며 당신이 좋아하는 것을 해도 좋습니다. 당신이 원한다면 헌신과 공경을 당신 뜻대로 하십시오. 그러나 거짓된 것은 거짓된 것으로 이해하도록 하십시오. 현시되는 과정에서 종교적이거나 성스러운 것은 아무것도 없습니다. 현시는 '저절로'이며, 개별적 존재로서의 당신이라는 것과는 아무 관련도 없다는 것을 이해하도록 하십시오.

해설 | 깨달은 사람에게는 더 이상 해야 될 일과 하지 말아야 될 일이라는 것이 없다. 성스러운 것도 속된 것도 없다. 선한 일과 악한 일에 대한 시비분별도 없다. 그냥 일상생활 속에서 펼쳐지는 현상만 있을 뿐이다. 깨닫지 못한 어리석은 사람들은 깨달은 사람의 모습과 행위를 보고 각자 자기기준에서 시비분별을 한다.

깨달았다는 사람이 왜 저런 옷을 입는가, 왜 담배를 피우나, 왜 술을 마시나, 왜 섹스를 하나, 왜 돈벌이를 하나, 왜 욕을 하나, 왜 노래 부르며 춤을 추나 등의 이해하지 못할 의문은 끝도 없다. 그러나 그 모든 의심과 시비분별은 오직 어리석은 자의 몫이다.

누가 고통 받는가

참석자가 적을 경우 마하라지는 격식을 갖추지 않고 친근한 방식으로 대화를 즐겼다. 그러나 그의 작은 다락방이 가득 차면 그는 먼저 혹시 질문이 있는지부터 물었다. 그러나 보통 그 물음에는 조건이 따르는데, 그 질문이 이 세상에서 우리가 무엇을 해야 하고 무엇을 하지 말아야 하는지에 관한 것이어서는 안 된다는 것이었다. 짐작하다시피 이러한 제한 조치는 단지 시간을 낭비할 뿐인 피상적이고 근원적이지 못한 질문들을 멀리하기 위함이었다. 또한 사람들도, 자신들이 지니고 있는 복잡한 개인적 문제들에 대해서는 함구해야 된다고 알고 있었다. 그런 질문이 나올 경우 마하라지는, 자신은 남의 고통을 달래주거나 기적을 일으켜 문제를 해결해주는 사람이 아니라고 퉁명스럽게 잘라 말하곤 했다.
어느 날 누군가가 사람이 왜 고통을 받아야 하는지 물어보았다. 마하라지는 얼마 동안 말없이 앉아 있다가 부드럽게 이야기를 시작했다.

마하라지 사람이 경험하는 모든 감정이나 느낌은 의식이 있는 상태에서의 작용일 뿐입니다. 사람이 슬픔이나 불행을 느낀다는 것은, 그때의 사건이 그 순간에 필요하다고 느껴지는 필요성을 만족시켜주지 못한다는 것을 의미합니다. 그러나 어떤 사람에게는 슬픔을 가져오는 일이 다른 사람에게는 행복을 주는 일일 수도 있습니다. 게다가 그 사람이 자신에게 지금 필요한 것이 무엇이라고 생각하느냐에 따라서, 어떤 때는 불행을 가져왔던 일이 다른 때는 행복을 가져다 줄 수도 있습니다. 사람이 스스로 행복이나 불행, 즐거움이나 고통을 경험한다고 생각할 때에 거기에 관련된 요소는 무엇일까요? 첫째로는 반드시 의식이 있어야 하고, 둘째로는 반드시 어떤 결핍감을 느끼는 경험의 주체가 있어야 하며, 셋째로는 시공간상에서의 사건이 있어야 합니다.
어떤 사건의 발생이나 결핍감을 지닌 어떤 사람이 있다 하여도, 만약 의식이 없다면 그는 그 사건이나 또는 그 사건의 영향에 대해서 염려하지 않게 될 것입니다. 의식이야말로 가장 중요한 요소이며 행위자인 것입니다! 진실로 '참본성'은 '내가 존재한다'는 인식이 생기기 전까지는 자신의 존재조차 알지 못합니다. 그 본래의 상태에 있어서는 어떤 필요도 결핍도, 희망, 소망, 야망의 가능성도 없으며 즐거움이나 고통의 가능성도 당연히 없습니다. 이 모든 것들은 몸과 함께 생겨난 것입니다. 존재에 대한 인식이 생긴 후에도 우리가 느낄 수 있는 것은 의식하는 존재 그 자체──이것은 내가 이것으로 존재한다거나 저것으로 존재한다거나 하는 것은 아니다──입니다. 단지 의식이 스스로를 외적 형태와 동일시하게 되고 나서야 허상적 개체가 존재하게 되는 것입니다. 그러나 이 개체는 오로지 개념에 불과하며 독자적인 존재 형태는 가지고 있지 않습니다.

의식이 발현될 때 시공간의 개념이 생겨나며, 시공간이 없으면 현상이 감지될 수 없습니다. 왜냐하면, 시현된 현상이 감각적으로 인지되기 위해서는 일정한 부피를 차지하고 있어야 하는데, 이것은 공간의 개념이 없이는 불가능하기 때문입니다. 또한 현상은 일정 기간 동안 지속되어야 하는데, 그래서 시간의 개념을 필요로 하는 것입니다. 행복과 불행, 그리고 모든 상호 연관된 양극단의 반대 개념들은 저 스스로 존재하는 것이 아니며, 그것들이 그럴 수 없는 까닭은 단지 시공간상에서의 개념적 대상화에 지나지 않기 때문입니다. 만약 이 양극단의 반대 개념들이 어느 순간 통합이 되면 서로를 상쇄시키고 균형을 회복할 것입니다.

절대인 우리의 본성(시공간에 속하지 않으며, 제한되지 않으며, 어떤 속성이나 정체성도 전혀 없는 순수 그 자체)은 고통이나 즐거움이 무엇인지 알지 못합니다. 왜냐하면 단지 대상화된 개체만이 어떤 종류의 경험을 할 수 있는 것이며, 우리의 본성은 대상화된 객체가 전혀 아니기 때문입니다. 우리가 분리된 별개의 개체들로 드러나 보이는 것은 현시된 현상으로서, 시간의 제한을 받으며 크기가 유한하고 감각을 통해 인지할 수 있는 것입니다. 우리가 고통을 당하는 것은 우리가 스스로를 분리된 객체로 잘못 생각하고 있기 때문입니다! 적어도 그것 하나만은 이해해야 하지 않겠습니까?

되돌아가 원래의 온전한 상태, 당신이 태어나기 이전의 상태에 머물도록 하십시오. 거기에는 '나는 존재한다' 는 인식조차 없으며 따라서 어떤 종류의 필요도 결핍도 없으니, 순수한 깨어 있음 속에서 환상을 환상으로, 순간적인 것을 순간적인 것으로 알아차리면 모든 고통은 끝나게 될 것입니다. 일단 환상과 순간적인 현상들이 본질적으로 시공간이라는 개념에 의존하고 있다는 사실을 알게 된다면 당신의 참모습을 좀 더 확연히 이해하게 될 것입니다. 고통을 겪는 놈이란 자기 자신으로 착각했던 관념적 존재라는 사실을 깨닫고 나면, 당신은 온전한 참된 성품으로 깨어날 것이며 그 참된 성품에 내재되어 있던 고통을 치유하는 능력이 저절로 드러날 것입니다.

결론으로써 마하라지는 '의사들이 자신에게 부과한 지독한 병'에 대해 언급하였다.

마하라지 암이라는 병명을 듣게 되면 환자는 충격에 빠지고 맙니다. 그러나 내가 그 말을 처음 들었을 때 나의 반응은 전혀 다른 것이었습니다. "누가 아프다는 것인가?" 분명히 태어난 것은 주어진 시간이 지나면 '죽어야' 합니다. 적당한 기간이 지나면 이 육체라는 기구를 이루고 있던 세포들의 작동이 나빠지고, 급기야 그 기능을 상실하게 되면 '죽었다'고 판정받을 것입니다.

그러나 그 기구 안에 있던 의식은 해방되어 전체가 하나인 의식으로 영원히 잠겨 들게 됩니다. 그러면 '나'는 어떻게 될까요? '나'라는 것은 실제로 있지도 않았고 또 있을 수도 없습니다. 반대로 '참나'는 항상 절대적으로 존재해왔습니다. 진실로, 나의 상대적 부재가 곧 나의 절대적 실재가 될 것이며, 죽음은 마지막으로 이 기구를 감각적으로 인지하는 최고의 환희의 순간이 될 것입니다.

해설 | 우리는 평생을 살면서 적어도 몇 번쯤은 악몽을 꾼 적이 있을 것이다. 꿈속에서 교통사고를 당했다든가, 강도를 당해 피를 철철 흘렸다든가, 높은 절벽에서 떨어졌다든가 해서 머리털이 곤두선 채로 깜짝 놀라 잠에서 깬 후, 꿈이었다는 사실을 알고 가슴을 쓸어내린 기억이 있을 것이다. 꿈속에서 고통당하거나 죽은 자는 과연 누구인가? 꿈에서 깨고 나면 그것은 의식이 투영시킨 허상이지 진짜 내가 아니라는 사실을 명확하게 아는 것처럼, 진리를 깨닫고 나면 지금 현실 속에서 나라고 믿고 있는 이놈이 진짜 내가 아니라는 사실을 알게 된다.

참나인 절대는 개념으로 만들어진 우주의 시공간에 제한되어 태어나서 살다가 죽는 그런 허접한 존재가 아니라, 무한하고 영원한 존재 그 자체이다.

영적 탐구의 진보

마하라지는 언제나 그를 찾아오는 사람들의 의심을 풀어줄 준비가 되어 있다. 그리고 그들에게 질문하길 원한다. 특히 바다를 건너 뭄바이까지 찾아온 외국인들에게는 더욱 그렇다. 그래서 마하라지는 그들에게 계속해서 말을 건넨다. 그들은 마하라지를 만나기 위해 인도까지 오면서 꽤나 많은 돈을 썼고 많은 어려움을 겪었기 때문에, 그들이 잠자코 있으면 마하라지는 그렇게 시간을 낭비해서는 안 된다고 충고한다. 아무 질문도 하지 않고 있다는 것은 진리에 대해서 다 안다는 것인데 그렇다면 왜 여기까지 왔으며, 다 알았으면 집으로 돌아갈 것이지 왜 여기서 시간을 낭비하느냐고 말한다. 만약 그렇지 않다면 확실하게 이해하지 못한 부분이 있을 것이고, 그 의문에 대한 명확한 답을 얻어야 하지 않겠느냐고 말한다. 그러나 항상 마하라지가 경고하는 한마디가 있다.

마하라지 현상적 존재, 즉 세상에 중심을 둔 인간의 입장에서 질문하지 않도록 하세요. 나는 개인으로서의 당신들에게 말하는 것이 아니라 의식으로서 의식에게 말하는 것입니다.

이때 마하라지에게 꽤 많이 다녀갔던 한 외국인이 조용히 질문했다.

방문자 아마 저는 몸-마음의 구조체 입장에서 말하고 있는 듯합니다. 한 가지 문제가 너무 오랫동안 저를 괴롭혀 와서 이젠 더 이상 억누를 수가 없게 되었습니다. 여기 있는 여러분들에게도 이야기해보았는데 모두 같은 문제를 갖고 있다는 것을 알게 되었습니다. 물론 지금 제가 질문하는 것은 다른 사람들이 아닌 저 자신을 위한 것입니다. 의문은 제 영적 수행에 진보가 이루어지는 것을 어떻게 알 수 있느냐는 겁니다. 때때로 수행 중에 내가 찾고자 하는 것을 흘끗 보게 되는 경우가 있는데, 그것은 너무 잠깐 동안이고 또 너무나 드문 일입니다. 만일 제가 진보하고 있다면 그것을 어떻게 알 수 있나요?

마하라지는 그 사람의 성실함과 진지함을 이해했다. 그러나 이해하면서도 그에게 느낀 절망감은 숨길 수 없었다. 마하라지는 그 질문을 받고 잠시 조용히 앉아 있었다. 그렇게 여러 번 자신을 찾아왔음에도 불구하고 그러한 질문을 하는 것에 대한 실망감에 힘이 빠진 것 같았다. 마하라지는 잠시 후 슬픈 듯 말했다.

마하라지 이제 이렇게 모임을 통해서 말하는 것을 그만두어야 할까 봅니다. 이 뜻을 여러 사람들에게 알려야겠어요. 나는 여기에 모인 사람들 중 많은 사람들이 습관적으로 여기에 오거나, 또는 친구의 소개로 새로운 경험을 얻지나 않을까 해서 온다는 것을 잘 압니다. 여러분은 순수한 마음으로 들으려 하질 않아요. 만약 순수한 마음으로 들었다면 그런 질문이 나올 수 없어요. 여러분이 정신 차려서 내 말을 들었다면 설사 그런 의문이 생겼더라도 스스로 해결할 수 있었을 겁니다. 물론 그런 의문들이 여러분을 괴롭히고 있다는 건 압니다. 하지만 그건 여러분들이 순수한 마음으로 듣질 않았기 때문입니다.

마하라지는 심히 낙담한 듯 했다. 잠시 침묵했다가 그는 다시금 설명하기 시작했다.

마하라지 문제는 진보에 관한 것입니다. 누가 진보하려 하고, 무엇을 향한 진보입니까? 나는 이렇게 늘 같은 말을 끊임없이 되풀이해왔습니다. "여러분은 의식 그 자체이다. 의식에서 파생된 형상적 물체가 아니다. 여러분은 현상적 존재에 지각력을 불어넣어주는 의식이다." 이렇게 말하지 않았나요? 어떻게 투영된 '현상체'가 어떤 목적을 향해 진보할 수 있겠어요? 당신이 할 일은 그것이 단지 개념이라는 것을 이해하는 겁니다. 어떻게 개념이 개념화된 자유를 향해 진보할 수 있겠습니까?

마하라지는 앞에 있던 성냥갑을 들고 물었다.

마하라지 이것이 당신입니까? 물론 아니죠? 그러면 이것을 이해하는 데 시간이 걸립니까? 이 사실은 금방 알겠지요? 그런데 왜 당신이 몸-마음이라고 불리는 현상체가 아님을 아는 데에는 그렇게 시간이 걸립니까? 당신은 현상적 물체에 지각력을 불어넣어주는 의식임을 기억하세요. 그리고 "'근원적 통각'은 지각력의 근간이 되는 의식보다 앞선다"는 사실을 기억하도록 하세요. 통각은 단계적으로 행해지는 성질이 아닌 전체적이고 즉각적인 지혜입니다. 그건 정말 순간적이고 전체적이며 즉각적인 것입니다. 거기에는 이러저러한 일련의 과정이 전혀 붙지를 못합니다. 거기에는 진보를 이루는 '자'가 없습니다. 진보라는 개념을 버리기 힘드니까 아마도 진보에 확실한 증표가 이런 것은 아닐까 하고 생각하는 사람들이 있을지도 모르겠습니다. '진보'에 대한 철저한 무관심, 자유에 대한 바람이 없는 상태, 자기 존재에 있어서의 일종의 텅 빔, 일종의 느슨함, 무슨 일이 일어나든지 거기에 순응하는 것 등이 진보가 아닐까 하고 말입니다.

해설 ▎이 글을 읽으면서 떠오르는 장면이 있다. 부처님이 돌아가시려고 하자 아난이 부처님이 돌아가시면 저는 누구를 의지하고 살아가냐며 슬피 우는 장면 말이다. 그 모습을 본 부처님은 죽으면서도 가슴이 답답했을 것이다.

라마나 마하리쉬에게 40년이 넘게 옆에서 수발을 들어오던 제자가 있었다. 다른 지역에 새로운 아슈람이 생겨서 마하리쉬는 그를 그곳으로 파견 보내기로 했다. 그 소식을 들은 제자가 헐레벌떡 마하리쉬에게 달려와 "선생님이 안 계신 곳에서 살라는 것은 마치 저보고 죽으라는 말과 같습니다"라고 애원하자 마하리쉬는 이렇게 말했다.

"이 친구를 보라. 나에게서 40년을 배웠는데 아직까지도 나를 이 몸뚱이로 알고 있다네."

종교라는 틀에 갇힌 불교에서는 깨달음을 개체적 존재의 완성으로 착각하다보니 깨달음의 단계를 수다원, 사다함, 아나함, 아라한, 성문, 연각, 보살, 부처 이렇게 단계별로 잔뜩 늘어놓고 있다.

고통에 대한 두려움

어느 날 아침, 마하라지는 아주 불편해 보였다. 목이 심하게 아픈 모양이었다. 지난 몇 달 동안 그의 통증은 심각할 정도였지만, 그는 크게 내색하지 않았다. 그런 통증 속에서도 그는 침대에 눕지도 않은 채 아침과 저녁으로 항상 그의 자리를 지키면서 여전히 사람들에게 가르침을 베풀었다. 그러나 예전처럼 길게 말할 수는 없었다. 목구멍의 고통이 너무 심했기 때문에 선택된 약간의 단어만을 가지고 핵심적으로 이야기했다. 그래서 방문객들은 특별한 이해력을 가지고 집중해서 들어야 했다. 마하라지는 설사 자신이 말을 조금 하더라도 참된 구도자라면 올바른 이해력과 깊은 통찰력으로 그 뜻을 이해할 수 있을 테니 자신이 길게 말할 수 없는 것도 어느 면에서는 그리 나쁘지 않다고 했다.

그날 아침, 마하라지가 그러한 건강상태 속에서도 통증을 견디며 예전과 다름없이 자신들을 대하는 것을 보고 한 여성 방문객이 큰 감명을 받았다. 그녀는 고통이 죽음보다도 훨씬 괴로운 일이라고 생각하고 있던 차라 마하라지에게 이렇게 물었다.

방문자 선생님, 저는 죽음은 두렵지 않지만 고통에 대해서는 심한 두려움을 느낍니다. 어떻게 하면 고통에 대한 두려움을 없앨 수 있을까요?

마하라지는 웃고 나서 말했다.

마하라지 그 부분에 대해서는 내가 도울 수 없어 유감이군요. 육체적 고통을 피하거나 줄이는 방법을 아는 사람도 많이 있을 것이라고 생각합니다. 하지만 내가 말하고자 하는 것은 그런 것이 아닙니다. 내가 당신에게 해줄 수 있는 것은, 고통이란 무엇이고 또 누가 고통을 받는가 하는 것을 설명해주는 것입니다. 항상 문제의 뿌리에 접근해야만 합니다. 자, 당신에게 묻겠습니다. 고통의 경험이 언제 처음 있었나요? 한 백 년 전의 고통에 대한 경험을 갖고 있습니까? 고통의 경험이 언제 시작되었습니까? 깊이 생각해서 해답이 머리가 아닌 당신 내면에서 생겨나오도록 하세요. 인생이라는 것은 바로 경험의 총체입니다. 순간에서 순간으로 이어지며 수평적으로 늘어나는 경험의 집합입니다. 그런데 경험이 뭔가요? 그건 외부 세계의 자극에 대한 반응으로서, 감각을 통해서 즐겁다, 마음에 든다, 기분 나쁘다, 싫다 등으로 해석되는 것 아닙니까? 고통이라는 게 따로 있어서 그걸 경험하는 것은 아니지요? 그렇습니다. 사람은 고통을 경험하는 게 아닙니다. 단지 경험을 겪을 뿐입니다. 그것을 즐겁다고 하든 기분 나쁘다고 하든 말입니다. 당신이 궁금해 하는 근본적인 질문은 이겁니다. "누가, 또는 무엇이 경험을 겪습니까?" 진정한 '나'는 어떠한 경험도 겪을 수 없습니다. 경험을 하는 것은 상대적 객체로서의 당신이나 나일뿐입니다. 이것은 아주 중요한 사실입니다. 나는 이 문제를 당신 스스로의 힘으로 풀도록 해야겠어요. 아니 그보다는 저절로 풀리게 한다는 말이 더 맞겠지요. 여하튼 계속해봅시다. 진정한 '나'는 결코 경험을 겪을 수 없습니다. 왜냐하면 객체로서의 어떠한 흔적도 가지고 있지 않은 절대적 주체이며 유일성이기 때문입니다. 경험을 하는 것은 객관적 존재입니다. 더구나 그 객관적 존재는 실체가 없는 가상의 존재이며, 의식 안의 개념으로만 존재하는 겁니다. 이 사실을 명심하세요. 경험을 하는 것은 오직 의식일 뿐입니다. 경험, 즉 자극에 대한 반응은 오직 의식을 통해서만 일어날 수 있기 때문입니다. 사실 경험을 치른 것은 의식이지 다른 것이 아닙니다. 당신 자신을 육체와 동일시하고 있기 때문에 내 말이 잘 이해가 안 될 겁니다. 몸이라는 것은 경험을 기록하는 도구입니다. 그것은 당신의 참모습이 아닙니다. 참나는 순수한 주체이며 절대적 근본입니다. 그런데 그걸 잊고서 객관적 존재를 자신인 줄로 아는 겁니다. 그렇게 해서 "나는 경험을 겪는다"라고 생각하는 것이고 그것이 바로 속박이 되는 것입니다.

내 말을 이해하겠어요? 나는 영원하고 무한한 절대적 실재입니다. 그렇기 때문에 어떠한 경험도 알지 못합니다. 경험을 겪을 수도 없습니다. 그런데 당신은 자신을 감각기관으로 여기고 있다는 겁니다. 그 그릇된 자기 동일시가 당신의 고통과 속박의 이유입니다.

감각기관이 작용할 수 있게 하는 의식작용이 있는 한, 부정적이든 긍정적이든 삶이 있고 경험이 있고 고통이 있을 겁니다. 그러나 '참나'로서의 당신은 그 모든 것을 지켜볼 뿐입니다. 모든 작용은 본체로서의 나의 객관적 표현이고, 모든 지각 있는 존재는 다음과 같이 말할 수 있습니다. "참나는 어떠한 경험도 겪을 수 없고, 오직 대상화된 '너'와 '나'만이 경험을 겪을 따름이다."

해설 ▮ 마하라지는 가족 부양을 위해 오랜 세월 잎담배 장사를 하면서 자연스럽게 담배를 많이 피웠다. 그 결과 말년에 후두암에 걸리게 된 것이다. 깨달은 사람들은 몸에 병이 든 것에 대해 특별히 신경 쓰지 않는다. 그것조차 삶의 일부분이기 때문이다. 라마나 마하리쉬도 말년에 암에 걸려 여러 차례 수술을 받았지만 결국 죽음을 벗어날 수 없었다. 그 역시 심한 통증 속에서 방문자들을 맞아 진리를 전해주었고 슬퍼하는 제자들에게 이렇게 말했다. "그대들은 마치 내가 어디로 가는 것처럼 슬퍼하고 있구나. 내가 어디로 가겠으며 어떻게 가겠느냐? 가고 오는 것은 육체에게나 있는 것이지 어떻게 진아가 그럴 수 있겠느냐?" 이처럼 생로병사는 허공 꽃과 같은 개체에게서나 일어날 수 있는 착각일 뿐이다.

말이 성취하는 것

어느 날 아침, 마하라지의 병세가 여느 때보다 훨씬 더 악화되어 보였다. 그의 의식은 조금도 흔들림이 없었지만, 그 지독한 병의 무자비한 결과는 누구든지 명백히 알아챌 수 있을 정도였다. 그는 너무 야위고 지쳐 보였다. 그럼에도 불구하고 그는 평소처럼 그의 자리에 아주 고요히, 조금의 미동도 없이 앉아 있었다. 그는 누구든 자신의 뜻을 간파하기 위해서는 아주 집중하여 들으라고 하면서 조용히 말문을 열었다.

마하라지 여러분들이 나를 하나의 현상으로 본다면 '나'를 제대로 보지 못한 것입니다. 사실 나는 있지도 않고 없지도 않습니다. 있다거나 없다거나 하는 것은 모두가 개념일 뿐이기 때문입니다. 존재의 감각이라는 것은 절대적 실체의 일원성을 상대적 존재의 이원성으로 바꾸는 개념입니다. 현시되지 않으면 잠재적 상태이지만, 현시되면 현상적인 존재가 됩니다.

만약 나의 이러한 말들이 진정 여러분들께 명확하게 전달된다면, 과연 그것이 단지 말일 뿐일까요? 물론 내가 여러분들의 성실함을 의심하는 것은 아닙니다. 여러분들 중에 많은 사람이 아주 먼 곳에서 꽤 많은 돈을 써가며 여기에 왔습니다. 그리고 익숙지도 않은 딱딱한 마룻바닥에 앉아 정말 많은 시간을 쓰고 있습니다. 또 내가 보기에 여러분들은 내 말에 주의를 기울이는 것처럼 보입니다. 하지만 여러분들이 한 가지 이해해야 할 것이 있습니다. 그것은 여러분들에게 특별한 종류의 수용 능력이 없다면, 말들은 단지 아주 제한된 목적밖에 성취할 수 없다는 것입니다. 말들은 여러분들의 지적 호기심을 일깨울 수도 있을 것이고, 지식욕을 자극할 수도 있을 겁니다. 하지만 여러분들에게 순수한 의식상태가 갖춰지지 않았다면 진정한 의미를 열어 보일 수는 없습니다.

자, 그렇다면 특별한 종류의 수용력이란 무엇일까요? 여기서 다시 언어에 의한 의사소통의 한계를 발견할 수 있을 것입니다. 만약 내가 여러분들에게, "당신은 내 말을 들으러 여기에 왔지만 '당신'은 완전히 환영적 존재라는 기본적 사실 아래서 내 말을 들을 수밖에 없고, 또한 내 말을 듣고 이익을 얻을 수 있는 '당신'이란 실제로는 존재하지 않는다"라고 말한다면, 이것이 여러분에게 어떤 의미가 될까요? 사실 여러분들이 듣는 것들로부터 뭔가 얻으려고 하는 객체의 입장을 버리지 않는다면, 당신을 위한 나의 말은 공허한 메아리밖에는 되지 못할 것입니다. 통각을 방해하는 장애물은, 세상의 모든 것을 허상이라고 받아들인다 할지라도 그 허상 속에 자신을 포함시키지 않는다는 사실에 있습니다! 자, 이제 문제를 알겠습니까? 아니면 문제를 안 것이 아니라 단지 말장난인가요? 즉 뭔가를 들음으로 인해서 좀 더 나은 개체가 되기를 원하는 그런 종류의 관심을 모두 포기하고, 일체를 한눈에 깨달아 발전하겠다는 희망까지도 모두 포기했을 때, 그때 무슨 일이 일어나는지 알고 있습니까? 바로 그때, 듣는 자가 결코 개입할 수 없는 직관으로 듣는 상태에서, 언어가 그 자신의 깊고 미묘한 속뜻을 던져주는 것입니다. 그렇게 열려 있는 마음속에 즉각적으로 확연하게 이해할 수 있도록, 언어는 제한된 영역일지라도 자신의 역할을 수행하는 것입니다. 듣는 사람이 들음에 개입하지 않는다는 것은 이런 것입니다. 의식의 자연적 성향인 분리와 상대적인 속성이 제한되어 말을 객관화하지 않고, 따라서 왜곡 없이 뜻을 직접 체험하게 되는 것입니다. 순수한 의식이 말하는 것과 듣는 것에 직접적으로 통할 수 있게 될 때, 즉 그것에 의해서 언어적 합일을 일으킬 때, 그때 그 말의 내면적이고 미묘한 의미가 즉각 통하는 것입니다.

해설 ▎일원성인 절대진리를 상대적 개념을 기본으로 하는 언어로 설명한다는 자체가 불가능한 일이 아닐 수 없다. 그래서 일찍이 선불교에서는 언어도단, 불립문자라 하여 언어에 매이지 말고 이심전심으로 깨닫고자 하였다. 말을 하는 순간 오직 하나인 전체성이 깨지고 상대적 개념인 이분법으로 표현되기 때문이다. 그럼에도 불구하고 모든 깨달은 사람들이 언어를 버리지 않은 이유는 언어를 통하지 않고는 뜻을 전달할 방법이 전무하기 때문이다. 이분법적 개념을 사용하여 설혹 오해가 생길지라도 거듭 이해를 시켜서 정견을 세워주어야 하기 때문이다. 충분히 설명이 된 연후에 문자를 뛰어넘는 심법으로서 언어도단, 불립문자, 이심전심이 되는 것이다. 기본적 개념 정립도 안 된 사람이 불립문자 운운하는 것이야말로 언어도단이다.

삶과 죽음에 대한 혼란

　마하라지가 후두암으로 고생하고 있다는 사실이 알려지자 더 많은 사람들이 그를 보기 위해서 몰려들었다. 많은 사람들이 진심으로 그의 건강을 걱정했다. 그들은 마하라지가 병 때문에 창백하고 힘이 없음에도 불구하고 그전처럼 유쾌하게 큰 소리로 이야기하자 놀라움을 금치 못했다. 그러던 어느 날, 주위 사람들이 근심과 걱정에 싸여 있을 때 마하라지가 삶과 죽음에 대해 이야기했다.

마하라지 만약 여러분이 실상을 바로 안다면 여러분들도 나처럼 삶과 죽음에 대해 그리 연연하지 않게 될 것입니다. 사실 그 양자 사이에는 차이라는 것이 존재하지 않습니다. 태어나기 전은 죽음 아니었나요? 빛이 없을 때 어둠은 무엇입니까? 삶 없는 죽음, 보다 의미심장하게 말한다면 죽음이 부재한 상태가 삶이 아닙니까? 삶이라는 것은 의식의 투영으로 시작하고, 이 투영된 존재의식이 사라졌을 때를 죽음이라고 하는 것입니다. 죽음의 공포는 단지 계속 살고자 하는 욕구, 즉 타인으로부터 '독립된 나' 라는 환상의 실체를 계속 유지시키고자 하는 욕구의 산물일 뿐입니다. 따라서 '나라는 것' 의 정체를 아는 사람은 삶과 죽음이라는 표면적 이중성의 허위를 아는 것입니다. 이러한 혼란의 근본 원인은 태어남과 죽음, 그리고 그 사이에서 벌어진 삶이라는 사건을 경험하고 느끼는 자율적인 실체가 있다는 그릇된 믿음에서 비롯된 것입니다. 사실 이 모든 것들은 TV의 스크린이나 꿈속의 많은 상들처럼 의식 속에 내재되어 있는 허상일 뿐입니다.

주위의 모든 현상이라는 것이 무엇인지 이해하려고 노력하십시오. 그것들은 단지 의식의 드러난 모습일 뿐입니다. 누가 그것들을 지각합니까? 의식 그 자체입니다. 모든 현상은 시간과 공간이라는 개념의 작용에 의해 지각되고 인식되어질 뿐입니다. 또 의식도 그 개념을 통해 현상을 인식하는 것입니다. 그리고 인식이라는 것은 마음의 분열이 주체와 객체를 통과할 때 발생하는 것이며, 또한 상호의존성이 있는 반대 개념들, 예를 들면 사랑과 증오, 행복과 불행, 선행과

악행 등의 이중성에 근거하여 추론과 선택 작용이 일어나는 것입니다.

일단 이러한 과정을 올바르게 파악하면 태어나고 살아가고 죽는 것, 이러한 것들이 진정 홀로 존재할 수 없음을 쉽게 알 수 있을 것입니다. 우리가 보통 알고 있는 '태어난다' 라는 시공간상의 착각은 의식의 한 표현 또는 한 현상일 뿐이며, 이러한 현상이 일정 기간 지속되다가 끝나게 되면, 죽음이라는 개념의 다른 착각이 발생하는 것입니다. 이런 간단한 과정은 개인이 삶과 죽음을 경험하는 것이라는 생각을 고집할수록 바로 인식하기 어려운 것입니다.

물질 또는 화학적 성분은 어머니의 자궁에 수태되어 아기로 태어나서 계속 자라다가 한계에 이르면 죽어 썩기 시작하고 마침내 원래의 상태로 돌아가 통합되는 것입니다. 이렇게 특별한 '사건' 이라는 과정이 끝나는 것입니다. 그러나 나의 실상은 태어나거나 살아가거나 죽는 것이 아닙니다.

해설 | 사람들은 실제로 자기가 태어나서 살다가 죽는다고 믿고 있다. 그것도 부족해서 죽은 후에 영혼이 천국에 가서 영원히 살거나, 다른 생명체로 끊임없이 몸 바꾸며 윤회한다고 믿기도 한다.

정말로 그럴 수 있는 자아가 있다면 얼마나 좋을까. 하지만 현상세계에 태어난 이놈은 주체적 자아가 아니다. 참나인 절대가 의식 속에 투영시킨 허상체일 뿐이다. 그래서 현상세계에서 멸하는 순간 흔적도 없이 사라져버리는 것이다. 개체적 존재가 흔적도 없이 사라진다 해도 슬퍼할 일이 아니다. 왜냐하면 참나는 결코 사라지지 않는 실체이기 때문이다. 사라지는 것은 나라고 착각한 허상이다. 허상이기 때문에 사라지는 것이다. "나는 오직 절대다."

마지막 날의 가르침들

지평선 위에 어둡고 음울한 구름이 나지막이 깔려 있고 멀리서 천둥 번개 치는 소리가 들려왔다. 우리는 폭풍우——어느 것에도 특별한 예외를 허용치 않는 죽음이라는 냉정한 평등주의자——가 점점 가까이 오는 것을 느낄 수 있었다. 우리가 존경하는 마하라지는 암으로 인해 건강이 점점 나빠져서 곧 쓰러질 지경이 되었다. 하지만 우려를 드러내면 우리가 그의 가르침을 제대로 이해하지 못했다고 실망할까 두려워 아무 내색도 하지 않았다.

마하라지 인간은 단지 꿈속의 사물과 다를 바 없는 개념적인 형상일 뿐입니다. 탄생과 죽음에 굴하는 것은 오로지 개체적 허상일 뿐 참나는 탄생과 죽음에 연연하지 않습니다.

물론 우리는 이 모든 걸 다 알면서도, 그럼에도 그가 곧 죽을지 모른다는 예감 때문에 마치 고아가 된 것 같은 슬픔에 빠져들었다. 왜냐하면 우리는 그를 너무나 사랑하기 때문이었다. 현실적으로 인간의 감정과 슬픔을 초월하기는 어려운 일이었다.

1981년 5월 즈음부터 그가 세상을 떠난 9월 8일의 마지막 순간까지, 그의 육신은 눈에 띄게 수척해 갔지만 의식은 마지막까지도 흔들림이 없었다. 비록 그의 목소리는 약했지만 강론은 여전히 위엄 있게 설해졌으며, 단지 그것만으로도 청중의 착각과 미혹감은 줄어들었다.

나는 이제 그가 마지막 기간 동안 행한 인상적인 가르침에 대해 쓰고자 한다. 비록 길게 말할 수 없어 핵심만을 추린 간략한 내용이었지만 그의 모든 말을 듣고 있던 청중들에겐 기폭제가 되었다. 죽음의 지배하에 있는 곧 쓰러질 듯한 노인의 말이라고 볼 수 없는 위대한 가르침이었다.

1981년 6월, 2주일 이상이나 마하라지는 그 전처럼 방문객에게 열정적으로 강의할 수 없게 되었다. 우리는 끈질기게 강의 시간을 30분으로 줄이길 간곡히 부탁했고 마침내 그는 우리의 요구를 받아들였다. 하지만, 그는 비록 30분이라 할지라도 온 힘을 다해 열정적으로 강의했기 때문에 강의가 끝나면 제대로 앉아 있을 수도 없는 상태가 되곤 했다. 마하라지의 강의 시간은 비록 짧아졌지만 내용은 그 이전보다 더 의미심장했다. 그는 이렇게 말했다.

마하라지 나는 병든 육체 때문에 전하고자 하는 말을 상세히 표현할 수 없습니다. 어찌 보면 그것은 축복일 수도 있는데, 왜냐하면 내 말이 줄어들수록 듣는 사람의 입장에서 보면 그전처럼 듣기만 하는 게 아니라, 한마디 한마디에 보다 더 집중해서 관심을 가져야 하고, 또한 그럼으로써 어느 정도는 스스로 생각해야 하기 때문입니다.

많은 방문객들은 극도로 약해진 마하라지의 건강을 염려해 그들의 질문을 최소한으로 줄이고 있지만, 마하라지는 어떤 어려움도 털어 놓으라고 재촉했다.

마하라지 나에게는 시간이 많이 남아 있지 않습니다.

그때 정기적으로 방문하던 방문객 한 명이 마하라지의 육체적 고통을 덜어보려고 사소한 문제와 다소 피상적인 내용에 대해 이야기를 시작했다. 마하라지는 그의 의도를 즉각 알아채고 의자에서 벌떡 일어나 말했다.

마하라지 당신의 의도가 무엇인지 알지만 당신이 생각하는 나와 '진정한 나'는 다르다는 것을 알아야 합니다. 나는 고통을 겪고 있지 않습니다. 나는 객체가 아니기 때문입니다.

물론 현상적으로 통증은 존재합니다. 그러나 당신은 통증이 무엇인지 알고 있습니까? 내가 통증 그 자체입니다. 무엇이 현시되든 나는 작용 그 자체입니다. 나는 인식되어지는 모든 것을 인식하는 주체입니다. 나는 행해지는 모든 것의 행위자입니다. 그리고 나는 또한, 행위 그 자체입니다. 진실로 나는 이 모든 것을 작용하는 주체입니다. 이것은 진리입니다. 하지만 여기서 의미심장한 말은 '통각한다'는 말입니다. 내가 말한 것은 참나에 대한 말이었습니다. 그러나 당신이 이 점을 이해했다면 나와 같이 말할 수 있을 겁니다. 당신과 나는 서로 다르지 않은 '절대적 동체'입니다. 이러한 통각이 있으면 누가 무엇을 하든 안 하든 당신은 그와 다투지 않을 것입니다. 그것은 모든 사건이나 행위가 의식의 일반적인 작용에 의한 것이며, 어떠한 현상적인 대상도 자율적인 의지나 독립성을 가질 수 없다는 걸 깨닫게 될 것이기 때문입니다. 이 점에 대해서 깊이 생각해보십시오.

* * *

다음 날 아침 마하라지는 눈을 감은 채 몸을 반쯤 기울인 상태로 침대에 누워 있었다. 방문객들이 하나둘 도착하여 조용히 자리에 앉았다. 스승이 휴식을 취하고 있는 것을 보고, 그들도 두 눈을 감고 명상 상태로 앉아 있었다. 스승 앞에서 그렇게 쉽게 깊은 명상의 상태로 빠져들 수 있다는 사실이 놀라웠다. 그때 갑자기 마하라지가 매우 약한 목소리로 말을 하기 시작했다.

마하라지 여러분들은 무언가를 찾으려는 마음에서 여기에 와 있습니다. 그러나 '최고의 진리'를 찾아서 여기에 와 있음에도 불구하고 무언가 다른 어떤 것을 여전히 원하고 있습니다. 여러분 중 대부분은 상당한 기간 동안 여기에 왔습니다. 왜입니까? 내가 이제껏 말해왔던 바를 여러분이 이해하셨다면 벌써 오래 전에 여기에 오는 것을 그만두어야 했습니다. 그러나 여러분은 한 개인으로서, 남자로서 혹은 여자로서 여기에 계속해서 찾아오고 있습니다. 또한 여러분은 자신들을 속박으로부터 해방시켜주길 바라며 또 한 명의 다른 인격체로서의 스승Guru을 찾아 스스로의 자유의지에 따라 이 자리에 왔다고 생각하고 있습니다. 그러나 이러한 모든 것들이 얼마나 말도 안 되는 일인지 여러분은 모르겠습니까? 여러분이 날마다 여기에 찾아오는 것은, "독립된 개체와 같은 그런 존재는 있을 수 없다"는 나의 가르침을 받아들일 준비가 아직 되어 있지 않다는 것을 의미합니다.

독립된 개체라는 것은 단지 환상일 뿐이며, 환상을 속박시킬 수는 없기 때문에 환상으로부터의 자유라는 것은 애당초부터 개체적 존재가 풀어야 할 문제일 수 없습니다. 만약에 당신이 추구하는 것의 근본 방향이 잘못된 것이라면 당신이 무엇을 성취할 수 있겠습니까? 진정으로 성취해야 할 그 무엇이 존재합니까? 누구에 의해서입니까? 그것이 전부가 아닙니다. 지금 누군가에 의해 내가 말하고 있는 것 전부는 녹음되고 있습니다. 다른 사람들은 그들의 노트에 나의 말을 받아 적고 있습니다. 무엇을 위해서입니까?

개체의식을 더욱 강화하기 위해서입니까? '누구' 라는 질문은 결코 있을 수 없다는 사실을 깨닫지 못하겠습니까? 정말로 무언가가 일어났었다면 그것은 저절로입니다. 현시된 모든 것에서 독립된 개체라는 건 없습니다. 모든 작용은 개념인 시공간의 수준에서 일어나고 있습니다. 이렇게 드러난 모든 것은 마침내 비시간적이고 비공간적인 실체로서 절대적 참나의 무한한 가능성 속에서 융합됩니다. 이러한 관념적인 차원의 현시 속에서 수없이 많은 형상들이 창조되고 파괴됩니다. 그러나 절대적인 것은 모든 현상적인 형태 안에 내재합니다. 왜냐하면 우리가 바로 그 현상이며, 작용이며, 삶 자체이고 우리 모두가 삶이라는 꿈을 살아가는 존재이기 때문입니다. 그러니 하나의 독립된 개체로서 존재할 수는 없습니다. 이러한 진리를 이해한다면 개인적인 차원에서 깨달음을 추구하는 것이 불가능하다는 사실을 알게 될 것입니다. 추구하는 자가 추구되는 대상이며, 추구되는 대상은 곧 깨달음입니다.

***

다른 모임에서 마하라지는 같은 주제, 즉 지식을 찾아 그를 방문하는 사람들의 다른 면을 부각시켰다.

마하라지 당신들이 원하고 있고, 지금 노트에 받아 적고 있는 이러한 지식은 과연 무엇입니까? 그 노트들은 어디에 소용이 있습니까? 여러분들은 이런 측면에서 생각해본 적이 있습니까? 내가 말하고자 하는 핵심은 바로 이것입니다. 당신이 어떠한 종류의 지식이 되었든 그것의 필요성을 과연 백 년 전에도 느꼈습니까? 백 년 전의 당신의 상태와 같이 당신이 알지 못하고 있고, 또 알 수 없는 것이 당신의 진정한 상태입니다. 객관화될 수 있기 때문에 진실이라고 생각하는 것들은 사실은 단지 그렇게 보이는 것일 뿐입니다. 당신의 진정한 존재 상태에 대해 추구하고 있는 지식은 전부 알 수가 없는 것들입니다. 당신 자신이 바로 당신이 찾고 있는 그것이기 때문입니다. 이러한 종류의 지식은 전적으로 무지와 다르지 않습니다. 왜냐하면 그것들은 개념적인 차원에서 서로 상반된 연관성이기 때문입니다. 다시 말하면 지식의 수준에서 이해라는 것은, 단지 개념화를 의미하는 것이기 때문에 그것은 환상일 뿐입니다. 그러므로 부디 개념화된 지식과 직관을 통한 즉각적 이해의 차이점을 유념하시기 바랍니다. 진정한 직관적 이해라는 것은 전체적 혹은 내적인 이해로서, 이것은 개념적 차원에서의 이해와는 전적으로 다른 것입니다. 직관이 작동할 때에는 지식적인 이해의 기반 자체가 무너집니다. 추리나 논리를 통해 절대성을 이해한다는 것은 불가능합니다. 진정한 이해는 즉각적이고 선택이 없는, 전적으로 비이원론적인 직관을 통해 가능한 것입니다. 여러분들은 지금 내가 말한 것에 대해 명상하십시오.

* * *

어느 날 한 명의 방문자가 도덕적 행동, 즉 윤리의 문제를 제기했을 때 마하라지는 극도로 쇠약해진 육체적 상태에도 불구하고 일어나 앉으면서, 소위 말하는 지성인에게서 발견되는 도덕적 개념의 혼동에 대해 항상 놀라움을 금치 못해왔다고 말했다. 그는 너무 크게 웃다가 갑자기 기침을 하기 시작했다. 마하라지는 다음과 같이 그에게 질문했다.

마하라지 예를 들어 화장실같이 특별한 목적을 위한 장소를 거실 혹은 침실 등의 다른 목적에 사용하겠습니까? 만약에 당신의 본질에 대한 명확한 이해가 있다면, 거짓을 거짓으로 안다면, 어떤 행동에 대한 도덕적 판단이라는 것은 질문 거리가 되지 않습니다. 누가 그것을 결정합니까? 도덕적 판단에 대해 자의적으로 결정할 수 있는 개인이 따로 존재할 수 있습니까? 여기에 대해 선택이 있을 수 있습니까? 독자적인 행위를 하는 실체가 없음을 깨달았다면 삶이란 그냥 여여한 게 아닌가요? 이러한 사실의 깨달음 자체가 자유 의지적 행동이라는 개념을 즉각 멈추게 하지 않습니까? 사람들은 자신이 살아가고 있다고 생각할지 모르지만 사실은 살아지고 있는 것입니다.

짧지만 고양된 상태에서의 대화 후에 피로를 느낀 마하라지는 침대에 다시 누웠다. 그는 이 주제에 대해 좀 더 깊이 이야기하고 싶어 했지만 육체적인 기력이 없었다. 그는 농담 삼아 전하고자 하는 바를 캡슐에 담아서 여러분에게 줄 수 있었으면 좋겠다고 말했다.

* * *

새로운 아침을 맞으며 마하라지는 앉아 있기 힘들 정도로 쇠약해져 있었지만 무언가를 이야기하고 싶은 표정이었다. 그는 부드러운 목소리로 천천히 이야기하기 시작했다.

마하라지 자신이 지금 듣고 있는 것이 환영이고 자기 자신이 사실은 존재하지 않는다는 것을 누구도 믿지 않습니다. 여러분이 이곳에 찾아오면 나는 여러분을 환영합니다. 그럼에도 불구하고 나는 이 자리에서 말을 하는 사람도 듣는 사람도 없다는 사실을 명확히 알고 있습니다. 어째서 어느 누구도 자기 자신이 존재하지 않는다고 확실하게 말하지 못할까요? 그것은 자기 자신이 존재한다고 알고 있든가 아니면 존재하고 있다는 느낌을 가지고 있기 때문입니다. 그리고 중요한 사실은, 자기가 존재하지 않는다고 말할 수 있는 존재란 없다는 사실입니다. 만약에 스스로 존재하지 않는다고 주장하는 존재가 있다면, 그 주장 자체가 그의 존재를 증명하는 게 아니겠습니까? 더욱 더 중요한 사실은 이런 현상적 존재의 근원은 실체의 부재라는 것입니다. 더 나아가 마음이 더 이상 시비분별하지 않을 때, 즉 어떠한 개념 작용도 없을 때에야 현상적 개체의식의 부재이며, 이러한 현상적 개체의식의 부재가 바로 참나라는 것입니다.

* * *

일요일이었다. 마하라지의 작은 방은 사람들로 가득 차 있었다. 방문자의 대부분은 정기적인 참석자들이었지만 특별히 먼 곳에서 찾아온 소수의 그룹이 있었다. 그들은 마하라지가 육체적으로 매우 쇠약해져 있는 사실을 알아차리고 마하라지와의 친견만으로 만족해야 했다. 그러나 마하라지는 침대에서 일어나 앉으면서 새로운 사람들을 향해 미소를 지으며 무슨 질문이 있느냐고 물어보았다. 그리고 덧붙이기를, 자신의 건강상태가 좋은 편이 아니기 때문에 질문이 적정한 수준이었으면 좋겠다고 덧붙였다. 그러자 그들 사이에서 무엇을 질문할지 간단한 의견교환이 있고 나서 그들 중의 리더가 마하라지에게 한 가지 질문만 하겠다고 말했다.

"정말로 깨달음이라는 것이 있습니까?" 그리고 이 질문은 오랜 영적인 추구 과정에서 나온 근본에 대한 매우 진지한 질문이라고 덧붙였다.

이 질문에 대해 마하라지는 그의 얼굴에 역력히 지친 표정을 띠면서도 웃으면서 말을 하기 시작했다. 그는 자세를 바꿔 똑바로 앉아 이야기를 하였는데, 그의 목소리는 기대하지 않았던 힘으로 가득 찼다.

마하라지 그 문제에 대해 내가 거듭 말해왔음에도 불구하고, 심지어는 내 가까이 있는 사람들도 하나의 개체로서 깨달음의 필요성을 생각하는 것이 완전히 난센스라는 사실을 받아들일 수 없는 것 같습니다. 기본적으로 '나'만 있을 뿐이지 깨달음을 얻어야 할 하나의 대상으로서 '나me 또는 당신

you'은 존재하지 않습니다. 겉모습일 뿐인 현상적인 존재가 깨달음을 통해 단지 또 하나의 현상일 뿐인 다른 어떤 것으로 변형이 가능하겠습니까? 현실에서 깨달음이라는 것이 일어날 때에는, 우리가 당연하게 정상적이라고 믿고 있는 것들이 전체성 안에서 잠시 나타났다가 사라지는 병(病)처럼 일시적인 현상일 뿐이라는 것을 알게 됩니다. 우리가 극히 정상적이라고 생각했던 것이 사실은 정상적인 것이 아니라는 사실을 순간적으로 깨닫게 되는 것입니다. 그러한 깨달음의 결과는 개별적인 존재의식에서 전체적인 존재의식 그 자체가 되는 것이라고 볼 수 있습니다. 그때는 일어나는 모든 것에 대한 주시자의 입장에 서게 되고, 더 나아가 주시하는 자도 사라지고 봄 그 자체만이 남게 됩니다.

* * *

오늘 아침에 마하라지는 평안한 상태로 침대에 누워 있었다. 주중이었기에 그리 많지 않은 방문자들이 몇 분 동안 조용히 앉아 있었다. 마하라지는 갑자기 눈을 뜨면서 매우 부드러운 목소리로 이제는 강론을 하기에는 몸이 너무 약해져서 더 이상의 가르침은 없을 것이라고 말했다. 그러나 자애롭게 웃으면서 아주 천천히 이렇게 말했다.

마하라지 만약에 당신들이, 예를 들어 백 년 전 몸-마음의 복합체인 육체를 얻기 전의 당신 상태를 깊은 직관으로 깨닫는다면 여러분은 더 이상 이원론적인 시각으로 세상을 보지 않을 것입니다. 더 이상 개별적인 자아와 참나를 동일시하지 않을 것이고 개념화 작용은 멈출 것입니다.

그러고 나서 스승은 손을 흔들어 집회가 끝났다는 사실을 알렸다. 그러자 방문객들은 모두 자리에서 물러났다.

* * *

1981년 7월 12일 일요일. 마하라지는 그의 충실한 헌신자이자 간병인인 안나로부터 그 즈음에 일상화된 다리 마사지를 받으면서 누워 있었다. 이제는 입을 통해 숨을 쉬는 것조차 힘겨워 보였다.

그는 깊은 잠에 빠져든 것 같았다. 그때 갑자기 일어나려고 하여 주위의 도움으로 베개를 등에 받친 상태로 비스듬히 앉았다. 그러고는 말을 하기 시작했는데, 그의 목소리는 놀라울 정도로 힘이 있었다.

마하라지 내가 해주고 싶은 말은 여러분이 이해만 한다면 매우 간단한 것입니다. 그런데 재미있는 사실은 그것은 듣는 자가 완전히 사라져야만 이해될 수 있다는 점입니다. 그때는 단지 이해 자체만이 남게 되며, 당신이 이해 그 자체가 됩니다. 그때 발현되지 않았던 절대가 스스로를 발현시키게 됩니다. 발현은 수만 가지의 형태로 나타납니다. 의식은 각 형태를 통해 기능을 하며, 각 형태들의 행동은 그것이 속해 있는 식물, 곤충류, 사자 혹은 사람 등의 범주 안에서 기본적인 속성을 따릅니다. 특히 각 형태가 가진 기본적인 요소들의 특별한 특성들의 조합에 따릅니다. 왜냐하면 다섯 가지의 기본 원소들과 세 가지 기본 특성으로 이루어진 수백만 가지의 조합을 통해 수십억 혹은 수천억의 다른 형태들로 만들어지기 때문입니다. 이러한 수많은 형태들은 형상화의 과정에서 지속적으로 창조되고, 소멸되어 가고 있습니다. 이러한 현상화 과정의 정확한 이해를 통해 다음과 같은 사실을 알 수 있습니다.

첫째는 현상화의 근본적인 기초는 각 형태의 지속이고, 지속은 일종의 시간이라는 개념에 불과하기 때문에 독립된 개별적인 형태와의 동일시가 불가능하다는 사실입니다.

둘째는 우리의 진정한 본질성은 이러한 연극을 주시하는 것이라는 사실입니다. 지켜보는 것은 연극이 진행되고 있을 때에 한해서, 그리고 연극은 의식이 있을 때에 한해서 일어날 수 있다는 것은 말할 필요도 없습니다. 그리고 누가 이 모든 것을 이해합니까? 물론 의식이 자신의 근원을 찾고자 노력하지만 결국에는 찾지 못합니다. 왜냐하면 찾고 있는 자신이 바로 찾는 대상이기 때문입니다. 이러한 사실을 이해하는 것이 궁극적이며 유일한 깨달음입니다. 그러나 심지어 깨달음이라는 것도 하나의 개념에 불과합니다. 이제 여러분들은 돌아가셔서 이것에 대해 명상하시기 바랍니다.

마하라지는 이렇게 몇 마디를 하고 나서 완전히 지쳐 다시 침대에 누워야만 했다. 침대에 누운 그가 아주 약한 소리로 '지금 내가 말한 것이 모두가 알아야 할 진리'라고 덧붙였다.

* * *

1981년 7월 14일 화요일. 세 사람이 마하라지를 처음으로 방문했다. 극도로 쇠약한 상태로 침대에 누워 있었지만 마하라지는 그들에게 질문할 것이 있느냐고 물었다. 그러자 그들 사이에서 의견이 모아져서 한 가지 질문만 하기로 결정했다.

방문자 마하라지 선생님, 우리 세 사람은 오랜 기간 동안 수행을 해왔습니다. 하지만 지금까지 큰 진전을 이루지 못한 것 같습니다. 우리는 어떻게 해야 합니까?

마하라지 어떤 노력의 목적은 당신이 소유하고 있지 않은 이익이나 다른 어떤 것을 얻고자 하는 것입니다. 당신이 성취하고자 하는 것은 무엇입니까?

방문자 대답은 분명하고도 간단합니다. 우리는 선생님과 같이 깨달은 사람이 되고 싶습니다.

이 말을 듣고 마하라지는 빙긋이 웃었다. 그러고는 침대에 일어나 앉으면서 베개로 그의 등을 받쳐 좀 더 편한 자세가 되자 계속해서 말했다.

마하라지 그것이 바로 잘못 이해되고 있는 부분입니다. 당신은 나와 같이 깨달음을 얻기 위해서는 당신 자신이 무언가를 성취해야만 하는 존재라고 생각하고 있습니다. 이것이 바로 속박을 야기시키는 생각입니다. 그러나 어떤 객관적인 존재와도 동일시하지 않는 것이야말로 바로 여러분에게 해탈을 가져다 줄 것입니다. 당신은 나를 당신 자신과 다른 독립된 개체로 생각합니다. 하지만 나는 당신을 전적으로 나와 같은 존재로 봅니다. 당신은 바로 나 자신입니다. 당신은 당신이 생각하는 어떤 객체와 자신을 동일시하고서 거기서 해방을 추구하고 있습니다. 이것은 매우 우스운 일 아닙니까? 하나의 대상이 어떻게 독립적으로 존재하고, 어떻게 스스로 자유의지를 가질 수 있습니까? 또한 대상이 무엇에 의해 구속되며, 어떻게 거기에서 해방될 수 있겠습니까?

질문자는 두 손을 모아 합장하며, 존경스러운 마음으로 말했다.

방문자 선생님께서 방금 말씀하신 것이 이론상으로는 도전 받을 수 없을지 몰라도, 그리고 인간이 단지 의식이 현상화된 가상의 존재일지라도, 삶에 있어 우리들이 서로 다른 존재들이라는 사실을 받아들이지 않는다면 어떻게 살아갈 수 있겠습니까?

마하라지는 이러한 주제의 토론에 대하여 특별한 열정을 느끼는 것 같았다. 그리하여 그의 목소리는 점점 힘을 얻어 갔다.

마하라지 당신은 이러한 주제가 얼마나 미묘한 성질의 것인지 알고 있습니다. 사실상 당신은 당신 자신의 질문에 대해 벌써 대답까지 했습니다. 그러나 그 대답은 중심을 빗겨났습니다. 당신이 말한 것은 당신이 독립된 개체라는 것이 전적으로 허구이며 객관적 실체가 아니라는 사실을 잘 알고 있다는 것입니다. 다시 말하면 독립된 개체라는 것이 하나의 개념에 불과하다는 것을 알고 있습니다. 그러나 바로 이 허구적인 존재가 일상적인 삶을 영위해야 합니다. 여기에서 무엇이 문제가 됩니까? 삶 자체가 하나의 개념이라는 사실을 알고 난 후에는, 과연 일상적인 삶을 살아간다는 것이 어려워질까요? 이제 내가 말하려는 핵심을 깨닫겠어요? 일단 당신이 거짓된 것을 거짓으로 알고, 당신이 삶이라고 부르는 것의 이원성을 깨닫는다면 나머지는 매우 간단해집니다. 마치 열의를 가지고 주어진 배역을 연기하는 배우만큼 간단해집니다. 그리고 삶이란 연극이나 영화에서처럼 그가 연기하는 역할에 불과하다는 사실을 알게 됩니다. 바로 확신을 가지고 자신에게 주어진 입장이 배우라는 사실을 깨닫는 것이 진리의 전부입니다. 그 나머지는 배우로서 역할을 충실히 하는 것뿐입니다.

* * *

1981년 7월 16일 목요일. 몇 사람의 정기적인 방문자만이 있었다. 마하라지는 지치고 기운이 매우 소진되어 보였지만 질문하라고 했다. 그래서 누군가가 이렇게 질문했다.

"내가 소유한 의식……."

만약에 그 말을 어쩌다 방문한 사람 중의 한 사람이 했다면 마하라지는 아마도 그냥 넘어갔을 지도 모른다. 그러나 그 질문을 한 사람은 그 정도는 충분히 알고도 남을 만한 사람이었다. 그 말을 듣고 있던 마하라지는 갑자기 "그만"이라고 소리쳤다. 육체가 극도로 쇠약해진 상태임에도 불구하고 그의 외침은 마치 대포소리 같았다. 그 말을 한 사람을 노려보면서 "내가 소유한 의식"이 도대체 무엇을 의미하냐고 소리쳤다.

마하라지 당신이 방금 한 말이 얼마나 멍청한 말인지 압니까? 어떻게 당신 혹은 개체가 의식을 소유할 수 있단 말입니까? 당신이 무심결에 말한 의식이 상상하기조차 힘들 정도로 신성하고 위대한 것이라는 것을 알기나 합니까? 당신이 거기에 어떤 거룩한 이름을 붙여도 그것의 실상과는 아주 멀어집니다. 의식이 우리의 본성 그 자체의 표현이라는 기본적 사실마저 잊었단 말입니까? 전체성으로서의 절대가 현시를 통해 그 자신을 나투어 인식하게 되고, 전 우주가 현상으로 존재하게 되는 것은 바로 이 의식의 작용을 통해서입니다. 당신이 그렇게 말한 것은 부주의해서일수도 있습니다. 그랬는지 아닌지 나는 모르지만 그러한 부주의는 당신이 자신을 개체와 얼마나 동일시하고 있는지를 나타냅니다. 당신은 자신이 개체이고, 그 개체가 의식을 소유하고 있다고 생각하고 있습니다. 만약에 어떤 것이 다른 어떤 것을 소유하는 개념으로 본다면, 당신이 자신이라고 여기는 개체뿐만 아니라 수백만의 다른 개체를 소유한 것은 오히려 의식입니다. 이 의식이 수백억의 존재를 통해서 전체적으로 작용하는 것입니다.

* * *

1981년 7월 17일 금요일. 일 년에 한 번 있는 성스러운 구루의 날이었다. 마하라지는 쇠진해진 상태에도 불구하고 이렇게 경사스러운 날에 몇 마디의 말을 남기고 싶어 했다. 많은 방문자들로 인해 조그만 방이 매우 무더웠음에도 그는 두꺼운 옷을 입고 침대에 앉아 있었다. 처음에는 아주 약한 목소리로 시작했지만 곧 새로운 힘이 생긴 듯 또렷하게 말하기 시작했다.

마하라지 여러분들은 내게서 깨달음을 위한 수행 계획표 같은 것을 기대하며 여기에 모였습니다. 그러나 항상 이야기하는 것처럼, 독립된 실체란 없기 때문에 속박의 문제도 없습니다. 그러므로 자신이 어디에도 구속되어 있지 않다면, 해탈의 필요성 역시 없는 것입니다.

여러분들에게 내가 해줄 수 있는 것은, 여러분이 생각하는 자신은 진정한 자신이 아니라는 것을 알려주는 것입니다. 그러나 여러분들 중의 대부분은 내 말을 받아들이지 못합니다. 어떤 사람들은 어딘가 다른 곳에 찾아가서 해야 할 것과 하지 말아야 할 것에 대한 목록을 받고는 행복해 합니다. 그리고 그러한 지시사항을 아주 충실하고 부지런히 따릅니다. 그러나 결국 그들이 어떤 수행을 하든지 그들 자신과 허구적인 개체와의 동일시를 강화시킬 뿐이므로, 진리를 깨닫는 것과는 오히려 거리가 멀어진다는 사실을 깨닫게 될 것입니다.

사람들은 어떻게든 불완전한 인간에서 성자라고 알려진 사람같이 완전한 인간으로 변해야 한다고 생각합니다. 그러나 그들의 생각이 얼마나 터무니없는 것인지 알아야 합니다. 그렇게 생각하는 그 자신은 단지 하나의 개념일 뿐이며, 꿈 속에 투영된 환영에 지나지 않습니다. 어떻게 환영이 그 자신을 완전하게 함으로써 꿈에서 깨어날 수 있겠습니까? 유일한 깨달음은 '있는 그대로' 아는 것입니다. 깨달음에 있어서 '누가' 라는 것은 문제가 되지 않습니다. 깨달음 바로 그 자체가 우리의 진정한 실체이고, 이것을 깨닫기 위한 전제 조건은 분리의식의 사라짐입니다. 깨달아지는 것은 전체성으로서 현상 그 자체이지, 분리된 관찰자로서 '누구' 에 의해서가 아닙니다. 깨달음은 절대의 전체적 통각입니다. 깨달음은 바로 본성으로서 당신 자신입니다. 그리고 의식 속에 나타나는 우주는 모든 지각력이 있는 존재를 반사하는 거울입니다. 다시 말하면 의식은 현상적으로 드러나는 세계의 근원입니다. 또한 의식은 그것이 표현된 내용물과 다르지 않습니다. 그리고 깨달음은 '누구' 라는 의식의 전체적 작용의 극히 일부분인 개체적 현상과는 무관합니다. 깊은 직관을 통한 이러한 사실의 깨달음이야말로 진정한 해방이며, '살아 있는 꿈'으로부터의 깨어남입니다. 스승은 무엇을 합니까? 그의 모든 행위는 내면에 있는 '사드구루'를 향합니다. 사드구루는 여러분이 그를 기억하든, 기억하지 못하든 항상 존재합니다. 여러분이 무엇을 하든 항상 그와 교감을 나누는 것이 여러분에게 필요한 것의 전부입니다. 노력을 통한 어떤 것도 도움이 될 수 없으며, 오히려 방해물이 될 뿐입니다. 개체적 노력은 심지어 위험하기조차 합니다.

* * *

1981년 7월 26일 일요일. 일상적인 일요일 모임이 있었다. 방은 사람들로 가득 찼다. 마하라지는 더 이상 사람들에게 말을 해 줄 수 없다는 사실을 알면서도, 사람들이 계속해서 자신을 찾아온다고 말했다.

마하라지는 힘들게 제자의 도움으로 바로 앉을 수 있었다. 그는 주위를 둘러보면서 만약에 질문이 있으면 억지로 참지는 말라고 말했다. 그러고는 지식적인 차원에서는 질문이 끊이지 않을 것이라는 사실을 명심하라고 덧붙였다. 그때 한 명의 방문객이 질문했다.

방문자 우리의 진정한 본성을 추구하는 과정에서 외부세계와 내부의 마음이 많은 장애가 되고 있습니다. 그럴 때는 어떻게 해야 합니까?

마하라지 추구하고 있는 자에게 매달리십시오. 그것이 당신이 해야 할 전부입니다. 진정으로 당신이 당신 자신에게서 벗어나기 위해 끊임없이 추구한다면, 당신은 결국 추구하는 자가 근원을 찾고 있는 의식 그 자체라는 사실을 발견할 것입니다. 추구하는 자가 바로 추구하는 행위이고 추구하는 대상입니다. 그것이 바로 당신 자신입니다.

몇 가지 다른 질문이 있었는데 마하라지는 간단하게 요약하여 대답했다. 그들은 자신들의 질문 내용을 세상에서의 행위와 관련시켰는데, 마하라지의 대답은, 하나의 관념이 발생 순간부터 육체의 탄생, 그리고 더 나아가 유아기, 유년기를 거쳐 노년기에 이르기까지 육체의 성장과정을 주관하는 것은 개체의식이 아니라 절대적 의식의 작용이라고 했다.

마하라지 왜 여러분들은 행위에 대해 책임감을 느낌으로써 스스로 속박을 짊어집니까?

끝날 무렵, 속박에 대한 초월자와 지혜자 간의 차이점이 무엇이냐는 질문이 나왔다. 질문자는 그 질문의 이유가 깨달음을 얻은 사람들은 이 세상에서 어떻게 행동하는지 알고 싶어서라고 했다. 마하라지는 웃으면서 말했다.

마하라지 당신의 질문과 나의 대답 모두가 무의미할 것입니다. 나의 말이 한마디라도 당신에게 전달될 수 있다면 더 이상의 질문은 나오지 않을 것입니다. 그러나 어떤 의미에서는 현재 일어나고 있는 일이 최선일지도 모릅니다. 당신과 나의 계속되는 질문과 대답은 시간을 때울 소일거리로서는 충분하기 때문입니다. 정말로 더 이상 해야 할 것은 없습니다. 그것은 우주적 유희입니다. 우리는 단지 거기에 참가하고 있을 뿐입니다. 우리는 바로 이 사실을 이해해야만 합니다. 그렇지만 당신의 질문에 대답하겠습니다. 초월자, 지혜자, 또는 깨달은 사람이라는 것은 어떤 상태에 붙여진 이름일 뿐입니다. 단, 어떤 개인적 실체란 없다는 사실을 토대로 해야 합니다. 그러나 당신의 질문은 깨달은 사람을 한 명의 개별적 인간으로 여기는 그릇된 견해에 근거하고 있습니다. 그래서 그 사람이 이 세상에서 어떻게 행동하는지 알고 싶어 하는 것입니다. 이제 당신이 한 말의 모순점을 알 수 있겠습니까? 깨달은 사람에게는 자기 자신과 남이라는 구분이 사라집니다. 그러면 당연히 개인의 행위라는 게 사라집니다. 그리하여 깨달음의 순간에 의지, 욕망, 분별심은 사라집니다. 당신이 이것을 바로 안다면, 그와 동시에 깨달음을 얻었다라고 할 특별한 존재는 없다는 사실도 받아들일 것입니다. 그러면 육체는 어떻게 될까요? 외부적 상황에 대한 반응은 즉각적이고 직관적이 됩니다. 개별적으로 분리된 마음의 간섭이 없기 때문에 의지적 행동이란 착각이 없는 것입니다.

* * *

1981년 8월 8일 토요일. 한 젊은 여자가 마하라지에게 자파(Japa. 만트라를 계속 염송하는 것―옮긴이)의 중요성과 유용성에 대해 질문했다. 마하라지는 자파란 어떤 것을 보호할 목적을 가진 말의 집합으로 해석하겠다고 말했다.

마하라지 사람들은 자파를 연속적으로 반복함으로써 어떤 것을 보호하기를 희망합니다. 무엇에 대해서일까요? 사람들은 무엇을 가장 소중하게 생각할까요? 그것은 그가 가장 필요로 하는 것일 겁니다. 그러면 무엇이 가장 필요한 것입니까? 그것 없이는 다른 어떤 것도 의미와 가치를 가질 수 없는 것입니다. 그것은 우리의 실존에 활기를 불어넣는, 그것 없이는 다른 어떤 것도 알 수 없고 누릴 수 없는 어떤 것입니다. 그것은 다름 아닌 의식입니다. 당신은 어떠한 대가를 치르더라도 그것을 보호하기를 원합니다. 어떤 것을 보호하는 최선의 방법은 그것으로부터 결코 멀리 떨어지지 않고 함께 하는 것입니다. 그러나 당신이 자파를 계속적으로 외우고 있을 경우, 그동안만 당신의 목적이 달성될 수 있다는 사실을 알아야 합니다. 반면에 당신의 진정한 본성에 대한 분명한 깨달음은 시간 개념에 의존하지 않습니다. 진정한 깨달음은 영원한 지속입니다.

* * *

1981년 8월 9일 일요일. 어제의 그 젊은 여자가 일주일에 하루를 침묵의 날로 지키는 것이 좋은 일이냐고 질문했다. 마하라지는 '침묵'이라는 말의 중요성을 분명히 이해하고 있다면 그것은 매우 뛰어난 수행이 될 것이라고 말했다.

마하라지 나는 침묵하며 의사소통을 위해 펜과 종이만을 사용하는 어떤 영적 스승에 대해 들은 적이 있습니다. 나는 그렇게 함으로써 그들의 목이 많은 휴식을 취할 수 있을 것이며, 그만큼의 이로운 점이 있을 것이라고 생각합니다. 그러나 내가 침묵이라고 말할 때 그것은 말과 생각에 대한 시비분별의 완전한 부재를 의미합니다. 말들이 어디서부터 나오는지 생각해본 적이 있습니까? 생각은 의식 안에서의 움직임입니다. 한마디의 단어가 말해지기 전까지 그것은 생각이라는 형태로 존재하고 있을 것입니다. 그러므로 생각뿐만 아니라 말의 근원도 의식입니다. 당신이 이것을 이해한다면, 완전한 침묵은 시비분별적 사고가 멈추고 개념화와 객관화가 정지되는 이분법적 사고의 부재에서만 가능하다는 것을 알게 될 것입니다. 개념화 작용이 멈추었을 때, 개념화의 기초인 독립된 주체로서의 개체identity는 존재할 수 없으며, 독립된 주체로서의 개체가 없다면 속박도 존재할 수 없습니다.

* * *

1981년 8월 18일 화요일. 아침에 마하라지는 너무 쇠약해져 더 이상 말을 할 수가 없었다. 마하라지는 녹음된 그의 가르침을 사람들에게 들려주자는 제안을 허락했다. 20분쯤 지난 후에 그는 녹음기를 끄라고 했다. 그리고 나서 힘들게 일어나 앉아서 속삭이듯 하나의 메시지를 던졌다.

마하라지 여러분들이 방금 들었던 것, 그보다 훨씬 더 중요한 것인 그것을 들은 주체에 대해 명상하십시오.

마하라지는 길지 않은 메시지를 더 이상 지속할 수가 없었다. 호흡은 막혀왔으며, 눈은 감겼다. 그의 쇠약해진 육체는 매우 참기 어려운 통증과 힘겹게 싸우고 있었다. 우리 제자들은 곁에서 어찌할 도리 없이 지켜볼 수밖에 없었다.

해설 | 내가 우주 안에 있는 것이 아니고 우주가 내 안에 있다. 현상계는 의식 안에 들어 있기 때문이다. 의식이 모든 것을 창조한다. 몸과 마음은 실재하지 않는 허상이다. 실체인 참나가 비춘 빛의 그림자에 불과하다.

새벽녘에 잠시 풀잎에 맺혀 있다가 태양이 뜨면 흔적도 없이 사라지는 이슬처럼 개체적 존재도, 무한하게 보이는 우주현상계도 진리의 빛을 가리고 있던 무지의 커튼이 열리면 흔적도 없이 사라진다. 의식의 첫 생각인 존재의식이 처음이자 마지막 에고다. 이 첫 생각을 놓아야 한다. 그러면 순수해서 이름도 붙일 수 없고, 시작도 끝도 없는 절대성만이 있을 뿐이다.

마지막 순간

　1981년 9월 8일 화요일, 니사르가닷따 마하라지는 저녁 7시 32분에 그의 자택 다락방에서 숨을 거두었다.
　그날 오전 10시경 평상시처럼 그의 자택에 들렀을 때, 마하라지는 그 전날보다 훨씬 상태가 좋아보였다. 안색도 좋았고 눈에는 생기가 돌았다. 하지만 그의 아들로부터 의사가 다녀갔으며 진찰 결과 가슴에 심한 울혈이 있어서 산소 호흡기가 필요하다는 말을 들었다. 산소 호흡기는 이미 준비되어 있었다. 11시쯤에 내가 떠나려고 할 즈음 마하라지는 한 잔의 우유를 마시고 조금 후에 또 한 잔의 차를 마셨는데 훨씬 평안해보였다. 친구인 물라파탄이 나와 함께 떠나면서 마하라지에게 저녁에 다시 오겠다고 말했다. 그런데 이상하게도 내가 아침에 한 번만 방문하는 것을 알면서도 마하라지는 나에게 또다시 올 수 있겠느냐고 물었다. 나는 약간 놀랐지만 그의 의도를 알아채고 저녁에 다시 뵙겠노라고 말하자 마하라지는 기쁜 표정을 지었다. 그리고 우리가 막 떠나려 할 때, 그는 잠이 와서 잠시 쉬어야겠다고 말했다.

오후에 손님이 와서 너무 지체하는 바람에 서둘러 마하라지 댁으로 갈 준비를 하고 있는데 저녁 6시 30분경에 물라파탄에게서 전화가 걸려왔다. 마하라지의 상태가 위독하다는 것이었다. 급히 달려가 보니 그의 육신은 산소 호흡기에 의존하고 있었다. 눈을 뜨고 있었으나 의식이 없는지 눈동자가 풀려 있었다. 그의 숨소리는 거칠었고 나는 직감적으로 죽음이 멀지 않았음을 느꼈다.

급기야 그의 숨소리는 점점 약해지더니 마침내 저녁 7시 32분에 모든 기능이 정지하고 말았다. 현상적 존재로서 마하라지는 '절대 근원'으로 한없이 편안하고 고요하게 합일된 것이다. 물라파탄과 나, 그리고 마하라지의 가족들과 그의 개인적인 두 간병인이 그의 마지막 임종을 지켜보았다. 장례식은 바로 다음 날 치르기로 결정했다.

1981년 9월 9일 수요일. 마하라지의 육신은 그의 열렬한 지지자인 조셉 노벨러트라는 벨기에인이 개인적으로 5주 전에 뭄바이로 운반해온 특별한 관에 안치되었다. 그러고 나서 마하라지를 따르던 수백 명의 사람들에 섞여 우리는 화장터로 향했다. 마하라지의 스승인 싯다라메슈와르 마하라지도 여기서 장례를 치렀다.

장례식은 오후 12시 15분에 시작되었다. 마하라지의 시신은 향기 나는 꽃들로 치장된 채 차에 실려 운구되었고, 많은 사람들이 길을 따라 서서 그에게 존경을 표했다. 화장터에는 오후 2시 15분에 도착했다.

마하라지가 살아생전 항상 그래왔듯이 스승의 제단에 찬미 예배를 드리는 것으로 시작된 간단하면서도 감동적인 의식이 끝나고, 오후 3시 40분에 마하라지의 아들이 화장을 하기 위해 쌓아놓은 장작더미에 불을 붙였다.

이제 스승의 물질적 형태는 원래 그것이 만들어졌던 원소들로 되돌아갔다. 스승에 대해서 더 이상 이야기하는 것은 부적절한 사족이 될 뿐이다. 그것은 마하라지의 가르침에 전적으로 어긋나는 것이다. 진리는 직관되어야만 하며 일단 표현이 되면 개념이 되어버리고 말기 때문이다.

 **해설** | 오, 마하라지!

1897년에 태어나 37살에 스승을 만나고, 3년 동안 불철주야 용맹정진하여 40세에 드디어 무아연기를 터득하여 참나인 절대성을 깨달았다. 깨달은 이후에도 그는 여전히 가족의 생계를 위하여 40년 동안 담배를 말아서 팔았고, 매일 아침과 저녁 두 차례에 걸쳐 그를 찾아오는 수행자들에게 작은 다락방에서 진리를 전하였다. 늙은 그의 몸에 암이라는

병이 생겨서 오랜 시간 고생하다가 1981년 9월 8일, 84세의 나이로 죽었다.

그러나 그는 "나는 태어나지도 죽지도 않는다"라고 말했다.

　　인생이란 한 편의 코미디, 이제 연극은 끝났다.

　　　　　　　　　　　　　　　　　—베토벤Ludwig van Beethoven

부록

Ⅰ. 가르침의 핵심
Ⅱ. 의식에 대하여
Ⅲ. 헌신과 지혜 그리고 개인
Ⅳ. 완전한 진리

I. 가르침의 핵심

마하라지 가르침의 핵심은 자신의 참된 본성을 깨닫는 데 있다. 그것이야말로 가르침의 축이며, 모든 가르침은 그 축을 중심으로 이루어진다. 그것은 결정적인 진리이며, 이 진리를 깨닫는 것은 오로지 스스로의 강력한 체험으로부터 오는 것이지, 결코 경전을 연구함으로써 얻어지는 것이 아니다. 마하라지에 의하면 경전의 연구는 단지 지식에 불과하다. 논쟁할 여지가 없이 명백한 사실들만 근거하고 모든 가정과 의심은 버려야 한다. 마하라지는 처음 온 방문객에게 다음과 같이 말했다.

마하라지 당신은 거기에 앉아 있고 나는 여기에 앉아 있으며, 그리고 바깥에는 세계가 있습니다. 당분간 우리는 세계의 창조주가 있으리라고 가정할 수도 있을 것이고 그를 하느님이라 부를 수도 있을 것입니다. 그러나, 분명한 사실은 당신과 나 또는 세계와 같은 이러한 항목들은 사실과 경험의 일들이며 지식이 아닙니다. 우리의 대화를 오로지 사실적인 것에만 국한시키도록 합시다.

이러한 기준 설정은 자동적으로 전통적 경전에 대한 지식을 제거시키므로, 마하라지와의 대화 속에는 항상 신선한 자유가 생동하기 마련이다. 경전의 말들은 또 다른 설명이나 증거 제시를 필요로 하지만, 그의 말은 다른 사람의 말이나 경험의 지지를 전혀 필요로 하지 않는다. 이러한 접근방식은 자신의 아는 것을 뽐내려는 학자들을 완전히 무기력하게 만들어버린다. 학자들은 학식으로 마하라지에게서 자신들의 높은 경지를 인정받고 싶어 하지만 마하라지에게는 전혀 통하지 않는다. 대신에 마하라지는 아무런 지식 없이 출발하는 참된 구도자들을 더 격려해준다. 이렇게 되면 대개의 방문객들에게는 질문거리가 사라져버린다. 그들이 미리 준비해 온 질문들은 모두 지식에 근거하고 있기 때문이다. 마하라지는 곧잘 방문객들에게 다음과 같은 질문을 던진다.

마하라지 나로 하여금 말할 수 있도록 하는 것이 무엇인지 말해보세요. 누구라도 그것이 없으면 아무것도 할 수 없게 됩니다. 그것이 없다면 당신은 질문을 할 수도 없을 것이고 나 역시 대답할 수 없을 것입니다. 만약 당신이나 내가 의식이 없다면 이렇게 대화를 할 수 있겠습니까? 의식이란 무엇입니까? 존재한다는 느낌, 살아 있다는 느낌이 아닙니까? 이러한 '존재의식'은 정말로 어떤 개체적 존재에 근거한 것이 아니라, 존재의식 그 자체인 것입니다. 이러한 의식이 없다면, 예를 들어 죽을 때 의식이 육체를 떠나면, 몸은 금세 버려져 파묻히거나 불태워져 버립니다. 그렇게 하지 않으면 지체 없이 썩어 들어가 고약한 냄새를 풍기게 됩니다. 그렇다면 의식이 있었을 때 천재라고 불렸을지도 모를 그 사람은 어디에 있는 것입니까? 사람들은 그가 죽었다고 말합니다.

의식은 모든 나툼의 근거

마하라지는 방문객에게 자신은 항상 이 존재의식, 즉 내가 존재하고 있음에 대해서만 이야기하고 있음을 강조한다. 다른 것에 관한 질문은 소용이 없다. 왜냐하면 다른 모든 것이 존재할 수 있기 위해서는 거기에 의식이 먼저 있어야만 하기 때문이다. 그는 가끔 "만약 내가 의식이 없다면 이 세상도 없다"고 말했다. 세상이 존재하는 때는 오로지 나의 의식이 깨어 있을 때뿐이다. 따라서 마하라지는 모든 구도자의 질문이 이 의식과 관련 있어야 한다고 강조한다. 어떻게 의식이 생기는가? 그 근원은 무엇인가? 무엇이 의식을 유지시키는가? 의식의 속성은 무엇인가? 이러한 질문들에 대한 대답만이 참된 지혜로 이끈다. 의식이 없다면 어떤 현상적 존재도 있을 수 없으므로, 의식은 개체가 인식할 수 있는 지고의 근원이다. 그 이름은 크리슈나라고 할 수도 있고 이쉬바라, 시바, 또는 그리스도라고 할 수도 있다. 의식이 사라지면 개체도 없고 세상도, 하느님도 없다. 또한 마하라지는 물질적인 육체와 의식 사이의 관계는 분명하게 납득되어야 한다고 말한다. 의식은 곤충이나 벌레, 동물, 혹은 인간이라는 현상적인 형태, 즉 육체라는 형태로 나타나는 동안만 인식할 수 있다. 육체가 없는, 시현되지 않은 상태에서의 의식은 스스로를 인식할 수 없다. 의식 없는 육체는 더 이상 아무 것도 아니다. 그러므로 육체는 의식을 유지하는 영양분의 집합이며, 의식이 작용할 수 있도록 하는 도구라고 마하라지는 말한다.

육체와 의식 사이의 이 밀접한 관계를 이해한 후에 마하라지는 우리에게 생명의 근원을 찾으라고 요구한다. 어떻게 이것이 생겨났을까? 인간에게 있어서 육체의 근원은 여성의 난자에 수정된 정자다. 임신이 되었을 때 의식은 이 수정체 속에 깃들어 있다. 어머니의 자궁 속에서 자라 갓난아이로 태어난 후에 한 인생을 살게 되는 것은, 바로 의식이 내재된 수정체이다. 이러한 자연적 성장의 이면에 있는 힘은 무엇인가?

의식을 제외한 나머지 것은 부모에 의해 주어지는 음식으로 유지된다. 의식은 몸의 본성이며, 물질적인 육체는 다섯 가지 원소로 이루어진 음식으로 구성되어 있고 음식에 의해 유지된다는 것이 분명하다고 말한다. 이러한 자발적인 자연과정에서 각 개인은 중요성을 갖지 못한다. 각 개인의 육체는 음식으로 구성되어 있고, 의식은 모든 곳에 퍼져 있는 우주적인 것이다. 그러니 어떻게 개인이 독립적인 존재 혹은 그 혼자만의 힘에 의한 속박과 해탈을 주장할 수 있겠는가?

어느 개인이 특정한 부모의 소산으로 그의 출생에 대해 이야기된 적이 있는가? '나'와 '나의 것'이라는 생각은 출생 이후에 생긴 것이고, 출생은 부모나 자식 어느 쪽도 선택할 수 없는 자연적인 과정의 결과이다. 다른 말로 하면 의식에 내재된 몸은 다섯 가지 요소(공간, 공기, 불, 물, 땅)와 세 가지 구나의 조합에 의해 저절로 태어난 현상적 단위임을 마하라지는 지적한다.

이 단위는 살아 있다가 결국에는 죽게 되는데, 그때 몸은 다시 다섯 가지 원소로 되돌아가고 개체에 한정되어져 있던 의식은 전체의식으로 해방되게 된다.

마하라지는 말하기를, 이러한 현상적 단위의 창조와 소멸의 자연과정에서 '너'에 대한 질문이 어디에 있을 수 있는가? 그대는 결코 '너'라고 여겨지는 현상적 단위의 존재가 아니다. 그대는 부모로부터 네가 '태어났다'고, 그리고 그 특별한 육체가 '너'라고 들어왔을 뿐이다. 그대는 진실로 '태어난다'라는 직접적 경험을 갖고 있지 못하다. 만약 의식이 없다면 육체라는 장치는 쓸모가 없을 뿐만 아니라 빨리 치워버려야 할 것이다. 그렇다면 너는 무엇인가? 마하라지는 말하길, "지금으로부터 백 년 전, 즉 네가 태어나기 전의 성품"이 바로 너라는 것이다.

이러한 상황에서 일어나는 질문은 "그렇다면 이 세상에서 육체로서 활동하는 것은 누구인가?"라는 것이다. 마하라지의 대답에 의하면, 각각의 육체의 타고난 성질에 따라 수백억의 육체 속에서 활동하는 것은 바로 의식이다. 수백억의 의식을 가진 개체적 형태가 존재하지만 각각의 형태는 다섯 가지 요소와 세 가지 속성의 다른 조합을 가지기 때문에 결코 어느 두 개도 서로 닮지 않는다. 각각의 다섯 가지 요소는 그 자신의 특징을 가지며 이것은 세 가지 속성도 마찬가지다. 이 여덟 가지의 조합이 가지는 수백만의 등급과 그에 의해 생긴 수억 또는 수조로 조합된 결과를 상상해보라. 그리고 그 각각은 물질적인 구성 비율에 의해 부분적으로 주어진 조건 속에서 자신의 기질과 성격을 가진다.

이것이 분명히 이해되면 어떤 개인도 독립적으로 행동할 수 있는 자율성을 갖고 있지 않다는 것을 명백히 알 수 있다. 그러나 각 개인은 무지에 의해, 활동하고 있는 자가 바로 그 자신이라고 믿는다. 출생이라는 행위에서 그는 '태어난다'라고 생각하며 환상적인 속박에 자신을 묶고 고통과 즐거움을 겪는다. 그리고 자신이 구속당했다고 착각한 채 외형적 자유를 찾아 몸부림친다.

마하라지는 우리가 한 가지만은 분명히 깨닫기를 원한다.

인간은 자신을 다른 생물체들과는 다른, 특별한 존재로 여기지만 물질적인 육체의 구성요소에 관한 한 다양한 종류의 다른 생물체와 다를 바가 없다. 오직 조합의 과정이 다를 뿐이다.

지고한 진리의 본질적 목적

마하라지는 늘 우리에게 지고한 진리의 본질적 목적, 즉 우리의 본래성품을 아는 궁극적 이해를 놓치거나 망각하거나 간과하거나 무시하지 말라고 충고한다. 우리의 진정한 본질은 무엇인가?

오직 하나인 전체성 속에서 우리의 본질은 절대적 존재 그 자체로서, 자기 자신도 자각하지 못하는 순수한 의식이다. 현상화되면 상대적 모습으로 작용하는데 '그 스스로는 따로 존재할 수 없기 때문에', 또 하나의 '다른 것'으로 자신을 찾고 있는 것이 시현된 의식이라고 종종 말했다. 즉 시간도 없고 변화도 없는 절대 본성의 상태에서, 아무런 원인이나 이유 없이 반야의 역할로 전체적 작용의 부분으로, 분리의식을 가진 육체가 마치 병처럼 나타나는 것이다. 현상적인 형태는 주어진 기간 동안 작동하다가 생명이 끝날 때 처음 나타날 때와 마찬가지로 저절로 사라지고, 의식은 작용할 육체적 형태를 필요로 하며 끊임없이 새로운 형태를 만들고 낡은 형태를 소멸시키는 것이다.

이것이 의식의 전체 작용의 자연스러운 과정이라면 이러한 의문이 제기된다. 어떻게 개인이라는 존재와 속성이 생겨났을까? 마하라지에 의하면, 육체의 형태에 한정된 의식이 스스로를 속여 특정한 육체와 동일시함으로써 거짓 존재를 만든다고 한다. 그리고 이 거짓 존재가 스스로를 자유의지를 행사한다고 믿으며, 업karma이라는 엉터리 개념인 인과관계의 속박을 믿게 되는 것이다.

환생의 질문

마하라지는 환생, 즉 새로 태어남이라는 생각을 단호하게 거부한다. 그러한 생각의 바탕은 매우 단순해서 우리를 당혹하게 한다. 사실 "다시 태어난다고 여겨지는 실체가 존재하지 않는데 개념이 어떻게 다시 태어날 수 있겠는가"라고 마하라지는 되묻는다. "나는 다시 태어나는 것이 누구인지 알고 싶소. 그게 누구요?"

육체는 반드시 죽고, 죽은 후의 육체는 즉시 땅에 묻히거나 화장하거나 해서 없어져버린다. 다른 말로 하면 육체는 다시는 회복될 수 없이 파괴되어버린다. 그러므로 객관적 대상인 그 육체는 다시 재생될 수 없다. 그렇다면 육신이 죽자마자 외부 공기로 융합하는 생명력이나, 전체의식으로 통합되는 비개체적인 의식이 어떻게 다시 태어날 수 있겠는가? 마하라지는 말한다.

마하라지 당신은 어떤 본질이 다시 태어날 것이라고 말할지도 모릅니다. 그러나 그것은 가당치 않은 생각입니다. 본질이라는 것은 의식이 스스로를 특정한 형태로 잘못 동일시할 때 생기는 개념, 또는 환상에 불과합니다.

도대체 어떻게 환생이라는 생각이 생겼을까? 아마 현상계의 기준 너머의 것을 생각할 수 없는 어리석고 단순한 사람을 납득시켜 주기 위해, 일종의 가능한 작용 이론으로 사용되었을 것이다.

거짓 자아(현상적 개체)

그러나 거짓 자아, 즉 에고(ego. 속박의 원인이자 자신을 개체라고 착각하는 것―옮긴이)가 어떻게 생겨났는지 분명히 알기 위해서는 현상화의 개념적 과정을 이해할 필요가 있다. 절대적이고 본성적인 것은 조금의 이원성도 없는 순수하고 절대적인 주관이다. 우리의 이 본성이 현상화되는 유일한 방법은 이원성(상대성)의 과정을 통해서이다. 그것의 시작은 '내가 존재한다' 라는 의식의 작용에서다. 이런 현상화·객관화의 과정은 지각하는 주관(관찰자)과 지각되는 객관(대상)이라는 분리 현상을 일으킨다.

본성은 늘 절대자각으로만 남아 있다. 그러므로 인지자나 인지되는 것으로 여겨지는 것들은 모두 의식 속의 대상이다. 이것은 명심해야 할 중요한 요소이다. 이러한 과정이 일어나는 것은 오직 의식 안에서다. 감각 기관이 지각하고 해석 가능한 모든 것, 즉 모든 종류의 현상은 의식 안에 나타나는 것이다.

인식자와 인식되는 대상은 모두 의식 안에서이며, 대상을 인식하는 인식자는 자신을 외부 세상에서 다른 물체를 인식하는 주체라고 착각한다.

이 인식자는 거짓 주체를 자유의지를 가진 독립적이고 자율적인 존재, 즉 '자아' 로 간주한다.

이원성의 원리는 '내가 존재한다' 는 생각에서 시작되는 것이며, 그 바탕 위에 모든 현상적 드러남이 생기는데, 거짓 자아가 서로 의존적이며 반대되는 대상을 비교하고 추론함으로써 나중에 그것들을 시비분별하는 과정에 있어서 발판 역할을 한다.

주관과 객관의 이원성과는 별개로 현상세계의 현시 과정은 시공간의 기본 개념에 의존한다. 공간의 개념이 없다면 어떤 물체도 인지할 수 없고, 시간의 개념이 없다면 어떤 물체도 인식될 수 없다. 그러므로 존재의 현시 과정은 개념적인 시공간에서 발생한다.

시간과 공간의 개념 안에서 물체는 인식이 명확해지고, 의식에 의해 지각하는 거짓 자아와 지각되는 대상으로 분리되는 개념화의 과정을 통해 지각되고 인지된다. 그리고 현시의 과정에서 인식자와 자신을 동일시하여 생긴 결과가, 행동에 대해 개인적인 선택권을 가졌다고 여기는 거짓 인격(자유의지)의 개념이다.

마하라지는, 의식이 현시되는 전체 과정을 이해하는 것은 점진적으로 깨닫는 것이 아니라 즉각적인 것이라고 말한다. 절대적이며 본질적인 것은 전체성이고, 현상이라는 것은 본성의 이원성이다. 그 둘은 다르지 않다. 비유를 들자면 본체와 그림자라고 볼 수 있는데, 현상화란 절대성이 상대성으로 드러난 것의 그림자라는 것이다. 절대적인 본성은 결코 일시적인 것이 아니며 공간과 무관하고 감각기관에 의해 지각될 수 없다. 그러나 현상은 시간에 의해 유한하고 제한된 형태를 가지며 감각기관에 의해 지각된다. 그 절대적 본성이 바로 진정한 우리 자신 그 자체이다. 그리고 현상은 의식 속에서 자신이 개개의 대상으로 보이는 것뿐이다. 우리 자신이라는 객체(이중성의 구분)와 동일시하는 것이 속박이고 동일시하지 않는 것이 해탈이다. 그러나 명확한 것은 이 속박과 해탈은 환상이라는 사실이다. 왜냐하면 속박당한 채 해탈을 원하는 그런 존재는 본래 없기 때문이다. 그 거짓 자아란 자신을 의식 속에 나타난 대상과 동일시함으로써 발생된 개념일 뿐이다.

꿈으로서의 삶

일단 이것이 이해되면 '자신의 삶을 산다는 것'이 난센스임을 알게 된다. 왜냐하면 산다는 것 자체가 자신의 의지에 의한 행동이라는 잘못된 믿음에 근거를 둔 것이기 때문이다. 이런 의지를 행사할 주체가 존재하지 않는다는 것을 이해했다면 도대체 누가 의지를 행사할 수 있단 말인가. 살아간다는 것은 수백만의 육체적 형태를 통해 각각이 개인의 삶이라고 오해한 의식의 작용에 불과하다. 마하라지는 삶이 단지 꿈이라고 말한다. 이러한 상황에서 우리가 보고 듣고 맛보고 냄새 맡고 만지는 모든 것은 감각 기관을 통해 인지되고 이런 인지는 실제로는 의식 안에서의 단순한 인식에 불과하다(실제로 감각 기관을 통해 인지하는 존재는 이 존재를 객체로 인식하는 '다른' 사람의 의식에 등장하는 것에 불과하다). 그러므로 객체라는 것은 자율성이 있는 실체가 아닌 서로의 의식에서 대상으로 잘못 인지된 것뿐이다. 실제로 그런 인지자는 없고 다만 개념이 존속하는 기간 동안 개념의 시공간에서 움직이는 개념적인 대상을 인지한 것뿐이다. 이 모든 것이 우리가 잠들었을 때 경험하는 꿈의 모습과 같지 않은가? 꿈꾸던 사람이 꿈에서 깨어날 때 그 꿈은 끝나고, 깨어난 사람은 더 이상 삶이라는 꿈속의 다른 등장인물에 근심하지 않는다. 깨어 있는 사람은 그가 무조건 절대 주체임을 깨닫는다. 그 위에서 의식 활동이 이 삶의 꿈을 아무런 원인이나 이유 없이 저절로 시작하게 하고, 정해진 시간이 지나 의식이 다시 절대성으로 녹아들 때까지 꿈꾸는 삶을 살아가는 것이다.

정신적인 행위―의지

지금까지 마하라지의 말을 듣고 따르던 방문객들로부터의 반응은 놀랍게도 대부분 비슷하다. "선생님께서 말씀하시는 것은 대단히 심오하고 제가 생각하기에 매우 지혜롭다고 여겨집니다. 그러나 실제로 그것을 경험하기 위해서 우리는 무엇을 해야만 합니까?" 이때마다 마하라지는 깊은 절망을 내색하지는 않지만, 때로는 이러한 질문에 화를 내기도 한다. 그러나 이 질문에 대한 그의 일반적인 대답은 이렇게 반문하는 것이다.

마하라지 무엇인가를 해야만 한다고 생각하는 그 '나'는 누구이며 또 무엇을 성취한단 말인가?

실재한다고 여기는 개별적 자아라는 것 자체가 잘못된 개념이고 다른 현상들과 마찬가지로 육체도 의식 안에서의 경험에 불과하여 어떤 의지를 행사할 존재가 없다는 것이 일단 이해가 된다면 무언가를 하는 어떤 존재가 어디 있겠는가? 깨닫는 것이 전부다. 이 깨달음으로 철저히, 그리고 완전히 충만되는 것이 해탈을 위해 필요한 전부다. 행동에 대한 자유의지를 가진 독립적 주체라는 잘못된 개념의 소멸 없이는 어떤 것도 이룰 수 없다. '나라는 생각'이 소멸되지 않고서는 '참나'는 나타날 수 없다. 나라는 생각이 사라지고 나면 나는 바로 나 자신이다.

마하라지가 말한 것처럼 화살이 과녁에 그대로 꽂힌다면 더 이상의 의문은 있을 수 없다. 그러나 직접적이고 직관적인 깨달음은 지성에 의한 개념화라는 방해에 부딪혀 어려워진다. 지적인 이해는 인과관계에 바탕을 두는데, 이 인과관계란 개념화의 바탕을 이루는 일시적 이원성의 여러 특징 중의 하나다. 직관적인 이해는 원인과 결과가 하나인 전체적인 것이다. 직관적인 이해는 다음과 같은 질문을 이끌어낸다.

"어떠한 의지도 행사할 자율적인 실체가 없다면 어떻게 비의지적인 삶이 성취되기나 하겠는가? 세상에서 어떻게 살아가고 행동해야 하는가?"

그러한 질문이 있을 때 마하라지의 보편적인 대답은 이렇다.

마하라지 내가 말하고 있는 것을 당신이 진실로 이해했다면 의지적 행위는 중요하지 않다. 당신이 내 말을 이해하지 못했다고 해도 또한 중요하지 않다.

분명히 우리의 모든 과거 경험을 조심스럽게 반추해보면, 삶이란 우리가 생각하는 것처럼 우리 자신에 의해 영위되는 것이 아니라, 실제로는 꿈속의 모든 등장인물이 하는 것처럼 저절로 이루어지고 있는 것이다. 그러므로 의지는 우리 삶에 있어서 결코 진실된 요소가 아님을 보여줄 것이다. 이것이 바로 핵심이다.

마하라지는 묻는다.

마하라지 음식이나 물 없이 잠도 자지 않고 얼마나 오랫동안 살 수 있겠습니까? 육체의 배설 행위 없이 얼마나 오랫동안 생존할 수 있겠습니까? 숨 쉬지 않고 얼마나 오랫동안 버틸 수 있겠습니까? 잉태되었을 때 당신은 의지를 행사했습니까? 어머니의 자궁 속에서 자랄 때 스스로의 의지로 성장했습니까?

마하라지가 의지적 행위란 실제로 있을 수 없다고 말할 때, 그는 분명히 어떤 의지를 행사할——어떤 행위를 한다거나 하지 않는다거나——실체가 존재할 수 없다는 것을, 그리고 우리가 의지의 결과라고 여기는 것은 단지 저절로 일어난 연기 법칙임을 이해하길 바란다.

  우리는 어떤 행위가 그 당시에 자신에게 유리하다고 판단되는 것과 일치할 때, 자기 스스로의 힘으로 성취했다고 자랑한다. 그리고 그것을 개인적인 성취라고 여긴다. 그러나 그렇지 않을 때는 분노와 슬픔과 좌절이 일어난다. 의식의 작용인 개체의식은 분명히 '속박'을 엮어내는 역할을 한다. 반야의 작용과는 무관하게 행동하려 애쓰는 거짓 자아의 어리석음을 깨닫는 것이야말로 깨어 있음이다. 오직 그러한 깨달음만이 이 삶이 끝날 때까지 일어나는 모든 사건들을 완전히 받아들일 수 있게 한다. 삶이 그렇게 살아지는 동안은 분명히 모든 것은 '하나'라는 명확한 의식이 있을 것이다. 왜냐하면 '다른 한쪽'이란 거짓 주체의 대상으로 지각하는 것이 아니라, 우리의 동일한 본질의 현상적인 면으로 지각되기 때문이다. 다른 말로 하면 산다는 것 자체가 자유로운 삶이다. 그 속에서는 거짓 자아의 긍정적 행위나 부정적 행위나 어느 것도 가능하지 않으며, 거기에는 의지가 없다. 개인적인 의지는 없으며 모든 행위는 저절로인 것이다. 이 삶이라는 연극 또는 삶이라는 꿈에서 역할을 수행하는 배우는 삶을 일어나는 그대로 받아들인다. 마하라지는 말하기를 이것에 대한 깨달음이 있기만 하면 모든 삶은 유희, 곧 즐거움이다.

  특별한 상황 속에서 어떻게 할 것인가라고 질문을 받았을 때 마하라지는 아주 순진하게 대답했다. "모르겠어." 이것이 진실한 답변이다. 왜냐하면 동일하게 보이는 상황 속에서도 경우에 따라 그의 행동은 예측할 수 없을 것이고, 각각의 경우에 있어서 그의 행위는 저절로이기 때문이다.

마하라지는 진리를 깨닫는 데 있어 가장 빠른 방법은 스승의 가르침을 듣는 것이라고 말한다. 다음으로 경청(주의 깊게 들음), 반추(돌이켜 생각함) 그리고 명상(있는 그대로 바라봄)이다. 마하라지는 반복해서, 심지어 이러한 말조차도 의사전달을 위해 쓰인 것일 뿐, 일단 의도와 의미가 전달되면 모든 말은 지성이 개념적인 구조를 세우려는 것을 막기 위해서라도 버려야 한다고 말한다.

마하라지는 반복해서 자기는 어떤 개인에게 말하는 게 아니라 의식에게 말하는 것이라고 강조한다. 말은 의식으로부터 생겼으며 의식을 향해 있다. 말을 들어야 하는 것은 의식이고, 그 말의 의미가 직관적으로 이해되면 그 말은 의식으로 통합돼야만 한다. 어떤 이득을 얻을 목적으로 듣는 '자'가 있을 땐 모든 것을 잃게 될 것이라고 마하라지는 경고한다. 실제로 피해야 할 것은 바로 지성의 방해다. 이전에 분명히 보았듯이 깨달아져야 하는 것은 거짓 자아의 공허함이다. 말을 듣는 것이 거짓 자아인 한, 거짓 자아와 말 자체의 뿌리인 상대성과는 상관없는 올바른 방향 제시가 가능할 수 있을까!

말은 오직 지식적으로 분석하지 않고 직관적으로 받아들여질 때 깊고 미묘한 의미를 전달한다. 그렇지 않으면 그 결과는 대상과 스스로를 구분 짓는 거짓 자아에 의해 외부 세계의 단순한 지적 이해에 불과하게 된다.

마하라지는 말한다.

마하라지 당신은 전체적 현상의 나툼 중 일부만을 개별적 자아로 받아들임으로써 실상을 이해할 수 없는 것입니다. 진실한 깨달음은 거짓 자아가 완전히 소멸할 때에만 가능합니다.

거대한 환영

마하라지의 말을 따르자면 의식이야말로 속임수와 혼란을 주는 가장 거대한 환영Mahamaya이다. 존재한다는 이 매혹적인 감각은 절대로부터 나오는 개념 내지 느낌이다. 마하라지는 그것을 의식이 나타나는 동안 광란을 일으키는 '일시적 병'이라고 부른다. 이 존재한다는 감각은 우리를 매우 취하게 하는 것이어서 그것이 보여주는 화려한 현상에 우리는 매혹된다. 우리는 그 광경에 빠져서 그 광경이 실제로 존재하는지 아니면 단순히 영상, 환상, 꿈, 신기루인지를 알아채지 못한다. 우리는 나무를 보고 그 나무에 매혹된 나머지 그 나무가 나무의 근원인 씨가 자란 것에 불과하다는 사실을 잊어버린다. 지고한 진리Paramartha의 목적은 근원, 즉 씨앗을 찾는 것이다. 이 현상화의 근원은 무엇인가? 마하라지가 묻기를, 당신이 의식이 없다면 이 모든 현상화가 있을까? 당신이 의식하지 못한다면, 우주가 당신에게 존재하는가? 세상이 존재한다는 것은 당신에게 의식이 있을 때뿐이다. 그러므로 분명히 우주는 의식의 한 점 안에 담겨 있는 것이다. 의식은 신체기관이 없으면 스스로를 현상화시킬 수 없고 스스로를 인식할 수 없다. 그러면 육체의 근원은 무엇인가? 분명히 여성의 자궁 속에 있는 난자에 수정된 정자이다. 그러면 우리가 도달하는 결론은 무엇인가? 모든 것의 절대적이며 궁극적이고 잠재적인 근원은 음식과 같은 그러한 현상적인 것이 결코 아니다. 그러므로 내가 존재한다는 존재의 이 느낌은 결코 실재가 아닌 개념이요, 영상, 꿈, 환상이다! 이 의식은 모든 현상화의 근원이다. 진실로 그것은 현상이다. 이러한 상황에 기초적이고 근본적인 질문이 있다. 누가 이런 결론에 도달하는가? '참나' 말고 무엇이 할 수 있겠는가? 모든 종류의 현상을 드러나게 하는 참나, 모든 종류의 나툼된 현상인 참나, 백 년 전에도 존재했던 참나, 시간이라는 것이 시작되기 전에 존재했던 참나, 무한한 영원성인 참나, 나의 진실한 근원 상태에서는 존재도 비존재도 없기 때문에 스스로를 인식할 수조차 없는 순수의식인 참나뿐이다.

이 모든 것을 다시 한 번 요약해보면,

1. 현시된 존재는 현상이다. 감각적으로 인식될 수 있고 시간적으로 유한한 현상은 영상, 꿈, 환영이다. 그러므로 실체가 아니다. 그러나 절대적 실체는 전체적이고, 영구적이며, 공간에 얽매이지 않으므로 감각기관을 통해 인식될 수 없는 실재이다. 누가 이것을 말하는가? 물론 의식은 스스로를 인식하려고 하지만 성공하지 못한다. 왜냐하면 인식하는 행위(인식하는 자는 없다)는 스스로를 인식하지 못하기 때문이다. 눈은 비록 다른 모든 것을 볼 수 있지만 스스로를 볼 수는 없다. 찾는 자는 찾고 있는 자와 같다. 이것이 근본적으로 아주 중요한 사실이다.

2. 절대로서의 나는 전체적인 잠재력이고 알려진 자와 알 수 있는 것의 근원이며, 알려지지 않은 것과 알려질 수 없는 것의 드러남이다. 상대로서의 나는 모든 형상의 전체, 비현시된 알려지지 않은 것의 알려진 모든 것이다.

3. 완전히 무조건적으로 오직 참나만이 있을 수 있다. 어떠한 속성에도 물들지 않는 순수한 주체로서 말이다. 그러나 독립적인 나라는 생각은 환상적인 속박이다. 나를 저절로 사라지게 하라. 그러면 진정한 나 자신이 드러난다.

4. 현상적인 나는 의식 속에서만 나타나는 것이다. 그 모습이 어떻게 속박 속에 있는가? 본질적으로, 실체가 어찌 해탈이 필요할까? 해탈은 단지 해탈을 필요로 하는 자아가 있다는 생각을 없

애는 것이다.

5. 영적인 '진보'를 이루어 나가고 있는 것을 어떻게 알 수 있는가? 진보의 가장 확실한 표시는 진보에 대한 관심이 적어지고, 분명한 이해의 결과로 해탈에 대한 열망의 사라짐이 아닐까?

II. 의식에 대하여

　의식의 본질적 속성이 파악되지 않았기 때문에 의식의 개념에 관해 숱한 혼동이 일어나는 것은 당연하다. 이 혼동은 장님들이 각자 코끼리의 한 부분만 만져보고 코끼리의 생김새를 단정할 때, 장님들 마음속에 생기는 혼동과 비슷하다.
　마하라지가 의식이라는 단어로 전달하고자 하는 의미를 깨닫기 위해서는 철저하게 의식 없이는 어떤 존재도 있을 수 없으며 의식 그 자체는 단지 생각일 뿐이라는 기본적 사실을 명심하는 것이 좋을 것 같다. 그러므로 의식에서 일어나고 나타나는 모든 것──사물, 대상, 혹은 사건이나 느낌──도 단지 생각의 소산일 뿐이다. 다시 말하면 그것 자체의 실체가 없는 것이다. 이는 사실상 자신이 타인의 의식에 나타난 존재인 한, 주체로서의 실체가 없다는 것을 의미한다. 마하라지는 현현된 전체 우주가 아이를 낳지 못하는 여인의 아이와 같다고 말함으로써 문제 전체의 기본을 바로잡는다. 그러므로 의식에 관한 더 깊은 설명은 이 관점에서 고려되어야만 한다.

깊이 잠들었을 때, 의식이 휴식하고 마음이 전적으로 고요할 때는 그 잠든 개인, 혹은 다른 사람들 그리고 세계를 구성하는 대상에 대해 어떤 인식도 없다. 깊이 잠들었을 때는 고통이나 쾌락의 어떤 경험도 겪지 않는데, 모든 경험은 의식의 움직임으로 일어나기 때문이다. 사람의 불행은 깊은 잠이 끝나고 꿈꾸고 있거나 깨어 있을 때 의식이 작용하면서 일어난다. 마하라지가 의식을 범죄자라고 말하는 것은 이러한 이유 때문이다. 사람은 어떤 경험일지라도 의식이 깨어 있어야만 겪는다.

자각, 의식, 개인

절대자각이란 의식이 이분법적 분별을 멈추어 참나의 전체성을 있는 그대로 통각했을 때의 순수의식 상태에 주어지는 이름이다. 이를 지칭하는 데 어떤 단어가 쓰인다 하더라도 그 상태에서는 의식이 자신을 개념화할 수 없기 때문에 표현된 단어들은 개념에 지나지 않는다. 의식은 움직이기 시작할 때만, 그리고 내가 존재한다는 생각이 일어날 때만 스스로를 상대적으로 인식하게 된다. 어쨌거나 의식은 왜 일어날까? 수면에서 일어나는 물결과 같이 그것의 본성이 그러하다는 것 외에는 명백한 이유가 없기 때문에 마하라지는 이유 없는 이유라고 말한다. 그리고 내가 존재한다는 최초의 생각과 더불어 전 우주가 눈 깜짝할 사이에 현시된다. 의식은 휴식중일 때는 비개인적인데, 자신을 현상으로 대상화하면서 스스로를 드러낼 때는, 하나의 대상물과 자신을 동일시하여 독립적으로 분리된 개인으로서 인식한다. 실제로는 모두 의식에 나타나는 대상물들이지만, 이 '개체적 나'는 다른 모든 현상을 '나'의 대상물로 다루며, 지각 있는 각각의 존재들은 다른 모든 지각 있는 존재들과 서로 상대적 주관이 된다.

순수 주체성인 절대의 무한한 가능성을, 다른 사람과 분리된 변변치 않은 한 대상물로 자신을 제한시키는 것이 바로 속박을 일으킨다. 바로 이 대상물이 마하라지에게 해탈을 위해서 찾아오고, 마하라지는 이 개인에게 가르침을 주는데, 그를 도울 수 있는 유일한 것은 바로 의식이다. 의식은 모든 지각 있는 존재들이 타고나는 단 하나의 자산이며, 절대와의 단 하나의 연결고리다. 의식은 사람에게 가공의 속박을 가져다주는 범죄자이며, 가공의 해탈을 성취하도록 도와주는 것도 의식이다. 마하라지는 다음과 같이 말한다. "의식이야말로 있지도 않은 속박을 만들어내는 마야이며, 참스승으로 활동하는 이쉬바라Ishvara 역시 의식인데, 만약 이것이 적절히 다루어지면 우주의 비밀을 드러내고 의식이 갖가지 배역을 맡아 펼치는 인생이라는 꿈의 연극에서 가공의 해탈을 가져올 것이다. 그러므로 이 지구상에 의식, 즉 내가 존재한다는 느낌보다 더 강력한 힘은 없다." 가공의 개인은 그 모든 염원을 이 의식에 바쳐야만 한다. 그리고 나면 바로 이 의식이 참본성을 드러냄으로써, 가공의 개인이 가공의 속박으로부터 가공의 해탈을 한다는 착각에서 벗어나게 된다. 참본성이란 다름 아닌 찾는 자 그 자체이지만 개체는 아닌 것이다.

의식과 현시의 본성

마하라지는 우리가 여전히 자신을 육체와 동일시하고 있고 독립적으로 행동을 선택하는 분리된 존재로 간주하고 있다고 생각한다. 그러나 개체성과 자유 선택의 기초 위에서는 현시된 우주가 자신의 비밀을 드러내지 않는다. 그러므로 마하라지는 성실과 열정으로 모든 감각과 지각의 근원인 의식에게 맡기라고 말한다. 그렇게 하면 꽉 잡고 있던 이분법적 개념이 점차 느슨해지고, 순화된 의식은 참스승인 순수의식으로부터 진정한 본성의 비밀을 듣게 될 것이다.

인간이 분리된 개체로서 육체에 집착하는 까닭은 전적으로 부모, 형제, 타인에게 인식의 초기단계부터 그가 특정한 이름을 가진 특정한 육체로 교육받은 데 있다. 그 즉시 그는 생명력을 끊임없이 호흡하며, 또 깨어 있을 때나 잠잘 때나 항상 붙어다니는 의식과 감각을 가진 육체가 바로 자기라고 아무 의심 없이 믿어버린다. 실제로 일어나는 일은, 본체가 현시와 작용을 통해 수백억 가지 형태로 자신을 대상화시킨 것이다. 그리고 이 현상 하나하나는 현시과정에서 끊임없이 창조되고 파괴될 뿐 어떤 행동의 선택도 가지고 있지 않다. 그러므로 본체가 스스로를 대상화할 수 있도록 수백억의 형태를 진행시키는 것은 의식이다.

지혜로운 사람처럼 끊임없이 나타났다 사라지는 현상에 대한 명확한 이해와 깊은 확신이 있다면, 의식은 완전히 다른 차원에서 보여진다. 그러고 나면 행위 중인 의식은 현상을 발생시키기 위한 덧없는 도구로 보여진다. 물론 현상은 본체와 다른 것은 아니라 단지 본체의 객관적 측면일 따름이다.

이는 마하라지가 왜 의식을 시간의 속박이라고 부르는지에 대해서 설명해준다. 의식은 그 안에서 자신을 나타낼 물질적인 형태를 필요로 하며, 그 형태 속에 현시된 의식은 물질적인 형태가 머무는 동안만 지속하기 때문이라는 것이다. 물질적 형태는 다섯 원소의 정수인 음식으로 이루어져 있고, 그것으로 유지되며 길러진다. 어머니 자궁 속에서 수정 결합된 생명력의 혼합덩어리는 그 자체가 부모가 섭취한 음식의 정수이다. 물질적 형체가 죽어 없어질 때 숨(생명)은 더 이상 육체와 함께할 수 없고, 개체의식은 전체의식에 합쳐진다. 그러므로 육체와 함께하는 의식은 물질적 형체가 부여받은 생명의 존속기간에 의해 제한을 받고 시간에 속박되는 것이다.

여기까지 이해하면 다음과 같이 요약될 수 있다.

1. 개체의식은 태어난 이후로 육체와 함께하고 있는 의식의 일부분으로 간주한다. 만약 우리가 이 의식 없이 태어났다면 한 조각 먼지덩어리처럼 던져져 파괴되었을 것이다. 의식 없이는 태어날 수 없다. 그러므로 마하라지는 우리의 진정한 본질을 이해하도록 도와줄 수 있는 단 하나의 원천이 의식임을 이해하라고 말한다.

2. 그 다음에 마하라지는, 의식을 소유하는 것은 개인이 아니라 전체의식이며 전체의식은 절대의 현현된 객관적 측면이며, 전체의식 안에서 수십억 인간을 포함하여 전 우주가 등장한다고 말한다. 또한 전체의 나타남은 단지 가공이라고 말함으로써 우리를 깜짝 놀라게 하여 의식을 개인적 자산으로 간주하는 어리석음으로부터 벗어나게 한다.

3. 이 상태가 명백히 이해되면 현시된 것은 덧없는 육체가 아니고, 심신구조체에 감각과 지각과 생기를 주는 의식임을 알게 될 것이다. 그러나 육체는 언젠가는 죽고 현현된 의식은 사라진다. 그리고 영원한 절대만이 존재한다.

본질적인 정체성

이제 이 명상을 완성시키기 위해 해야 할 것은, 절대와 상대, 비현시와 현시, 본체와 현상, 현존과 부재, 그리고 밀접한 관계의 반대쌍들의 본질적 개념 정리를 분명하게 해야 한다는 것이다. 이러한 쌍의 개념은 모든 현시의 기초인 이원성을 구성하는 의식의 다양한 양상을 나타낸다. 관찰자와 관찰되어지는 대상, 아는 자와 알려지는 대상처럼 말이다.

마하라지가 말하듯이 밀접한 관계에 있는 상대되는 쌍들의 기본 개념을 정립하는 것은 해탈을 의미한다. 탐구자 자신이 탐구 대상이 되어 이원성 안에서만 존재하는 다양한 반대쌍들이 서로 합쳐지면 이원성의 조건을 해체시켜서 본원적 통일성을 가져올 것이기 때문이다.

여기서 의식이 현시되고, 현시는 이원성 안에서 이루어지지만 이 이원성은 절대의 일원성 안에서 나타난다는 것을 강조할 필요가 있다. 현시의 전체 모습은 의식이 움직이기 시작했을 때, 의식에 의해 투사되는 어떤 것이 아니다. 현시를 구성하는 다양한 대상들은 현상을 지각하고 인지하는 의식 이외에 독립된 주체로서의 실체가 없다. 명백한 사실은 모든 현시, 모든 현상들은 의식 속에 나타나고, 의식의 판단을 통해 의식에 의해 지각되고 의식에 의해 인지된다는 것이다. 만약 이 사실을 확실하게 느끼고 이해한다면 의식은 일어나고 있는 작용 중이기도 하고 작용을 지각하고 있는 중이기도 한 것이다. 그리고 참나는 의식의 전 과정이라는 것을 알게 될 것이다. 활동 중인 의식은 모든 가능성의 총체이자 절대자각인 고요히 머무는 순수의식과 구별될 수가 없다. 다른 말로 하면, 의식의 현시는 주관적 절대성의 객관적 현상이다.

일단 의식이 움직이고 활동이 시작되면 현시와 작용의 활동적 측면은 뚜렷한 이원성의 상태에서만 일어날 수 있다. 공간은 작용 개념의 정적 측면이다. 공간이 없다면 3차원의 부피를 가진 어떤 현상도 알 수 없을 것이다. 그리고 시간은 작용 개념의 동적 측면이다. 시간의 지속이 없다면 공간 안에 담겨진 현상은 지각될 수 없을 것이다. 시간과 공간의 이원적 개념 없이는 현시도 작용도 가능할 수가 없다. 그리고 이 시공 두 가지 측면은 개념으로만 분리되며 개념화가 멈춘다면 그들의 분리성은 사라진다. 예를 들어, 깊은 잠에 빠져 있을 때 시간과 공간은 사라지고 더불어 모든 현시도 사라진다. 왜냐하면 이원성은 개념화 속에서만 존재하기 때문이다. 분별을 멈추라. 그러면 이원성은 사라진다.

바꿔 말하면, 현상은 본체 없이는 존재할 수 없고 본체는 현상 없이는 나타날 수 없다(본체라는 바로 그 관념도 개념화의 이원성 영역 안에 있다). 개념화가 멈출 때 모든 이원성은 끝난다. 개념화가 끝날 때 남는 것은 순수 그 자체이기 때문에 거기에는 본체도 현상도 없다. 어떤 종류의 경험도 없고 경험을 요구하는 어떤 것도 없다! 이 모든 걸 간단히 말하면 모든 밀접한 반대 쌍들은 필연적으로 개념으로서만 분리되며 본질적으로는 분리가 불가능하다.

이원성 안에서 단일성의 유희

본체가 스스로를 보고자 원한다면——우리는 지금 개념화를 하고 있다——본체는 스스로를 현상으로 객관화시키지 않고는 볼 수가 없다. 순수한 주관성인 본체는 결코 스스로를 볼 수가 없다. 그러므로 현상적 현시는 밖으로부터 온 어떤 것도, 본체에 의해 투사된 것도 아니고 본체 자신이 스스로를 객관화시킨 것이다. 본체 안에서 의식이 움직여 투영된 존재 속으로 들어와 '내가 존재한다'는 느낌이 일어날 때, 동시에 아는 자와 알려지는 것, 경험자와 경험되는 것들의 분리된 느낌도 일어난다. 그러나 본질적인 일원성은 이분화될 수 없기 때문에 이원성은 외견상 명백해 보이지만 실제는 아니다. 두 가지 양상——일원성인 순수의식(본체)과 이원성인 분리의식(현상)——은 개념적으로만 일어나기 때문에 서로 분리되는 것도 결합되는 것도 아니다. 이원성은 단지 환상이고 절대의 일원성에 영향을 주지도 않고 줄 수도 없는 개념에 지나지 않는다. 우주의 창조는 개념적 환상일 뿐이라는 것을 잊지 마라! 이원성이 정말로 실재라면 두 부분의 각각은 다른 쪽의 본성과는 다른 독립된 자신의 본성을 가졌을 것이다. 하지만 외관상 이원성의 나타남과 사라짐은 둘 다 간격 없이 순간에서 순간으로 끊임없이 이어지는 환상일 뿐이다.

본체와 현상은 현시가 일어난 뒤의 이원적 상태에서 의사소통 수단으로 사용하는 이름들일 뿐이다. 그것들은 단지 개념 안에서 상상되는 두 상태를 묘사하는 두 단어일 뿐이며, 전혀 영향 받지 않은 채 남아 있는 근본적 단일성을 방해할 수 없다. 파도가 일어났다가 사라지지만 바다는 그러한 표면운동에 영향 받지 않은 채 남아 있다. 인도의 전통적 관점에서는 우주의식 속에서 현시된 현상의 나타남과 사라짐을 시바의 유희로 표현한다. 지혜와 헌신이 분석적 연구를 위해 전통적으로 분리되어 왔지만 그것들은 정말로 같은 근본적 단일성의 두 양상이다. 이것이 불이일원론 철학에 관한 유명한 논문 〈불멸의 경험Amritanubhava〉의 시작 부분에서, 마하라수트라의 시성인 즈나네쉬바라 마하라지Jnaneshvara Maharaj가 시바·샥티의 이원성에 그의 지극한 순종을 바쳐 그들이 자신의 참본성을 드러내도록 한 이유다.

이제 우리는 마하라지가 왜 의식을 헌신과 기도로 모셔야 하는

지고의 신으로 불러서 그 참본성을 드러내게 했는지 이해할 수 있다. 의식은 개인이 개념화하는 한 그 상대적 개념 속에서 시간에 속박되지만, 개념화되지 않을 때는 시간도 공간도 없으므로 무한하고 영원하다. 이러한 참 진실을 완전히 자각하면 그 자각은 추구하는 자를 없앨 것이며, 그를 순수의식의 영원한 평화 속으로 잠기게 할 것이다.

의식 속의 모든 현시와 작용은 단지 이슬방울에 반사된 태양빛처럼 환영이며 유희이다. 반사된 태양빛이 사라진다고 태양이 영향을 받는 것은 아니다. 활동 중인 분리의식은 정해진 기간이 끝나면 스스로를 인식하지 못하는 무한한 절대적 자각인 분별없는 순수의식으로 녹아들어갈 일시적인 유희일 뿐이다.

III. 헌신과 지혜 그리고 개인

    마하라지를 방문하는 사람들 중 특히 외국인 학자들은 그가 일반적인 의미의 학식 있는 사람이 아님을 깨닫지 못한다. 그들은 마하라지로부터 철학적 주제들에 관한 학문적인 논설을 기대하는데, 그러한 주제들 중 하나는 정신적 수행과정에서 헌신Bhakti의 길과 지혜Jnana의 길 중 어느 길을 먼저 선택해야 하느냐 하는 것이다. 마하라지는 그러한 질문을 받게 되면, 자신과 같이 배우지 못한 사람이 어떻게 그 질문에 답할 수 있겠느냐며 그런 문제는 이곳에 모인 다른 사람에게 물어보는 편이 더 나을 것이라고 말한다. 그리고 나서 그는 조용히, 그러한 지식을 원하는 자는 과연 누구이며, 또 무슨 목적으로 원하는가를 물어본다. 그러면 방문자는 마하라지가 농담을 하는 것인지 알아보기 위해 재빨리 쳐다보지만, 그는 마하라지가 아주 진지하게 묻고 있음을 발견하게 된다.

"누가 이 해답을 알기를 바라는가?"

이 질문은 방문자로 하여금, 자신이 한 질문이 그가 전에는 생각지도 않았던 심연으로 자기를 이끌었음을 즉각 깨닫게 해준다. 방문자가 처한 곤경의 상태를 아는 마하라지는 그를 위해서 다음과 같은 내용을 쉽게 설명해준다. 여러 가지 불필요한 논쟁을 일으키고 개인을 그 덫에 걸리게 해서, 질문하는 사람 그 자신이 과연 무엇인지에 대한 근본적인 질문을 놓치게 하는 것은 바로 어떤 것을 개념으로 형상화하는 것이라고 말해준다. 과연 질문하는 사람은 그가 자신이라고 믿고 있는 바로 그 사람인가? 과연 사람이라고 하는 개체적 존재——특별한 정신적 수행 과정을 선택할 수 있는 독립적 행위를 하는 존재——가 있기나 한 것인가?

마하라지 가르침의 핵심 부분은 이 인생이라는 삶의 꿈에서, 우리가 흔히 그럴 것이라고 생각하는 것처럼 꿈꾸어진 인물(꿈속의 환영)이 아니라 꿈꾸는 사람(꿈을 만들어내는 의식)이라는 것이다. 그리고 속박이라는 환상을 일으키는 것은, 우리가 독립적인 주체로서 '행위자'라고 잘못 동일시하는 것에서부터라고 한다. 사실 깨달음은 이 현상의 분해에 있고, 자유는 우리가 우리 자신으로 잘못 동일시하고 있는 거짓 자아를 완전히 소멸시킬 때 있는 것이다. 더 나아가서 깨달음이나 자유는 어떤 노력에 의해서도 성취되어질 수 없다. 단지 현상일 뿐 누가 있어서 노력을 하겠는가? 깨달음은 직관적인 통각에 의해서, 꿈이 끝나면 사라지는 꿈꾸어지는 객체가 아니라, 꿈꾸는 주체임을 전적으로 확신할 때에만 드러난다. 이 주제를 논리적 결론으로 끌고 가보면 다음과 같은 최종적인 질문이 나오게 된다.

"이 직관적인 깨달음은 어떻게 일어나는가?"

그것이야말로 정확히 핵심인 것이다. 만약 그 과정이 지성적 이해의 한계 내에서 일어난다면, 어떻게 그것이 직관적인 것이 될 수 있겠는가? 지성이라는 것은 무엇을 이해하는 데 매우 필요하긴 하지만, 지성이 도달할 수 있는 곳엔 엄격한 한계가 있기 마련이다. 그러므로 직관이 지성으로부터 역할을 인계받을 때란, 지성이 모든 노력을 포기하고 지식이 그 활동을 모두 멈출 때인 것이다.

따라서 깨어남이나 깨달음, 자유 등이 일어나려면 그 전에 개념적이고 독립적이고 분리된 개체가 나라는 잘못된 동일시가 사라져야만 하며, 참된 것을 얻기 위해서는 거짓된 것이 사라져야 가능하다. 이것을 마하라지는 몇 번이나 강조했다.

바로 우리 자신인 의식의 근원에 대한 지혜로운 이들의 깊은 각성(지혜의 길)은, 지식의 원천인 상대성을 홀연히 사라지게 하여 직관적 일원성이 나타나도록 한다. 또한 헌신적인 사람Bhakta의 신에 대한 깊은 헌신(헌신의 길)도, 결국은 그와 본성과의 이원성이 사라지고 그 헌신적인 사람과 본성은 하나이지 둘이 아니라는 깨달음에 도달하도록 이끈다. 물론 꾸준하고 끈기 있는 요가 수행도 같은 결과를 가져올 수 있다. 또는 순수하게 이타적인 사회적 봉사조차도 가능하다. 그런데, 그 어떤 길이라 할지라도 마지막으로 해결해야 할 가장 중요한 문제는 잘못된 개인의 동일시를 소멸하는 것이다. 이 마지막 단계에서 기적은 일어난다. 잘못된 동일시가 완전히 없어지는 그 순간에 이제는 더 이상 동일시할 대상이 없어져 본성에 대한 깨달음이 드러난다. 이것은 지혜의 사람Jnani이나 헌신의 사람이나 요기Yogi나, 어느 길을 가든지 마지막에 하는 체험이다.

마하라지는 이 지혜와 헌신이라는 주제에 대해서, 그 둘은 워낙 뒤섞여 있기 때문에 결국 하나요 같은 것이라고 말함으로써 핵심을 설파하고 있다. 자아나 신에 대한 사랑은 다른 것이 아니다. 《아이 앰 댓》이라는 책의 개정판에서 인용한 다음의 말들은 여기에 합당한 밝은 빛을 주는 것들이다.

> 당신이라는 존재, 당신의 참된 자아, 당신은 그것을 사랑하고 또 무엇을 하든지 간에 당신은 자신의 행복을 위해서 움직인다. 그것을 찾고, 알고, 소중하게 간직하는 것은 당신의 기본적 욕구이다. 이제 당신이 해야 할 것은 당신의 몸과 마음을 당신 자신에 대한 봉사에 현명하게 쓰는 것, 그것이 전부다. 당신 자신에게 진실하고 당신 자신을 절대적으로 사랑하라. 당신 자신을 사랑하는 것만큼 남을 사랑하는 척하지 마라. 남들을 당신과 같은 하나로

깨닫지 못하는 한 당신은 결코 그들을 사랑할 수 없다. 다른 사람에 대한 당신의 사랑은 당신을 아는 것의 결과이지 원인이 아니다. 자신에 대한 깨달음 없이는 그 어떤 미덕도 진짜가 아니다. 의심할 바 없이 똑같은 의식이 존재하는 모든 것을 통해서 흐른다. 그리고 당신 역시 그 의식이라는 것을 확연히 알게 될 때, 당신은 모든 것을 자연스럽게 저절로 사랑하게 될 것이다. 당신이 자신에 대한 사랑의 깊이와 충만을 깨닫게 될 때, 모든 살아 있는 존재와 전 우주는 당신의 애정 안에 있음을 알게 될 것이다. 하지만 그 어떤 것이라도 당신과 분리해서 보게 되면, 당신은 그것을 두려워하기 때문에 결코 그것을 사랑할 수 없다. 멀리함은 공포를 낳고, 공포는 멀리함을 더욱 깊게 만든다. 그건 정말 악순환이다. 오직 자아를 깨달음, 이것만이 그것을 타파할 수 있다. 그것을 위해 굳세게 매진하라.

마하라지가 아주 예리하게 핵심을 찔렀던 문제──만약 당신이 그 어떤 것이라도 그것을 당신과 분리된 것으로 간주한다면, 그땐 그것을 두려워하게 되고 노력하면 할수록 더 어려워지기 때문에 그것을 사랑할 수 없다는 것──는 현대 정신 의학과 인류학자들이 '이중의 속박' 이라 부르는 문제라고도 볼 수 있다. 사람은 무엇인가를 해야 할 필요를 느끼게 되면 오히려 모순적인 행동을 하게 된다. 예를 들면, 더 편안해지기를 바랄수록 좀 더 긴장하게 된다. 당신이 골프공을 좀 더 멀리 치기를 원하면 당신은 더욱 긴장하여 훨씬 짧게 날려 보낸다.

한번은 한 유럽인이 다음과 같이 마하라지에게 물었다.

방문자 계율 중에 가장 중요한 것은 '신을 사랑하라' 입니다. 하지만 저는 다음과 같은 말, 즉 '온 마음과 온 영혼과 온 정신을 다 바쳐서' 라는 것 때문에 그 계율이 저를 절망시킨다고 느낍니다. 그 말은 단순히 경건한 행동만으로는 충분치 않다는 것을 의미하는 것 같습니다. 왜냐하면 '온 마음과, 영혼과 정신을 다 바쳐서' 는 보이는 사랑이 사랑처럼 보여야 할 뿐만 아니라 반드시 사랑 그 자체여야 한다고 강조하고 있기 때문입니다. 사람은 사랑하고 있는 것처럼 행동할 수 있을지 몰라도, 어떻게 진정한 사랑을 확신할 수 있겠습니까? 어떻게 저절로인 행동을 확신할 수 있습니까?

마하라지의 대답은 단순하고 아름다웠다.

마하라지 자아의 깨달음 없이는 어떠한 미덕도 진짜가 아닙니다. 같은 의식이 모든 것 속에 흐르며 당신 역시 그 의식이라는 것을 깊게 확신할 때, 비로소 당신은 모든 것을 저절로 사랑할 수 있습니다.

이러한 확신은 물론 직관적인 각성을 통해서만 가능하다.

헌신과 지혜는 정말 다른 것이 아니다. 맨 마지막 단계에서는 둘 다의 경우에서 개체를 자신으로 생각하는 그릇된 동일시가 정말 사라져버린다. 마하라지는 자신이 평소에 하는 것처럼 직접적이고 즉각적인 접근방식으로 이것을 받아들이라고 말한다. 참되고 근본적인 것은 즉시 받아들이고 잘못된 것은 완전히 버려야 한다. 그는 이것이 쉽지는 않겠지만, 만약 당신이 끝까지 그림자만 쫓아다닌다면 당신이 원하는 것은 늘 당신으로부터 멀어질 것이라고 말한다.

마하라지는, 스승은 항상 그의 우아함을 지닌 채 거기에 존재한다고 말한다. 필요한 것은 그것을 받아들일 만한 깊은 감응력뿐이다. 필요한 것은 성실함과 결심뿐이며, 각자의 상황과 환경에 따라 나머지 것들은 저절로 모두 다 이루어진다.

위대한 인도의 두 신비가——즈나네쉬바라(지혜명상의 대표적인 인도철학자이며 저술가—옮긴이)와 투카라마(Tukarama. 종교적 헌신의 화신이라고 불린 인도명상가—옮긴이)——가 그 주제에 대해서 했던 말을 이 장에서 알아보는 것도 흥미로울 듯하다. 《바가바드기타》에 대한 가장 위대한 주석서라고 생각되어지는 그의 저서 《즈나네쉬바리*Jnaneshvari*》(XVIII 1130-1183)에서 즈나네쉬바라는 다음과 같이 말했다.

지혜와 헌신이라는 거울을 가지고 그는 나에게 몰입한다. 그리고 나와 하나가 된다……그런데 한 개의 거울이 다른 한 개의 거울 앞에 놓였을 땐 과연 어떤 거울이 무엇을 반사하고 있다고 말할 수 있겠는가? 그는 나에게서 기뻐한다. 마치 그가 나와 하나가 된 것처럼…….

즈나네쉬바라는 참된 희열이란 오직 참나를 볼 수 있을 때에만 가능하다고 말하고, 그것을 다음과 같이 묘사했다.

그는 자신의 모습이 모든 곳에 존재함을 본다. 그는 모습 없이 모습을 본다. 보는 사람은 사라지고 모든 곳에 신이 존재한다. 어느 곳에서도 신이 떠오르거나 지거나 하지 않는다. 신만이 홀로 항상 존재한다. 그리고 신은 자신의 유일한 경험에서 행복을 즐긴다. (Abhanga 91)

즈나네쉬바라와는 대조적으로 투카라마의 경력은 순수한 헌신의 길을 가는 전형적인 예를 보여준다. 그가 마침내 홀연히 신 혹은 진아를 깨달을 때까지, 그는 믿을 수 없을 정도의 고통과 절망을 겪었다. 그러나 신 혹은 진아를 깨달은 후 그의 지루한 삶은 자유, 완전한 조화의 삶으로 변형되었다. 그는 그의 내적 체험을 서정적 운문으로 묘사한다.

완전한 세계가 이제 막 도래하고 어둠은 끝이 났다……끊임없이 솟는 광명의 희열을 묘사한다는 건 불가능하다. 신과 자아는 지금 같은 침대에 누워 있다. 완전한 세상은 신성한 음악으로 가득 차 있다……내 내면과 외면 모두가 신성한 행복으로 넘친다…….

그리고 마지막으로 이 신비가는 가장 높은 경험을 말한다.

나는 나 자신을 태어나게 했다. 그래서 자궁으로부터 나왔다. 그러나 내 모든 욕망은 끝이 났고 내 목적은 이루어졌다……이제 모든 것은 잠재워졌고 하나로 사라졌다. 나는 어떤 것도 보지 않지만 모든 것을 본다. 나라든가 내 것이라는 건 이제 없어졌다. 나는 말없이 말을 하며 먹는 바 없이 먹는다. 나는 태어나거나 죽을 필요가 없다. 나는 그냥 나일뿐이다. 나는 이름도 없고 모습도 없으며 나는 행함, 행하지 않음 그 너머다……찬양을 할 때, 당신은 찬양의 도구이기에 당신은 불가사의가 된다. 만약 내가 노래를 부르고 싶으면 당신은 그 노래가 된다.

투카라마의 아방가(헌신자들이 신에게 바치는 노래 형식의, 마라디어로 씌어진 종교 문학—옮긴이)는 신비주의로 충만해 있다. 그는 그의 신이 형태가 없지 않았으면 좋겠다고 말한다.

당신(신)이 형태가 없기를 바라는 자에겐 그러십시오. 하지만 나를 위해선 형태도 가지고 내가 사랑할 수 있는 이름도 가져주십시오.

하지만 나중에 투카라마는 신과 그의 헌신자 사이의 동일성을 확립했다.

우리는 지금 당신의 참된 본성을 알게 되었습니다. 성자도 신도 존재하지 않습니다. 씨가 없는데 어떻게 과일이 있을 수 있겠습니까? 모든 건 환상일 뿐입니다.

우리는 실제로 헌신의 길과 지혜의 길, 두 가지를 모두 살펴보았다. 이처럼 헌신의 길이든지 지혜의 길이든지 궁극으로 향하는 데 있어서 다른 길이 아님은 명백하다. 따라서 둘 중에 하나를 선택할 문제가 아니라는 사실을 알았다. 어떤 길에서든 궁극적 체험에서 개체란 완전히 소멸된다. 깨달음이 헌신으로든 혹은 지혜로든 혹은 둘 다의 결합으로 도달되든지 간에 관계없다. 우리는 다음과 같은 명백한 사실을 받아들여야 한다. 속박되어 있거나 해탈되어야 하는 독립된 주체란 과거에도 없었고, 앞으로도 결코 있을 수 없다.

세상에는 60억이 넘는 사람이 살고 있다. 그런데 그 각각의 성품은 기질에 의해서 그것의 물리적 구성, 즉 다섯 가지의 기본 요소와 세 가지의 속성이 가리키는 성향에 따라서 결정된다. 만약 이것을 명심한다면, 우리는 그들의 참된 본성을 알고 싶어 하는 사람들의 다양한 다른 속성을 곧 지각할 것이다. 그래서 사람들은 지혜의 길을 따르기도 하고 헌신의 길을 따르기도 하는 것이다. 그러나 그 양자의 길에 대한 차이점을 운운한다는 것은 쓸데없는 일이다. 세상에는 라마나 마하리쉬가 즐겨 말하던 것처럼, 마른 나무 대팻밥이나 화약과 같이 스승의 한마디에 불타버리는 그런 사람들이 있다. 반면 워낙 물기가 많아서 수없이 가르침을 받아도 감응되지 않는 사람들도 있다. 물론 수많은 세상 사람들은 이 중간에 있다. 한마디 말에 불붙는 사람은 지혜와 헌신을 논하는 것이 아니라 그것을 논하는 '자'가 과연 실재하는가에 집중할 것이다.

이런 입장에서 보면, 지혜의 길과 헌신의 길 사이의 차이점에 대해 말하는 것과 어떤 것을 선택해야 할지를 논하는 것은 불필요하지 않은가?

그리고 누가 선택한단 말인가? 마하라지가 유럽 방문객에게 헌신과 지혜의 차이에 대해 알기를 원하는 사람이 누구인지를 물었을 때, 그것은 이와 같은 의미였음이 확실하다. 삶이라고 알려져 있는 전 과정은 절대성의 상대적 현시화, 즉 의식이라는 것의 전체적 작용의 한 부분이다. 그리고 아주 드물게 자발적으로 일어나는 신비 체험 역시 전체 작용의 일부인 것이다. 따라서 근원적 질문은 다음과 같다. 환영적 존재인 개체가 선택을 통해서 독립적으로 해방되기를 원한다거나, 헌신의 길이나 지혜의 길 같은 어떤 방법을 선택해서 그 방향으로 노력을 하겠다거나 하는 결정을 할 수 있는가? 결코 그럴 수 없다. 차라리 전체 작용의 일부분인 존재라는 것을 수동적으로 받아들이고 역동하는 자연에 대한 놀라운 경외 속에서, 무슨 일이 일어나든 그것을 지켜보는 것이 더 현명하거나 실제적이지 않을까? 이 말에 대한 어리석은 반응은 다음과 같다.

"만약 모든 사람이 그런 숙명적인 태도를 취한다면, 그 어떤 사람도 일하지 않을 것이고 어떤 발전도 없을 것입니다."

그런 반응에 대한 마하라지의 대답은 다음과 같다.

마하라지 음, 그렇다면 그것을 실제로 한번 해보라. 과연 얼마나 오랫동안 아무 일도 하지 않고 가만히 앉아 있을 수 있는가? 10분? 그것 역시 각각의 심신구조체인 육체가 제 역할을 하는 것이다. 그리고 물질적 영역이든 정신적 영역이든 간에 그것이 만들어진 방식에 따라 작동할 뿐이다.

이 문제에서 놓치기 쉬운, 꽤 미묘하지만 아주 중요한 것이 있다. 각 개인에게 있어서 영적 성장은 각각의 의식수준의 구성에 따라 자발적으로 이루어지는 것이지, 개체의 의도적인 노력으로 이루어지는 것이 아니다. 이 사실을 항상 마음속에 간직하고 있을 때, 사람은 가장 큰 정신적 위험, 즉 에고의 떠오름으로부터 벗어날 수 있다. 독립된 실체란 없다고 확고하게 믿지 않는 상태에서는, 그가 지혜의 길을 따르든 헌신의 길을 따르든 무의식중에 자기를 우월한 자로 여길 것이다. 하지만 실제로는 지혜의 길과 헌신의 길에 차이점은 없다.

이제 우리가 지금까지 다뤄 온 주제에 대한 어떤 원리에 다다른 것 같다. 어떻게 해야 하는가? 우리가 할 수 있는 유일한 것은 다음을 항상 기억하는 것뿐이다.

독립적인 실체란 존재할 수 없는 것이고, 모든 현시는 의식의 작용이며 그 속에서 우리는 주어진 역할을 하고 있을 뿐이다. 완전함에서 일어나는 무슨 작용이든지 경외심으로 그것을 받아들여야 한다. 그래서 해야 할 남은 일이란 의도적 노력에 의한 어떠한 '실행'이 아니라, 우리의 참된 이해가 우리 존재에 깊게, 그리고 저절로 스며들어 모든 환영과 방해물이 점차적으로 떨어져 나가도록 하는 것이다.

IV. 완전한 진리

    비현시 상태에서 의식은 자신의 존재조차 알지 못한다. 그러나 의식이 옴 소리로 휘저어지면 꿈-마야의 창조가 시작된다.
    이제 자신의 존재를 인식하고 있으며, 자신이 존재하고 있음에 기뻐하고 있다. 내가 존재하고 있음의 사랑에 빠져들어가 상대성의 세계에 스스로 몸을 나툰다.
    음과 양, 두 측면의 결합과 다섯 가지 요소와 빛, 에너지, 어두움의 세 구나를 통해서 의식은 잠시 물질로 나타난다. 꿈속의 시간과 공간에서 그것은 현상으로 드러나고 수만 가지 현상을 지어내어 그것들에 생기를 불어 넣는다. 만물에 스며들어 곳곳에 편재(遍在)하는 의식은 이러한 형상들을 통해서 기쁨과 사랑으로 반야의 빛을 비춘다. 그렇게 해서 지각력이 있는 존재, 단순한 형상이 잉태되니 이 얼마나 놀라운 일인가!

스스로를 주관으로 파악하고 서로를 객관적 대상으로 인식하여 각 개체는 스스로를 독립적으로 분리된 주체로 간주하는 것이니 이것이야말로 크나큰 환상. 자신의 판단과 취사선택이 남에게 의존하지 않는 독립적인 것이라 생각하고 있지만, 실제로는 본래 절대로서 자신의 무한한 성품을 잊고서 제한된 모습만을 자신의 참모습으로 받아들이고 있는 것이다.

단순한 형상이 반야의 기능을 떠맡아 자신의 개인적인 행위를 기준 잡아 스스로를 환상의 속박에 매어놓고서 삶의 고통과 즐거움을 겪는다. 그러면 그때 거룩한 빛과 은총으로 가득 찬 자비로운 구루가 나타나 그의 참모습을 보여줄 것이다.

어머니의 자궁 안에 잉태된 수정체 하나에 지나지 않았으나 그 안에 느끼고 인식할 수 있는 능력이 내재되어 있어 마침내 내가 존재한다는 의식이 생기게 된다. 라마, 크리슈나, 이쉬바라, 브라흐만 등 수천 가지 이름을 붙인다 해도 결국은 똑같은 참나의 표현인 것이다.

거대한 환영mahamaya은 스스로의 본성을 혼미하게 하여 길을 잃고 떠돌게 한다. 마침내 구루가 말하기를 "잠깐, 너 자신을 보아라. 너의 있는 그대로의 모습, 진실한 너 자신을 보아라".

본래의 상태인 절대적 본체로부터 순간적인 병처럼 몸이 생겨났으니 자발적인 이것이 아무런 이유나 명분도 없이 반야의 기능을 대신하여 자신에게 주어진 기간 동안 움직여 나간다. 마침내 몸 역시 자발적으로 사라지게 되면 더 이상 의식은 자신을 의식하지 못하게 되니 아무도 태어나지 않고, 죽은 자도 없는 본래성품으로 잠겨든다.

이제 니사르가닷따 마하라지는 단순하고 직접적으로 말한다. 당신이 몸을 얻기 전, 당신의 본래 모습은 무엇이었는가? 그 근원으로 돌아가서 고요함을 지키면, 자신의 참모습을 찾는 그 사람조차 사라져버릴 것이다. 그때 온전한 하나 속에, 상대가 없이 스스로 있음조차 알지 못한 채로 '나는 존재한다'. 직관으로 이해하면 쉽고 깊은 확신을 주지만 이것은 이성의 한계를 넘어서는 것이다. 이성은 오직 객관적 현상세계의 있고 없음만을 파악할 수 있다. 그러나 '나의 본모습'은 있음도 아니고 없음도 아니니, 완전 긍정과 완전 부정이 함께하는 전체성, 그것이 바로 '참나'다.

옮긴이 **이명규**는 서울대 건축학과를 졸업한 후 건설회사에서 근무하다 예림엔지니어링(주)을 설립운영하고 있으며, 삶 속에서 수행자의 길을 가고 있다.

옮긴이 **송영훈**은 서울대 전자공학과를 졸업한 후 Teradyne Korea 이사를 역임했으며, 생활명상인으로서 해공선생 문하에서 가르침을 받고 있다.
http://blog.naver.com/bigbuyer

감수·해설 **무위해공**은 20여 년 동안 동서양의 종교와 철학을 넘나들며 수행하던 중 1998년 12월 미얀마의 마하시센터에서 위파사나 명상을 통해 무아연기를 깨달았다. 그 후로 해공명상센터를 운영하며 가르침을 펴고 있다.
http://cafe.naver.com/hk10

마하라지의 마지막 가르침, 완전한 깨달음
담배 가게 성자

초판 1쇄 발행   2009년 10월 5일
초판 16쇄 발행   2024년 11월 15일

지은이   라메쉬 발세카
옮긴이   이명규 · 송영훈
감수 · 해설   무위해공

펴낸이   김준성
펴낸곳   책세상
등록   1975년 5월 21일 제2017-000226호
주소   서울시 마포구 동교로23길 27, 3층 (03992)
전화   02-704-1251
팩스   02-719-1258
이메일   editor@chaeksesang.com
광고·제휴 문의   creator@chaeksesang.com
홈페이지   chaeksesang.com
페이스북   /chaeksesang   **트위터**   @chaeksesang
인스타그램   @chaeksesang   **네이버포스트**   bkworldpub

ISBN   978-89-7013-735-3 03200

• 잘못되거나 파손된 책은 구입하신 서점에서 교환해드립니다.
• 책값은 뒤표지에 있습니다.